Gordon Wheeler

KONTAKT
UND WIDERSTAND

Aus dem Amerikanischen übersetzt von
Reinhard Fuhr und Martina Gremmler-Fuhr

Zum Autor:

Gordon Wheeler, Ph.D., ist in seinen vielen Jahren klinisch-psychologischer Praxis auch systemischen Dynamiken und Organisationsfragen nachgegangen. Er war Schüler der Nachfolger von Perls und Goodman am *Gestalt Institute of Cleveland* sowie der Nachfolger von Lewin am *National Training Laboratory (NTL)*. Unter Bezugnahme auf Lewins Arbeiten verwendet Wheeler das Gestalt-Modell, um innerpsychische, zwischenmenschliche und systemische Dynamiken für Interventionen zur Veränderung und zum Wandel zu integrieren. Er ist Mitglied des Lehrkörpers des *Gestalt Institute of Cleveland*, das er viele Jahre geleitet hat, und President des *Esalen Institute*, Big Sur, Kalifornien. Daneben ist er Herausgeber von *Gestalt Institute of Cleveland Press* und Autor zahlreicher Bücher.

Gordon Wheeler

KONTAKT UND WIDERSTAND

Ein neuer Zugang zur Gestalttherapie

E H P
– 2015 –

© 1993, 2015 EHP - Verlag Andreas Kohlhage, Bergisch Gladbach
www.ehp-koeln.com

Die Originalausgabe erschien unter dem Titel
»Gestalt Reconsidered – A New approach to Contact and Resistance by Gordon Wheeler, Ph.D.«
© 1991 by Gestalt Institute of Cleveland Press by arrangement with Mark Paterson and Gardner Press, Inc.

Übersetzung aus dem Amerikanischen:
Reinhard Fuhr und Martina Gremmler-Fuhr

2. korrigierte Auflage 2015

Bibliografische Information der Deutschen Nationalbibliothek
Die Deutsche Nationalbibliothek verzeichnet diese Publikation in der Deutschen Nationalbibliografie; detaillierte bibliografische Daten sind im Internet über http://dnb.d-nb.de abrufbar.

Dieses Buch ist auch als E-Book erhältlich
ISBN 978-3-89797-597-2 (EPub)
ISBN 978-3-89797-598-9 (PDF)

Umschlagentwurf: Robert de Zoete / Uwe Giese
– unter Verwendung eines Bildes von Doortje de Vries –

Satz: WB Birkhölzer

Gedruckt in der EU

print-ISBN 978-3-926176-50-9
epub-ISBN 978-3-89797-597-2
pdf-ISBN 978-3-89797-598-9

Für Beverly
Figur und Grund

Inhaltsverzeichnis

Einführung

Eine Einführung gibt dem Autor, wie Erik H. Erikson bemerkte, die Möglichkeit, seine nachträglichen Gedanken an den Anfang zu stellen. Nach der Gestaltterminologie markiert er damit die Kontaktgrenze zwischen sich und dem Leser; es ist eine Grenze besonderer Art, die in spezieller Weise gefühlsmäßig besetzt und organisiert ist, bevor der Autor in das vor ihm liegende Material eintaucht. Auf der einen Seite ist da er, der gerade aus dem Gebiet zurückkehrt, das dem Leser noch mehr oder weniger verborgen ist, wobei der Autor sich in der Phase des Rückzugs oder der Reflexion nach seiner Reise befindet, und dabei wird er von den Gefühlen und Interessen beeinflusst, die zu dieser Phase des Kontaktzyklus gehören: etwa Befriedigung und eine zunehmende Aufregung bei dem Gedanken daran, dass er die Eindrücke der Reise nun mit einer anderen Person teilen wird, aber möglicherweise auch Traurigkeit und Verlustgefühle, Befürchtungen, wie andere diese Präsentation des Selbst wohl aufnehmen werden, Besitzansprüche und sogar eine vorweggenommene Verteidigungshaltung – also all jene Empfindungen und Gefühle, die mit dem einher gehen, was Paul Goodman uns den *Widerstand des Egotismus* zu nennen lehrte, jene Furcht vor dem Verlust oder der Beschädigung des Selbst, ein allerletzter Versuch, den entscheidenden Augenblick des Loslassens, der die Begegnung selbst ist, zurückzuhalten oder wenigstens zu kontrollieren.

Auf der anderen Seite gibt es da den Leser, der sich an einem völlig anderen Ort im Rhythmus des Engagements oder des Kontakts befindet, mit einem ganz anderen Spektrum wahrgenommener Gefühle, Bedürfnisse und Befürchtungen, die den Grund für die Figur des Kontakts in diesem Augenblick organisieren und die wiederum den Zugang zu dem umfassenderen Kontakt prägen, der vor ihm liegt. Aufmerksamkeit oder Ablenkung, Aufregung oder relative Gleichgültigkeit, Offenheit oder Vorsicht, Skepsis, Vertrauen, Einvernehmlichkeit mit einer Autorität, Abwehrhaltung gegenüber der zuvor erwähnten Begegnung seitens des Autors oder die Hingabe des Selbst an diese – sie alle sind in ihren möglichen Mischungen und Schattierungen an der dynamischen Organisation der *Kontaktgrenze* des Lesers beteiligt; und diese ist nicht, wie Goodman sagt, ein Punkt oder ein Ort, sondern vielmehr ein Prozess, der »Ausdruck einer bestimmten Beziehung«; und das ist gleichzusetzen mit Kontakt (Perls u.a. 1951, 269). Der *wahrgenommene Zweck* oder das *empfundene Bedürfnis*, um Kurt Lewin zu umschreiben (und dabei das Hauptargument des ersten Kapitels vorwegzunehmen), organisieren die Begegnung auf beiden Seiten – innerhalb der gegebenen Bedingungen und mit der Unterstützung oder der Begrenztheit der besonderen Fähigkeit jeder Person zu einer flexiblen *Bandbreite* von Haltungen oder Zugehensweisen, die für jene intendierten Ziele und Bedingungen angemessen sind (welche jeweils das besondere Thema der Psychotherapie sind).

Mit anderen Worten, ich habe mit einigen wenigen Strichen die Grundzüge wenigstens eines Kontaktmoments entworfen, der auf komplexe Weise organisiert und höchst politisch ist (in dem Sinn, dass er mit Beziehung oder Einfluss zu tun hat), der allerdings sehr weit entfernt von dem platonischen Ideal Perls' und Goodmans von einer »klaren, leuchtenden Figur [ist], die frei fließend aus einem *leeren* Hintergrund mit Energie gespeist wird« (Perls u.a. 1951, 299; Hervorhebung G.W.). Und das Hauptereignis hat noch nicht einmal stattgefunden!

Unter den gegebenen Bedingungen für Kontakt, also den Zielen und Strukturen beider Seiten im Hintergrund, ist es daher nicht erstaunlich, wenn Autoren ihre Einführungen gewöhnlich dazu benutzen, um das Erreichen eines volleren Kontakts in der Zukunft, der in der Begegnung mit dem Haupttext besteht, vorzustrukturieren oder wenn möglich zu beeinflussen. Normalerweise geschieht dieser Versuch in Form einer Führung durch oder einer Übersicht über die Landschaft, die vor uns liegt, wobei verschiedene Sehenswürdigkeiten hervorgehoben und Klippen verkleinert oder umgangen werden. Dabei wird besonders darauf hingewiesen, wo der Leser am anderen Ende herauskommen sollte und welches der richtige Weg ist, um dorthin zu gelangen. Dagegen ist nichts einzuwenden, aber es sollte jetzt klar sein, dass es sich hier nicht um eine gewöhnliche Landkarte handelt, wie sie einem naiven Reisenden von einem wohlmeinenden, aber wenig engagierten Führer – falls es so etwas geben sollte! – in die Hand gedrückt werden könnte, sondern vielmehr um ein höchst parteiisches Dokument, eine Einladung, den Kontaktprozess selbst in einer ganz bestimmten Weise (und nicht in einer anderen), auf einer Landkarte, gemäß bestimmten, vorher vereinbarten Merkmalen des Grundes abzubilden. Und wieder sind wir nach ein paar Abschnitten bei einem der grundlegenden Eckpfeiler der philosophischen Kritik von Goodman und Perls an der »etablierten« Psychotherapie jener Zeit angelangt, nämlich der *radikalen, positiven Neubewertung des leidenschaftlichen Begehrens* als dem entscheidenden Weg zur Wahrheit und zu angemessenem Handeln – in scharfem Kontrast sowohl zu den klassischen Freudschen Ansichten als auch in gewisser Hinsicht zu den östlichen mystischen Überzeugungen von der Erleuchtung durch Objektivität, Sublimation oder Entrückung. Lassen Sie mich in gleicher Weise (in Vorwegnahme vieler nachfolgender Argumente) den Widerstand des Lesers als das eigentliche Zeichen für leidenschaftliches oder aktives Engagement im Kontaktprozess selbst anerkennen und wertschätzen und nicht als ein Blockieren oder Sabotieren dieses Prozesses.

So weit, so gut; aber es besteht mindestens noch ein weiteres Risiko für diese Art einer parteilichen Einführung: Im Verlauf der Kartierung des Geländes, das vor uns liegt, und bei dem Versuch, die verschiedenen Stadien der Reise so darzustellen, als folgten sie nahtlos und notwendigerweise nacheinander, kann es geschehen, dass die gesamte Argumentation des Buches einen strengeren logischen Charakter, eine linearere Erscheinungsform erhält, als dies bei der ursprünglichen Entwicklung der Fall war, die eher organisch war, sprunghaft vor- und zurückging und sich von einer zentralen Idee her zu den einzelnen Komponenten hin verzweigte – mit einem Wort: eher »Gestalt« war. In einem solchen Prozess kann es vorkommen, dass die zentralste These eines Buches, die grundlegendste Idee, die die einzelnen Teile durchdringt und organisiert, nirgends klar formuliert wird (wie die Neueinschätzung des *Begehrens*, die dem zweiten Band von *Gestalttherapie* zugrunde liegt, nicht direkt in dem Buch erörtert wird). Ich möchte daher die organisierende Grundidee formulieren, bevor ich mit der Landkarte für die einzelnen Kapitel beginne: dass nämlich das Kontaktmodell, das uns von Goodman und Perls überliefert und durch viele nachfolgende Autoren ausgearbeitet wurde, im theoretischen Sinn *figurgebunden* ist; dass die Analyse dieses Kontaktprozesses (oder der Bewusstheit oder der Erfahrung) unvollständig ist ohne direkte Berücksichtigung der *Organisationsprinzipien oder Strukturen des Grundes*, die in einigen Fällen über die Situationen und über die Zeit hin wirksam sind, und die die Figuren im Kontakt selbst beeinflussen und beschränken; dass Psychotherapie (oder jeder andere Veränderungen auslösende Prozess) immer eine Angelegenheit der Neuorganisation der Strukturen des Grundes über die Zeit hin ist und nicht nur der Kontakt-Figuren im Augenblick; dass diese Überbetonung der Figur für das Gestaltmodell, zumindest in theoretischer Hinsicht, ein Handicap bei der Bearbeitung einer Fülle klinischer und systemischer Prozesse war; dass das Modell von Goodman und Perls einige Verzerrungen und innere Widersprüche enthält, die die Entfaltung des vollen Potentials dieses Modells behinderten; und schließlich, dass die Revision dieser widersprüchlichen Annahmen die Formulierung eines Modells ermöglicht, das bestimmte neue Chancen eröffnet – nämlich die Neueinschätzung von »Widerständen« und die Möglichkeit, »klinische« und »organisatorische« Probleme zum ersten Mal mit denselben theoretischen Begriffen anzupacken. All dies sind Variationen der gleichen Grundidee, nämlich der *Hinwendung der ungeteilten Aufmerksamkeit in der Gestaltanalyse auf das Problem der Strukturen des Grundes*. Dies ins Blickfeld der Aufmerksamkeit zu rücken, ist der Zweck dieses Buches.

Um den Weg für diese Diskussion zu bereiten und dabei auf besondere, bisher nicht beschrittene theoretische Wege hinzuweisen, werde ich zunächst im ersten Kapitel an den Anfang dieses Jahrhunderts zurückgehen, um einiges von der faszinierenden und revolutionären Arbeit der ersten Generation akademischer Gestaltpsychologen in den Blick zu nehmen (zu nennen sind hier insbesondere Wertheimer, Koffka, Köhler und deren Nachfolger); ihre Arbeit war von so bedeutendem Einfluss, dass es unmöglich ist, sich heute irgendeine Psychologie vorzustellen, nicht einmal eine eindeutig »behavioristische«, die nicht grundlegend gestaltorientiert wäre. Von dort werde ich mich den Auswirkungen dieser Arbeit auf das zuwenden, womit sich die zweite Generation der »Gestaltschule«, besonders Lewin und Goldstein, beschäftigte – und zwar nicht deshalb, weil deren weitreichende Differenzierungen des ursprünglichen Wahrnehmungsmodells im Bereich der Persönlichkeit und des Verhaltens das Modell von Goodman und Perls direkt beeinflusst hätten, sondern weil dies seltsamerweise gerade nicht geschah. Die Gründe hierfür werden im zweiten und dritten Kapitel näher behandelt. Dabei werde ich bewusst eine Position einnehmen, die im Gegensatz zu denen von Henle (1978), Arnheim (1949) und (manchmal) von Perls selbst (vgl. z.B. 1969b) steht. Sie alle behaupteten, dass zwischen der eigentlichen Gestaltpsychologie und dem Modell der Gestalttherapie keine wichtigen oder überhaupt keine Zusammenhänge bestünden. Im Gegensatz dazu werde ich im ersten Kapitel (und auch in den folgenden Kapiteln) zu zeigen versuchen, dass es unmittelbare und bedeutsame Zusammenhänge gibt, auch wenn sie nicht immer vollständig entwickelt wurden. Perls selbst spürte diese Verbindung zwar zunächst, formulierte sie jedoch in seinem frühen gemeinsamen Werk mit seiner Frau Laura Perls *Ich, Hunger und Aggression* (Perls 1947), nicht sehr klar aus.

Diesem frühen Werk der beiden Perls' werde ich mich im zweiten Kapitel widmen. Aus der Perspektive des späteren Gestaltmodells ist dieses Buch bestenfalls »skizzenhaft« (um Perls' eigenen Begriff zu verwenden): Die Gestaltideen, die er zu Beginn ankündigte, werden im größten Teil des Textes kaum entwickelt, und wenn sie schließlich kurz am Ende berührt werden, wird ihre Verbindung mit der Gestaltperspektive nicht deutlich gemacht. Eine Anmerkung ist hier auch auf die Gefahr hin angebracht, dass ich etwas betone, was unstrittig ist: nämlich dass es ohne Fritz Perls kein Gestalttherapie-Modell gäbe. Wie bereits oben erwähnt, war es Perls, der zuerst die Implikationen einer Gestaltsicht der Bewusstheit für einen neuen Zugang zur Persönlichkeit und zur Psychotherapie »roch« (diese Konsequenzen wurden, wie im ersten Kapitel ausgeführt wird, im frühen Werk von Lewin und Goldstein sehr deutlich, aber Perls kannte die Arbeit Lewins vielleicht nicht und verstand seinen eigenen Aussagen zufolge [1969b] Goldsteins Arbeit erst viele Jahre später). Fritz Perls war es auch, der zusammen mit seiner Frau die Forschungsgruppe zusammenbrachte, die das Gestalttherapie-Modell in New York in den Jahren unmittelbar nach dem zweiten Weltkrieg ausformulierte. Und zweifellos war es auch Perls, der Paul Goodman das Original einer Monographie gab, die zumindest der Ausgangspunkt war für Goodmans umfassendere theoretische Darstellung im Jahr 1951. Leser dieses zweiten Kapitels, die Perls persönlich kannten, merkten meist an, dass etwas Wesentliches dieses Mannes selbst – seine Präsenz, seine Hingabe an Lebendigkeit und Authentizität, seine eigene, besondere Art von Integrität oder Ganzheit – in dieser eher rein theoretischen Kritik nicht durchkomme. Nach den Worten von Ed Nevis stand Perls für eine »ganz neue Art, in der Welt zu sein«, die uns dazu veranlasst, auf das zu horchen und es wertzuschätzen, was wahrhaftig in uns ist, bevor wir uns einer vorzeitigen Resignation hinsichtlich dessen überlassen, was möglich oder praktisch oder sozial am ehesten akzeptabel ist. Vielleicht ist es unvermeidlich, dass für jene unter uns in den nachfolgenden Generationen, die nicht die Chance hatten, von Perls persönlich angeregt zu werden, im Laufe der Zeit etwas von der inspirativen Kraft aus dem Kontakt mit ihm verlorengeht. Wenn wir in den folgenden Kapiteln von Perls sprechen, dann meinen wir nicht Perls, den Menschen, sondern den Schriftsteller, oder noch spezifischer das geschriebene Wort, das er uns hinterließ, und das im Vergleich zu seinem tatsächlichen Einfluss auf die gegenwärtige Psychotherapie nicht sehr umfangreich ist.

Wenn ich mich dem dritten Kapitel zuwende, der Arbeit von Goodman (in etwas undurchschaubarer Zusammenarbeit mit Perls und anderen), werde ich bei einem umfassenden Modell der Gestalttherapie selbst angelangt sein – zumindest bei einer vollständigen theoretischen Grundlage für solch ein Modell – und bei einem Vorschlag, wie dieses Modell in seiner Anwendung aussehen könnte. (Es blieb in einem Ausmaß, das in der Gestaltliteratur nicht immer richtig eingeschätzt wird, anderen Autoren und Lehrern, insbesondere Laura Perls, Isadore From, Erv und Miriam Polster, Joseph Zinker und vielen anderen überlassen, die anspruchsvolle, theoretische und praktische Arbeit zu vollbringen, die erforderlich war, um diese Grundlage zu einer klinischen und pädagogischen Methodologie mit natürlich vielen Erweiterungen und Verfeinerungen zu entwickeln.) Aber wer ist der Autor dieser ursprünglichen Darstellung? Goodman beansprucht die Autorenschaft auf der Grundlage einer vorläufigen Monographie von Perls (Wysong 1985), und zumindest in der Öffentlichkeit wurde dieser Anspruch niemals in Frage gestellt (obwohl unter anderen Joel Latner behauptet, dass Perls' ursprüngliches Manuskript etwas besser ausgearbeitet und näher an der endgültigen Version war, als es Goodman zugeben wollte; Latner, persönliche Mitteilung an E. Nevis, 1988). Wie dem auch sei, ein Vergleich der veröffentlichten Texte scheint hinlänglich zu belegen, dass die Urheberschaft von *Gestalt Therapy*, Bd. II, bei Goodman liegt – unabhängig davon, welches gemeinschaftliche Denken auch den Hintergrund dieser Urheberschaft gebildet haben mag. Die Figur, könnten wir sagen, ist Goodman, aber der Grund schließt sicherlich Perls, Laura Perls und auch andere mit ein. Überdies gibt es bestimmte eindeutige Diskrepanzen in der Akzentuierung, zumindest zwischen den Darstellungen dort und anderen Arbeiten, die unter dem Namen von Perls sowohl vor als auch nach *Gestalt Therapy* veröffentlicht wurden – die wiederum auf die Handschrift von Goodman in diesem Band hinweisen. Und schließlich gibt es sowohl Diskrepanzen als auch einige regelrechte Widersprüche zwischen Band I und Band II des Buches (von denen einige im Detail im dritten Kapitel erörtert werden); all dies unterstützt Goodmans Behauptung, dass er den zweiten Band »schrieb« und dass sich sein Anteil daran von dem unterscheidet, was er zum ersten Band beitrug. Wenn ich daher in diesem Kapitel und im ganzen Buch die Formulierung »Goodman sagte« oder Variationen davon verwende, meine ich damit, dass *zumindest* Goodman selbst sich die besondere Behauptung oder das in Frage stehende Argument zu eigen machte, da es aus seiner Feder stammte, ohne dass ich damit eine Vorentscheidung darüber treffen will, ob die Co-Autoren diese spezielle Ansicht teilten oder nicht oder welchen genauen Anteil sie bei ihrer Entstehung hatten.

Im vierten Kapitel werde ich einige der »Erweiterungen und Verfeinerungen« aufgreifen, die ich zuvor erwähnte, insbesondere solche, die ich der *Cleveland School* zuschreibe; diese stellt selbst einen sehr vielfältigen Ansatz dar, dem jedoch gewisse wiederkehrende Themen und Fragestellungen eigen sind. Wie ich zuvor erwähnte, ist eine Theorie nicht notwendigerweise auch eine Methode, obwohl sie eine solche enthalten kann und von einer jeden auf die jeweils andere geschlossen werden kann. Es ist *eines* (wie beispielsweise Goodman) zu behaupten, dass die neue Therapie sich der »inneren Struktur des gegenwärtigen Erlebens« (Perls u.a. 1951, 273) widmet, und etwas *ganz anderes*, wenn man in praktischen und theoretischen Details darlegt, wie genau dies auszusehen hat, welche Methode anzuwenden ist und was eine mögliche Sequenz von Interventionen durch den Therapeuten sein kann. Wieder waren es die Autoren der *Cleveland School* – einschließlich der Autorenpaare Nevis und Polster sowie Zinker und anderer – die die kreative Anstrengung auf sich nahmen, diese Methodologie auszuformulieren (eine Methodologie, die im wörtlichen Sinn die Dreh- oder Grenzpunkte und ihre Verbindungen aufzeigte). Was Goodman für Perls in dem Sinn war, dass er eine brillante, ursprüngliche Einsicht aufgriff und sie zu einer umfassenden und zusammenhängenden theoretischen Aussage ausformulierte, waren die Autoren von *Cleveland* während der letzten vier Jahrzehnte in gewisser Hinsicht in Beziehung zu Goodman. So die klassische Arbeit der Polsters, die hervorhoben, was im Gestalt-Sinn mit Kontakt und Widerständen gemeint ist; Zinkers höchst einsichtsvolle, sorgsame und eindrucksvolle Ausarbeitung des Gestalt-Experiments; oder die Erweiterungen des Modells durch die beiden Nevis' für Anwendungen auf Systeme mit mehreren Personen.

In vielen ihrer Arbeiten und in ihrer Lehre haben die Autoren der *Cleveland*-Gruppe und andere (wie deren Lehrer Laura Perls und Isadore From) manchmal viele der gleichen Fragen gestellt und Zweifel hinsichtlich bestimmter Teile der überlieferten Theorie geäußert, die auch das zentrale Thema dieses Buches ausmachen. Wie es für das Stadium des Entwerfens einer Methodologie im Rahmen einer Theorieentwicklung angemessen ist, bestand deren Antwort in einigen Fällen darin, dass sie die Probleme in methodischen Begriffen anpackten. Daher tauchen Aspekte wie der Hintergrund einer Gruppe oder sozialen Einheit, das intensive Sich-Einlassen, die kreative Verwendung von »Widerständen«, Probleme des »Charakters« und der »Persönlichkeit« sowie die Verwendung der persönlichen Geschichte in der Psychotherapie häufig als Themen in diesen Schriften und in der Lehre auf. Was ich nun gern in einer späteren Phase bei einem erweiterten Zyklus der Theorieentwicklung hinzufügen würde, ist die Konzentration der Aufmerksamkeit unmittelbar auf diejenigen Bereiche des ursprünglichen Modells, die es schwierig erscheinen lassen, diese Fragestellungen in konsequenter und wirklich praktischer Weise aufzugreifen, und auf die vernachlässigten Erweiterungen der akademischen Gestaltpsychologie in jenen Bereichen, die diese Fragestellungen unterstützen könnten.

Im fünften Kapitel wende ich mich der Integration all dessen zu, was vorher ausgesagt wurde: der Verwendung der Modelle von Lewin und Goldstein bei der Entwicklung eines Konzepts für einen strukturierten Grund; den Konsequenzen dieser organisatorischen Zugehensweise auf die Bewusstseinstheorie des Wandels und die Induktion von Wandel; der daraus resultierenden Verlagerung des Akzents bei der Definition von Kontakt selbst; dem revidierten Verständnis der »Widerstände«, das sich aus dieser Verlagerung ergibt (theoretisch revidiert; in der Praxis, so behaupte ich, ist diese Revision schon lange wirksam); und dem integrierten Modell selbst, das meiner Meinung nach die ganze Bandbreite menschlicher und klinischer Probleme, die zuvor dargestellt wurden, in einer Weise erfassen kann, die folgerichtiger und flexibler ist und viel mehr dem entspricht, was »Gestalt« ist. Um es noch einmal zu wiederholen: Weit davon entfernt, eine Einstellung einnehmen zu wollen, die sich gegen den Geist Perls' oder Goodmans richtet, sollen diese Argumente zu den grundlegenden Vorannahmen ihres Modells zurückführen, indem ich bestimmte unvollständige oder vernachlässigte Aspekte dieses Modells aufgreife, die heutzutage drängender und vordergründiger sind als damals. Da ich darauf bestehe, mit dem Grund zu beginnen und nicht mit der Figur, werde ich schließlich auf diesem Weg quasi als methodologischem Ertrag zu einem Modell gelangen, welches endlich intrapsychische und zwischenmenschliche oder systemische Probleme *in der gleichen theoretischen Sprache* behandeln kann – etwas, was vor allem den Klinikern seit den Zeiten Freuds nicht vergönnt war.

Und damit ist meine (keineswegs vorurteilsfreie) Vorausschau auf das Gebiet, das vor uns liegt, praktisch vollständig. (Ob die Argumente, die in diesen fünf Kapiteln vorgebracht werden, vollständig sind oder nicht, bleibt dem Urteil des Lesers überlassen.) Im allgemeinen wurden Fallbeispiele und Veranschaulichungen mit Ausnahme von einigem illustrativen Material aus der frühen Gestaltforschung im ersten Kapitel in der Hoffnung herausgelassen, dadurch einen erzählerischen Rhythmus und die Klarheit einer anderen, eher theoretischen Art und Weise zu erreichen. Einerseits sollte jedes Kapitel für sich stehen können, und der Leser, der eher an dem einen Thema interessiert ist als an dem anderen, sollte in der Lage sein, jedes einzelne Kapitel – oder überhaupt alle Kapitel in beliebiger Reihenfolge – zu lesen und doch wenigstens die Essenz des übergreifenden Gedankenganges zu erfassen, der daher in jeder neuen Phase der Präsentation wiederholt wird. Andererseits versuche ich in jedem Kapitel, diese theoretische Erzählung anzusprechen und in der Richtung voranzutreiben, die oben skizziert wurde (und man beachte den Tonfall eindimensionaler Parteilichkeit, der sich an dieser Stelle meiner Fremdenführung wieder einschleicht). In der Hoffnung, dieses Ungleichgewicht von Theorie und Praxis wenigstens bis zu einem gewissen Grad auszugleichen, werden in den beiden letzten Kapiteln zwei Arten von Fällen präsentiert, zum einen aus dem »klinischen« Bereich und zum anderen aus dem sozialen oder institutionellen Bereich (wobei es angesichts der Neuformulierungen, die in den vorhergehenden Kapiteln entwickelt werden, möglich sein sollte, diese verschiedenen Problemebenen mit den gleichen Begriffen zu erfassen). Ich beanspruche nicht – um einen Punkt noch einmal aufzugreifen, der bereits erwähnt wurde und in den folgenden Kapiteln auch häufig wiederholt wird – der erste zu sein, der dies im Rahmen des Gestaltmodells versucht. Vielmehr geht meine Einschätzung dahin, dass die beste und kreativste Gestaltpraxis vieles von dem, was in dieser theoretischen Neuformulierung aufgegriffen wird, *schon verwirklicht* hat. Aber die »beste Praxis« nach dem Gestaltmodell, so behaupte ich, wird nicht überall von der Theorie unterstützt, sondern ist gezwungen, einige gewohnheitsmäßige Sprünge, unerklärbare Rückgriffe oder verwirrende Verbindungen vorzunehmen. Das ist ganz gut und schön, wenn man weiß, was man tut, aber es ist sehr schwer zu lehren! Daher besteht meine Hoffnung eigentlich darin, dass die Gestalt*lehre* am meisten durch dieses Buch beeinflusst werden kann, wobei es mein Ziel ist, jene kreative Praxis auf der Grundlage eines besser organisierten theoretischen Grundes zu unterstützen und zu vermitteln.

Und nun noch einmal ein (fast) letztes Wort über Goodman und Perls. Es ist üblich, dass diejenigen, die etwas neu bearbeiten, behaupten, sie würden zu den Grundlagen zurückkehren, die irgendwie im Laufe der Zeit verlorengegangen sind oder verzerrt wurden – oder dass sie auf einzigartige Weise auserkoren wären zu erklären, was die Meister *wirklich* meinten, besser als es die Meister selbst konnten. Heutzutage ist es auch üblich, die Tatsache hervorzuheben, dass vieles von der Arbeit Perls', besonders in seinen späteren Jahren, eine Zurschaustellung gleichsam einer einzigen Ecke des Gestaltmodells, das er so mühevoll entwickelt hatte, war und dass diese Arbeit, wenn sie nicht schon selbst eine Karikatur dieses Modells war, sich doch dafür hergab, dies in den Händen anderer, weniger disziplinierter Show-Männer (und Show-Frauen) zu werden. Wie ein *Hokusai*, der seine Pinselführung mit zunehmendem Alter vereinfacht, verwendete Perls Abkürzungen und schnelle Striche, die schnell zu leblosen Klischees in den Händen einiger seiner Imitatoren wurden, die in ihnen nicht wohlbegründete Sprünge ins Zentrum der Sackgasse sahen, sondern eine Abkürzung, die die Notwendigkeit lebenslanger klinischer und kultureller Erfahrung umgehen könnte. Daher rührt die heute verbreitete Praxis, ein paar rituelle Blitzlichter auf Perls zu werfen, um sich mit der eigenen Position von einer bestimmten Art von »Gestalt«-Praxis, die in wohlverdienten Misskredit geraten ist, distanzieren zu können. *Dies ist nicht die Absicht dieses Buches*, noch ist es das hier dargestellte Bild von Perls selbst, was immer auch die Unterschiede in der theoretischen Akzentuierung, die in diesen Kapiteln entwickelt werden, sein mögen, und wie immer unangemessen die Darstellung von Perls, dem Kliniker, und Perls, dem Menschen, besonders im zweiten Kapitel, sein mag. Trotz der Widersprüche in seinem Leben und in seiner theoretischen Perspektive stand Perls immer in Figur und Grund für Authentizität, Lebendigkeit und Abenteuer (im wahren Sinne des Wortes, dass man das Selbst in der Begegnung riskiert). Das heißt nicht, dass er alle Argumentationen in diesem Buch unterstützt hätte. Hätte er aber, sagen wir, zehn oder fünfzehn Jahre länger gelebt, hätte er seine berühmte Ungeduld und seinen scharfen Blick sicherlich auf die verbreiteten klinischen Probleme dieser Tage gewandt, Probleme, die ich als Verzerrungen nicht nur der Figur, sondern auch des strukturierten Grundes charakterisiert habe: Vereinsamung, Konsumsucht, Ich-Bezogenheit und fehlendes *commitment*, sowohl in persönlicher als auch in politischer Hinsicht, und die damit zusammenhängenden Probleme des *leidenschaftslosen Herzens*, die sich uns so häufig in der klinischen (und nicht-klinischen) Population unserer Zeit stellen. Man denke sich – mit einigem Vergnügen – ein glückloses Opfer von heute auf dem heißen Stuhl unter der Peitsche des berüchtigten Zorns von Perls vor: »Mach, dass Du hier wegkommst! Ich kann mit Dir nicht arbeiten. Du lässt Dich wirklich auf *gar nichts* ein.«

Das gilt auch und sogar in noch stärkerem Maß für Paul Goodman. Heute, nachdem Goodmans literarische und politisch-philosophische Arbeit fast völlig in Vergessenheit geraten ist, ist es nur eine Frage der Zeit, wann er wieder für das, was er war und ist, anerkannt wird: nämlich als eine der einflussreichsten kritischen intellektuellen Stimmen in der Mitte unseres Jahrhunderts in Amerika und einer der vorbildlichsten Literaten. Es war – um einen Vorgriff auf den nachfolgenden Text zu wagen – ein unendlich großer Verlust für die Gestalttherapie und tragisch für unsere Zeit, dass Goodman nicht lange genug lebte, um seine brillante Eloquenz und sein umfassendes intellektuelles Wissen im Hinblick auf die verschiedenen Probleme (oder die verschiedenen Manifestationen des gleichen Problems) des Individuums in der Gesellschaft unserer Zeit zum Tragen zu bringen. Es gerät heute leicht in Vergessenheit, dass Goodman als prophetischer Kritiker zu seiner Zeit keineswegs eine einsame Stimme in der Wüste war. Im Gegenteil, er beeinflusste die gesamte Bandbreite der Befreiungsbewegungen der Fünfziger- und Sechziger-Jahre auf sehr umfassende und direkte Weise – einschließlich der Bewegung zur Befreiung der Psychotherapie von der schalen Begrenztheit Freudscher Ausbildungsinstitute (die heute teilweise wegen des konkurrierenden Einflusses des Gestaltmodells viel weniger schal sind). Er prägte schließlich die Gemüter einer ganzen Generation, die im Gegensatz zu den gesamten autoritären Kräften jener Tage ihre eigene innere Abscheu gegen einen obszönen Krieg wandte. Wenn Goodman zur Zeit der Entstehung dieses Buches noch gelebt hätte, wäre er lediglich so alt wie Präsident Reagan. Diesen Vergleich auch nur auszusprechen, heißt, das anzuprangern, was diese Gesellschaft in der Lage ist, ihren besten Männern und Frauen anzutun.

Und nun ein allerletztes Wort über die geschlechtsspezifische Sprache in diesem Buch. Die Menschen haben, von ganz wenigen Ausnahmen abgesehen, eindeutig das eine oder andere Geschlecht. Die englische Sprache versorgt das weibliche Genus mit einer Reihe eigener Pronomen, während das männliche Genus sowohl für das männliche Geschlecht als auch für das Kollektiv und manchmal für unpersönliche Fälle steht. Wem dies letztlich am meisten zum Nachteil dient, ist unklar, wie bei so vielen Dingen der Genus-Politik. Die Schwerfälligkeit der Wiederholung von »er oder sie«, »sein oder ihr« usw. wird bereits in dieser Einführung deutlich. Die Verwendung von *sie* und *ihre* für das unpersönliche *man* ist auch verwirrend und inakzeptabel. Mit Entschuldigungen an alle Seiten und in der

Hoffnung auf bessere Zeiten für die Sprache und für die Kultur folgt dieser Text der unbefriedigenden traditionellen Praxis in der Verwendung von *er*, *sein* und *seinem*, um sowohl den maskulinen als auch den generellen Fall auszudrücken.

Wie jedes andere Buch ist auch dieses Buch eine Unterhaltung oder die eine Seite einer Unterhaltung, die im Geist des Lesers fortgesetzt wird und die dann, wenn der Autor Glück hat, in irgendeiner Form der Erwiderung vervollständigt werden kann. Aber dieses Gespräch ist aus vielen vergangenen Gesprächen erwachsen, die den Grund für diese Figur beeinflusst und organisiert haben. Mein Dank gilt den folgenden Gesprächspartnern – Lehrern, Studenten, Kollegen und Freunden – für ihre kreative Zustimmung oder ihren Widerspruch, ihre Herausforderung und Unterstützung, die alle die gegenwärtige Kontaktfigur durchdrungen haben: Anne Alonso, Norm Berkowitz, Rennie Fantz, Isadore From, Murray Horwitz, Michel Katzeff, Frank Kelly, Carolyn Lukensmeyer, Bert Moore, Ed Nevis, Sonia Nevis, Bernie O'Brien, Patricia Papernow, Erv Polster, Jean- Marie Robine, dem verstorbenen Bill Warner, Joseph Zinker und Walter Grossmann, Mentor und lebendiges Modell des Goodmanschen Ideals eines leidenschaftlichen Intellektuellen und eines vollendeten Menschen; und am meisten von allen gilt mein Dank meiner professionellen Geprächs- und Lebenspartnerin Beverly Reifman.

Gordon Wheeler

1. Kapitel

Der Hintergrund in der Gestaltpsychologie

Gestalt und das Assoziationsmodell

Der Legende zufolge wurde die Gestaltpsychologie im Jahre 1910 irgendwo zwischen Hannover und Frankfurt in einem Eisenbahnzug erfunden (das genaue Datum und die Stunde könnten zweifellos rekonstruiert werden), als der Psychologe Max Wertheimer über das optische Verhalten der Leitungen und Masten des Telegrafensystems nachsann, das parallel zum Schienenstrang verlief (Wertheimer 1964). Je nachdem, ob der Zug schneller oder langsamer fuhr, erschienen die Masten zunächst als das, was sie waren (das heißt einzelne Masten in einer Reihe), dann als ein einziger Mast, der in einer Wellenbewegung vor- und zurücktrat, und dann wieder als ein einziger Mast, der an einem bestimmten Punkt außerhalb des Fensters zu gefrieren schien, während die Drähte selbst das Aussehen eines feststehenden Drahtes annahmen, der auf und ab wippte. Immer noch der Legende nach verließ Wertheimer in Frankfurt den Zug, ging in ein Spielwarengeschäft und kaufte ein Kinder-Stroboskop, um diese bekannten, aber merkwürdigen Effekte besser untersuchen zu können, da sie von der vorherrschenden Reflex-Lehre oder Assoziationspsychologie überhaupt nicht gut erklärt werden konnten. Das Ergebnis war zwei Jahre später der Text: »Experimentelle Studien über das Sehen von Bewegungen« (Wertheimer 1912), in dem er das Konzept eines »Phi«-Phänomens oder eines integrativen Prinzips darlegte, durch das der Organismus einzelne serielle Sinneseindrücke in eine einheitliche Wahrnehmung oder kontinuierliche Bewegung übersetzt; und so wurde die Gestalt-Schule geboren.

In Wirklichkeit verlief die Entwicklung natürlich viel allmählicher, mit einigem Auf und Ab, wie es bei theoretischen Durchbrüchen immer der Fall ist – sie war viel atomistischer oder »assoziativer« im Gegensatz zu diesem sehr gestaltmäßigen Mythos eines einzigen Augenblicks Newtonscher Einsicht. Das Problem atomisierter versus kontinuierlicher Wahrnehmung geht mindestens bis zu Zeno im fünften Jahrhundert vor Christus zurück, mit dessen berühmtem Paradox von der Schildkröte und dem Hasen (da sich die Schildkröte immer weiter vorwärts bewegt, wie langsam auch immer, während der Zeit, die der Hase braucht, um dahin zu gelangen, wo die Schildkröte vorher war, kann er die Schildkröte rein logisch gesehen scheinbar nie überholen). Die Schwierigkeit besteht hier in der scheinbaren Unvereinbarkeit von fragmentierten und kontinuierlichen Prozessen, ganz gleich wie klein die Fragmente sind, in die man das betreffende Wahrnehmungsphänomen zergliedert (wie das Assoziationsmodell es vorhatte). In der Mathematik wurde dieses Problem theoretisch erst nach ein paar tausend Jahren durch die Erfindung der Differentialrechnung durch Newton und Leibniz gelöst – also durch die Mathematik kontinuierlicher Funktionen. In der Psychologie geht die Verwendung des Begriffs »Gestalt« selbst – für diese und andere Probleme des assoziativen Ansatzes – auf v. Ehrenfels im Jahr 1890 zurück (es war auch v. Ehrenfels, der die Begriffe »Figur« und »Grund« in die Wahrnehmungspsychologie einführte, s. Koffka 1935). Mach selbst, der gewöhnlich als Begründer der modernen Psychologie angesehen wird, war nicht nur mit den »reinen assoziativen« oder Reiz-Reaktions-Mustern in seiner Forschung beschäftigt, sondern auch mit der umfassenderen Frage, wie es kommt, dass die Dinge uns so erscheinen, wie sie es tun (Petermann 1932, 3). In ähnlicher Weise widmeten sich Schumann (1900), Müller (1923), Krüger (1913, 1915) und besonders Martius (1912) alle der Qualität der »Ganzheit« in der Wahrnehmung und kritisierten auf verschiedene Weise die »atomistische« Theorie, die besagt, dass Wahrnehmung nur die Summe einer Reihe einzelner Stimuli sei, von denen jeder vermutlich eine bestimmte Gehirnzelle oder mehrere Zellen aktivieren würde – und verwendeten solche vereinheitlichenden Begriffe wie »Produktion«, »Kohärenz-Theorie«, »Komplexqualität« und sogar »Gestaltqualität«. Exner schrieb 1894 (im gleichen Jahr also, in dem Freud zum ersten

Mal die »Abwehrmechanismen«, eine weitere »ganze Konfiguration« der Funktionsweise erwähnte, mit der ich mich eingehend in den nächsten Kapiteln befassen werde) folgendes: »Der ganze Eindruck, der durch ein Bild erzeugt wird, das über die Retina blitzt, wird durch die Erregung unzähliger und funktional unterschiedlicher Fasern ausgelöst. Dass wir trotzdem einen einheitlichen Eindruck gewinnen, in welchem die getrennten Sinneswahrnehmungen unbemerkt bleiben, ist in dem begründet, was ich das Prinzip zentraler Konfluenz nennen würde« (Exner 1894, 201). Exners »zentrale Konfluenz« kommt dem Phi-Phänomen von Wertheimer zwanzig Jahre später sicherlich sehr nahe.

Nach den Vorstellungen der »Wundt-Schule« oder der reinen Assoziationstheorie, die zur Jahrhundertwende vorherrschte, sollte Wahrnehmung folgendermaßen vor sich gehen: Ein bestimmter, unterscheidbarer Reiz in der Umgebung – sagen wir eine bestimmte Frequenz und Intensität von Licht, die von einem bestimmten Objekt ausgesandt wird und mit physikalischen Geräten messbar ist – trifft in einem bestimmten Winkel und mit einer bestimmten Energie auf die Retina. Dies löst Schritt für Schritt eine weitere neurologische Sequenz aus, die wiederum zu der Stimulierung einer bestimmten Gehirnzelle oder einem Muster von Zellen führt, welche dann entweder das geistige Bild »produzieren« oder irgendwie selbst dieses Bild »sind« (das Modell ist an dieser entscheidenden Stelle ein wenig unklar; siehe die Diskussion bei Koffka 1935; auch Köhler 1947). Die Theorie ist also in zweierlei Hinsicht »reduktionistisch«: Das heißt, das geistige Ereignis kann ganz exakt auf physische Ereignisse »außerhalb« reduziert werden und *vice versa*. Theoretisch zumindest sollte es also eine Eins-zu-Eins-Entsprechung zwischen äußerem Objekt und innerem Bild geben (oder zumindest zwischen innerem Bild und dem, was die Assoziationspsychologen den »unmittelbaren Reiz« nannten, in diesem Fall also das tatsächliche Maß und die Qualität des Lichtes, das auf die Oberfläche der Retina traf – da das »Ding an sich« als Reiz unter den unterschiedlichen Bedingungen des Lichts, der Distanz, der Luftqualität, der Bewegung usw. variieren kann).

Auf die Frage, wie eine endliche Zahl von Zellen der Netzhaut solch ein erstaunlich großes Spektrum von geistigen Bildern hervorbringen kann, ist die Antwort der Assoziationstheoretiker: durch eine Neukombination und Permutation unabhängiger Elemente, d.h. Zellen. Ein Bild zur Veranschaulichung könnte etwa das Telefonnetz einer großen Stadt sein, bei dem die Neukombination von lediglich zehn einfachen Reizelementen in einheitlich variierenden kleinen Ketten von jeweils sieben Elementen verantwortlich ist für alle Telefonverbindungen, sagen wir, von New York City mit ihren vielen Millionen verschiedener Möglichkeiten, ganz abgesehen von den möglichen funktionalen Erweiterungen, Konferenzschaltungen, Ruf-Weiterschaltungen, Wartepositionen, ja sogar Vermittlungshilfen und anderen Möglichkeiten, um die Ketten selbst neu miteinander zu verbinden. Wenn man drei weitere Elemente hinzunimmt, kann man ganz Nord-Amerika erfassen; noch einmal etwa fünf weitere Elemente, und man hat die ganze Welt versorgt. Auf diese Weise ist es möglich, wie die Assoziationstheoretiker behaupten, Konstrukte und komplexe Erinnerungen, sogar abstrakte Ideen und Problemlösungsmuster aus einer begrenzten Zahl einfacher einheitlicher und voneinander unterscheidbarer »Bausteine« durch komplexe Neukombinationen aufzubauen, ohne vage und tautologische »Geister in der Maschine« einführen zu müssen, die erklären, wie die Elemente sich organisieren.

Bei solchen Annahmen ist es natürlich, dass sich viele Laborforschungen nach diesem Paradigma auf die Phrenologie konzentrierten: Das heißt, wo genau im Gehirn könnten die Pfade und speziellen Zellen gefunden werden, in denen die einzelnen Sinneseindrücke »aufbewahrt« wurden, und wie wurden diese Zellen nach dem Reiz-Reaktions-Muster mit anderen kombiniert (vgl. die Diskussion dieser Art von Metaphorik als Forschungsorientierung in der Assoziationstheorie bei Goldstein 1939, 1940; auch bei Koffka 1935, bes. Kap. III). Viel von dieser Arbeit wurde, wie Goldstein hervorhob (1939) dann auch gar nicht *in vivo* durchgeführt, sondern beschäftigte sich mit Reaktionsmustern des Nervengewebes *in vitro* oder mit den Nervenreaktionen hirntoter Tiere, deren Gehirne entrindet worden waren und die tatsächlich die Art reiner »reizgebundener« Reaktionsmuster des assoziativen Modells demonstrierten, ganz ähnlich, wie sie Goldstein später bei bestimmten hirngeschädigten Kriegsveteranen im vorderen Hirnlappen finden sollte. Auf diese Weise tendierte das Arbeitsparadigma, wie immer in der Wissenschaft, dazu, den Forschungsansatz zu steuern – ein Phänomen, das übrigens durch die Gestaltpsychologie am besten erklärt werden kann. Die zugrundeliegenden Annahmen des Modells, die oft nicht überprüft werden, bestimmen auf fragwürdige Weise die Bedingungen und Vorgehensweisen der Forschung und die Art von Fragen, die gestellt werden – und daher auch die Befunde, die dann das Modell bestätigen. Dass die Gestaltforschung selbst dieser Art von ungeprüften Annahmen gegenüber nicht immun war, wird in der folgenden Erörterung deutlich werden.

Das Problem jedoch mit dieser Art eines »Netzwerk«- oder »Schaltkreis«-Modells als Erklärungsmetapher in der Assoziationstheorie ist, dass man sich das Gehirn nicht so vorstellen darf, dass es nur das Telefonnetz enthält mit seinen vielen tausend Kilometern Kabel und den verschiedenen Schalt-funktionen, sondern dass man in gewisser Hinsicht auch alle *Telefonkunden* mitdenken muss; nicht nur die Schaltungen, sondern die Botschaften, die durch diese Drähte gehen, die Gespräche, Bilder, Prozesse, Interaktionen, all diese sind auch irgendwie »im« Gehirn, und zwar scheinbar in einer organisierten und steuerbaren Weise. An diesem Punkt bricht die Assoziati-onsmetapher zusammen, und man ist geneigt zu fragen, wie man von solch einer vereinfachten und offensichtlich naiven Auffassung des geistigen Lebens jemals erwarten konnte, dass sie brauchbare und vollständige Erklä-rungen hervorbringen könnte für komplexe abstrakte, geistige Funktionen, die weit abseits von irgendwelchen »unmittelbaren Reizen« auf einer quali-tativ anderen Ebene stattzufinden scheinen.

In aller Fairness muss gesagt werden, dass das ursprüngliche Modell selbst, trotz einiger überzogener Forderungen neuerer Behavioristen, wahr-scheinlich niemals solche Ansprüche erhob. Die Assoziationstheorie war, ursprünglich zumindest, vor allem der Versuch, mit einigem tautologischen oder »mentalistischen« Ballast aufzuräumen, den die Psychologie von der Philosophie her mitgeschleppt hatte, deren Zweig sie bis noch vor einem Jahrhundert immer war (vor allem mit ihren aristotelischen Konstrukten, die Bewegungen der Motilität zuschrieben, Zweck der Zweckhaftigkeit, Willen der Intentionalität usw.). In ihrem Versuch, von der endlosen Erzeugung von Zirkelschlüssen wegzukommen, waren sich die Assoziationstheoreti-ker (wie die vorigen Zitate zeigen) selbst einiger der Begrenzungen ihrer eigenen Theorie sehr wohl bewusst (s.a. Mandler & Mandler 1964) und brachten ständig eigene Konstrukte zweiter und dritter Ordnung hervor wie z.B. Lernen, Erfahrung, Interpretation, selektive Aufmerksamkeit und Emotionalität, um die offensichtlichen Transformationen von Sinnesdaten nach ihrem »Eintritt« in das Nervensystem zu erklären (Koffka 1935). Wenn sich das Modell dennoch so lange halten konnte (vgl. Petermann 1933, der wahrscheinlich den letzten Versuch unternahm, es systematisch zu verteidi-gen), dann geschah dies wahrscheinlich aus vorwiegend zwei Gründen. Der erste liegt in der schlichten Tatsache, dass Empfindung, Wahrnehmung und Denken offensichtlich auf *irgendeine* Weise mit der Welt »realer« externer Reize verbunden sein müssen, weil sonst schwer einzusehen ist, wie der Organismus jemals erfolgreich mit der Umgebung, wenn auch auf unvollkommene Weise, interagieren können sollte. Und der zweite Grund besteht in den wissenschaftlich-philosophischen Verbindungen zwischen dem Assoziationsmodell und der Newtonschen Physik, die solch eine einfache und befriedigende Reduktion der komplexen Erscheinungswelt auf einige wenige grundlegende Kräfte und Partikel ganz nach dem Paradigma der Assoziationstheorie anbot. Wenn man nach dem Newtonschen Modell zumindest theoretisch jemals damit fertig würde, die genaue Position und Geschwindigkeit auch des letzten einzelnen Partikels des Elementarstoffs im Universum zu katalogisieren – dann wüsste man folglich wenigstens potentiell nicht nur alles, was irgendwo zu einer bestimmten Zeit im Universum geschieht, sondern auch alles, was jemals geschah und geschehen wird. Praktisch gesprochen würde man natürlich niemals alle Koordinaten auflisten können. Jedenfalls gäbe es aber kein *theoretisches* Hindernis gegenüber totalem Wissen, nur eines der Zeit und der Ressourcen. Kurz gesagt, die Geheimnisse des Universums wären aufgeschlüsselt, und der Mensch würde sich hinsichtlich der physischen Welt schnell auf eine Position der Allwissenheit zubewegen. Wenn die geistige Welt dann auch noch erobert werden könnte, wäre diese Position wahrlich gottähnlich.

Die verführerische Kraft dieses Eroberungs- und Steuerungsmodells ist offensichtlich; selbst heute noch können wir es als einen berauschenden, wenn auch verlorenen Traum nachempfinden. Verloren, weil die Physik selbst, die die frühen Psychologen (und auch einige nicht so frühe) als ihren Prüfstein und ihren Führer nahmen, bereits damals ironischerweise fast hinweggeschwemmt wurde, und zwar zunächst durch die allgemeine Relativitätstheorie nach der Jahrhundertwende und dann in noch niederschmetternderer Weise in den zwanziger Jahren durch Heisenbergs Unschärferelation, die beide für sich den Nachweis beanspruchten, dass solch ein absolutes Wissen seiner eigenen Natur zufolge unerreichbar sei.

Trotzdem und ungeachtet der Ungereimtheiten des Assoziationsmodells, auf das die Gestalt-Schule so heftig reagieren sollte, war es dennoch dieses Paradigma, das für die ungeheure Produktivität der behavioristischen Schule in all ihren vielfältigen Verzweigungen einschließlich der Anwendungen auf Psychotherapie in der zweiten Hälfte dieses Jahrhunderts unmittelbar verantwortlich war. Ein starker Irrtum (wie Aquin sagte und wie Paul Goodman ihn in seinen Arbeiten, die ich in den folgenden Kapiteln erörtern werde, gern zitierte) ist immer besser als eine schwache Wahrheit; und nirgends ist dies offensichtlicher als in der wissenschaftlichen Forschung. Die Gestalt-Schule beanspruchte dagegen jene dritte Möglichkeit, nämlich eine starke Wahrheit erfasst zu haben, deren Konsequenzen ich im folgenden erörtern werde.

Die Gestalt-Schule – frühe Arbeiten

Wertheimers ursprünglicher Aufsatz von 1912 wich rückblickend betrachtet trotz alledem nicht allzu sehr von den Prinzipien der Assoziationstheorie ab. Zwar identifizierte er einen spezifischen »einheitlichen Prozess« – das Phi-Phänomen –, durch den die einzelnen Reize innerhalb des Subjekts in ein kontinuierliches Bild übersetzt wurden; und in dieser Hinsicht kann man sagen, dass er sich von der reinen »reizgebundenen« Position wegbewegt hatte. Aber diese »einheitlichen Prozesse« wurden selbst »in besonderer Weise auf der Grundlage einer einzigen Erregung konstruiert« (Wertheimer 1912). Dies ist mit anderen Worten wieder Exners zentrale Konfluenz, eine Art Verschmelzung (oder ein »Kurzschließen«, wie Wertheimer es ausdrückte) von einzelnen Erregungen des Rezeptors. Das heißt, die Betonung und die Steuerung in der Wahrnehmung wird immer noch den externen Reizen und ihren entsprechenden Eins-zu-Eins-Erregungen zugesprochen, die dann auf einem bestimmten Energieniveau »einen Sprung machen« und sich sozusagen in dem Kreislauf des Empfänger-Subjekts selbst vermischen. Dies ist wiederum wie bei vielen der einfacheren Modelle der Assoziationstheorie eine Sichtweise, die in vieler Hinsicht dem Alltagsverständnis entspricht: Das, was ich sehe, ist offensichtlich auf bestimmte und recht abhängige Weise mit dem verknüpft, was »da draußen« gesehen werden kann. Wie sonst könnte meine Welt so praktisch funktionieren, wie sie es tut? Beispielsweise steuere ich hauptsächlich mit meinen Augen; ich falle selten hin und fahre auch nicht gegen einen Baum. Mein Nervensystem »nimmt« daher das »auf« und verarbeitet es, was mehr oder weniger »dort« ist – wie die Assoziationstheoretiker behaupten. Die Frage ist nicht, ob dies geschieht, sondern *wie* es geschieht. In dieser Hinsicht hatte Wertheimer 1912 noch keinen sehr großen Schritt über die anerkannte Erklärung der Assoziationstheoretiker hinaus getan.

Aber es gab da einen kleinen Unterschied, und um diesen kleinen Unterschied hinsichtlich einer etwas komplexeren Rolle des Subjekts herum – wenigstens was die Erklärung der Wahrnehmungsprozesse gegenüber dem vorherrschenden Modell betraf – entwickelten sich rasch eine neue Denkrichtung und ein neuer Arbeitszusammenhang. Die jungen Psychologen Wolfgang Köhler und Kurt Koffka vereinten ihre Kräfte mit denen Wertheimers zunächst in Frankfurt und später in Berlin und begannen bald zusammen mit ihren Studenten und Schülern, eine Reihe von Schriften herauszubringen sowie Experimente und Argumente zu entwickeln, die alle das Ziel hatten, die viel größere Aktivität des »passiven« wahrnehmenden Subjekts hervorzuheben, als dies zuvor angenommen wurde, und die Unterordnung all dieser Aktivitäten unter bestimmte allgemeine Prinzipien der Organisation zu skizzieren. Sie gingen über die ursprüngliche Behandlung der Wahrnehmung kontinuierlicher Bewegung und des Phi-Phänomens hinaus und verlagerten ihren Fokus auf die allgemeinere Frage der Konfiguration selbst: Das heißt, wie kommt es, dass wir überhaupt »Dinge« in eigenständiger und abgrenzbarer Weise sehen, wie wir es normalerweise tun, aus der visuellen Kakophonie von Lichtreizen, die auf uns im Augenblick des Öffnens unserer Augen eindringen? Wie kommen wir, besonders in ungewöhnlichen (und daher, nahm man an, veranschaulichenden) Fällen wie zum Beispiel optischen Illusionen, Einschätzen der Größe und des Abstands oder begrenzter Sichtbarkeit und Skizzenhaftigkeit zu Gesamteindrücken von Dingen aus diesem Beschuss »ursprünglicher« Reize? In einer außerordentlich fruchtbaren, paradigmatischen Veränderung war die Antwort Wertheimers, dass eben dies nicht geschieht. Es sind gar nicht, so argumentierte er, die »ursprünglichen« Reize, die von den Wahrnehmungsorganen »aufgenommen« werden, sondern vielmehr die *ganzen Konfigurationen*. Im Hinblick auf den wahrnehmenden Organismus heißt das, dass das »sinnvolle Ganze« der Reiz ist (Wertheimer 1959). Von daher kommt das berühmte Gestalt-Diktum (Koffka 1935), dass das Ganze den Teilen *vorausgeht*. Diese ganzen Konfigurationen oder »Figuren« (um Ehrenfels' Terminologie zu benutzen, die von der Gestalt-Schule übernommen wurde) können dann in untergeordnete Teile aufgegliedert oder analysiert werden; aber diese Teile haben selbst die gleichen Merkmale der Figur vor einem Grund – das heißt der ganzen Konfiguration: Wäre dem nicht so, könnten wir sie nicht »sehen«; das ist es, was »sehen« bedeutet. Wenn die ganze Konfiguration bruchstückhaft oder unterbrochen oder sonst irgendwie unvollständig ist, neigt das Subjekt dazu, dennoch das Ganze zu sehen (Köhler 1922; Wertheimer 1925) oder etwas zu unternehmen, um die fehlenden Teile zu ergänzen, oder es erfährt eine messbare Spannung und subjektive Frustration. Auf diese Weise sind wir »verdrahtet« (um eine spätere kybernetische Metapher zu verwenden); unter normalen Umständen rufen isolierte »ursprüngliche« Reize bei den Subjekten organisierte Reaktionen hervor, die über dem Niveau des »reinen Reflexes« oder Zuckens liegen (Goldstein 1940); »höhere«, besser organisierte Reaktionen können auch nicht aus den elementaren Zuckungen, die nach dem berühmten Bild des Assoziationsmodells aufgefädelt wären wie »Perlen auf einem Faden«,

»aufgebaut« werden (Koffka 1935). Organisation, organisierte Figur, *ist* der ursprüngliche »Baustein« der Wahrnehmung und der Reaktion des Subjekts auf den Wahrnehmungsreiz. Daher sollte sich die Aufmerksamkeit der Forschung auf diese organisierte Figur – ihre Analyse, ihre Merkmale, ihre Gestalt, Struktur und Auflösung – richten.

An dieser Stelle sollte erwähnt werden, dass es in dieser frühen Phase der Gestalttheorie noch etwas unklar bleibt, ob die »organisierten Ganzheiten«, über die wir sprechen, »in« der Natur oder »in« dem Wahrnehmungsorganismus, also in der Struktur des Nervensystems selbst (oder vielleicht, wie wir heute eher sagen würden, in der Wechselbeziehung dieser beiden) gefunden werden. Mit anderen Worten – um die Richtung der nachfolgenden Gestaltforschung vorwegzunehmen (z.B. Lewin 1926) –, ist es das eigene *Interesse* des Subjekts oder irgend ein anderer subjektiver Drang, der bestimmte Formen, bestimmte Figur-Grund-Zergliederungen aus einem Feld organisiert, das für sich genommen fast unendlich formbar ist? Oder sind die Wahrnehmungsstrukturen, die Gestalten (im Original deutsch; *Anm. d. Übers.*), über die wir hier sprechen, bereits in der Umgebung vorgegeben?

Hinsichtlich dieser Frage blieb Wertheimer selbst für den Rest seines Lebens mehr oder weniger unschlüssig (Wertheimer 1961; Köhler 1959). In dieser frühen Phase seiner eigenen Forschung neigte Wertheimer mit seinen Kollegen sicherlich dazu, den Akzent bei dieser Interaktion auf die Seite der Umwelt zu legen. Ein großer Teil der Forschungsenergie wurde daher in die Bemühung investiert, die verschiedenen Merkmale und Eigenschaften der Gestalt oder des Figur-Grund-Prozesses abzugrenzen. In diesem Prozess brachte vor allem Wertheimer eine scheinbar endlose Reihe von »Gesetzen« über das »Verhalten« der Wahrnehmungsgestalten hervor. Die Gesetze der Nähe, der Gleichheit, der Geschlossenheit sowie die Prinzipien der Klarheit, Bestimmtheit, Einheit, Begrenztheit und Trennung, ja sogar abstrakte Kategorisierung selbst (was jedoch kein Erklärungsprinzip nach der Sichtweise der alten »mentalistischen« Konstrukte, wie ich sie oben erörterte, zu sein scheint) – all diese wurden zu unterschiedlichen Zeiten postuliert, und es wurden Versuche unternommen, sie in dem Bemühen zu messen (Köhler 1920, Koffka 1930), zu quantifizierbaren und voraussagbaren Regeln zu gelangen, wann eine gegebene Serie »ursprünglicher« Reize *in der Umgebung* zu einer Wahrnehmungsgestalt »zusammenfließt« und wann nicht. All diese Prinzipien in Wertheimers Modell (Köhler 1920, Petermann 1932) wurden dem Gesetz der Prägnanz untergeordnet, welches schlicht beinhaltete, dass die Wahrnehmung zu einer organisierten Form hin tendiert und dass die Organisation so »gut (d.h. einfach, kohärent) [ist], wie es unter den gegebenen vorherrschenden Umweltbedingungen möglich« ist (Koffka 1935, 110). Mit anderen Worten: die Ökonomie der Organisation, die bestmögliche Bedeutung oder Information in der einfachsten strukturellen Form. Die Übersetzung solcher Abstraktionen in objektive, quantifizierbare Maßeinheiten würde selbstverständlich eine schwierige, wenn nicht unlösbare Aufgabe darstellen.

Im Rückblick muss man sagen, dass diese ganze Forschungsrichtung, die uns heute als auf seltsame Weise von einem assoziationistischen oder sogar »mentalistischen« Geist durchzogen erscheinen mag, im großen und ganzen eine Sackgasse war. Trotz des farbigen Spektrums interessanter und sogar überraschender Wahrnehmungsprobleme, die heute normalerweise mit dem Namen Gestalt verbunden werden, gelang es Wertheimer und seinen Kollegen niemals, jenes Ziel quantifizierbarer Ergebnisse zu erreichen, von dem sie hofften, dass es ihre Psychologie auf das Niveau der »harten« Wissenschaften heben würde (Köhler 1947; Petermann 1932). Der Grund für diesen Fehlschlag lag in der tautologischen Natur der verschiedenen »Gesetze« und Aussagen selbst. Nehmen wir beispielsweise das übergreifende Gesetz der Prägnanz, von dem sich die anderen Gesetze ableiten lassen sollten. Indem die Gestalt-Schule behauptete, dass Wahrnehmungen organisierte Konfigurationen sind, nahm sie eine Verallgemeinerung von Daten vor, die zu einem großen Teil zumindest qualitativ verifizierbar waren. Indem sie von dieser Aussage auf das »Gesetz« schlossen, dass diese Konfigurationen »so gut wären, wie es die Umweltbedingungen erlaubten«, wurde implizit das Versprechen der Messbarkeit hinzugefügt. Aber was ist »gut«, und welches sind diese »vorherrschenden Bedingungen«? In der Praxis erwies es sich als unmöglich, diese Konzepte experimentell zu überprüfen, (außer was die Ergebnisse selbst betraf, d.h. die besondere Auflösung in Figur und Grund, die tatsächlich erreicht wurde). D.h., die abhängige Variable (»gute Gestalt«), die sich dem »Gesetz« zufolge mit der unabhängigen Variable (»vorherrschende Bedingungen«) verändern sollte, konnte nur in den Begriffen jener Bedingungen definiert werden und *vice versa*. Von der Absicht her sollte sich »gut« auf einen Zustand minimaler Energie beziehen (Köhler 1920; 1922) – in Analogie natürlich zu jenen bevorzugten Zuständen physikalischer Systeme, auf die die frühen Gestalttheoretiker ihr eigenes Modell zu gründen hofften. Diese »minimale Energie« konnte jedoch als Ergebnis nur vermutet, nicht gemessen werden – ganz ähnlich wie die

»vorherrschenden Bedingungen« auch. Von diesen nahm man an, sie seien von der Art, dass sie genau jene bestimmten Figur-Grund-Auflösungen hervorbrachten, die tatsächlich von dem Subjekt erzeugt wurden, und nicht von anderen Faktoren.

Rückblickend können wir uns auch fragen, warum Wertheimer dazu neigte, die eine »vorherrschende Bedingung« aus seinen Überlegungen auszuklammern – das eigene Interesse, die Motivation oder das Bedürfnis des Subjekts –, die am ehesten messbar gewesen wäre, und warum er keinen definitorischen Weg aus den tautologischen Problemen, die mit dem Wort *gut* gegeben waren, anbot. (Das heißt, wenn »gut« wenigstens mit irgendeinem Ergebnis oder einer Bedürfnisbefriedigung des Subjekts in Beziehung hätte gesetzt werden können, dann wäre es unabhängig von den anderen experimentellen Variablen definierbar gewesen und hätte der Validierung der »Gesetze« besser dienen können.) Die naheliegende Antwort wäre, dass solch eine Berücksichtigung des innneren Zustandes des Subjektes der frühen Gestalt-Schule als »vitalistisch« erschienen wäre (Wertheimer 1925) – das heißt, man hätte vage und subjektive »innere Zustände« als erklärende Konstrukte im alten Sinne des Assoziationsmodells eingeführt. Tatsächlich zählten Interesse und selektive Aufmerksamkeit zu denjenigen Prinzipien, die die Assoziationstheoretiker anführten (Köhler 1925; Müller 1923), um die Organisation der ursprünglichen Empfindungen innerhalb des wahrnehmenden Subjekts zu erklären. Außerdem kommen, wie Goldstein später zeigen sollte (1939), Fragen des Interesses und der Bedürfnisse nicht so leicht oder nicht notwendigerweise unter Laborbedingungen für visuelle Wahrnehmung zum Tragen, bei denen Menschen (oder gelegentlich auch Tiere) einfach aufgefordert werden, über das zu berichten oder darauf zu reagieren, was sie sehen, im allgemeinen anhand von täuschenden oder mehrdeutigen Reizen, die keine besondere persönliche Bedeutung für die Versuchspersonen selbst haben.

Dass der Akt oder der Prozess der Wahrnehmung sowie der Prozess der Auflösung der Wahrnehmung selbst von eigenständigem Interesse oder von einer Notwendigkeit für das Subjekt seien, stellte eine der entscheidenden Entdeckungen der Gestalt-Schule dar. Aber gerade deshalb fürchteten sich die Gestalt-Forscher der ersten Generation zweifellos davor, dass der reine zu untersuchende Prozess verzerrt oder verwischt worden wäre, statt geklärt zu werden, wenn man zu viele andere »Lebensnotwendigkeiten« zugelassen hätte, die über den faszinierenden und unvermeidbaren Tanz der Figur-Grund-Auflösung selbst hinausgegangen wären. Dies war schließlich ihr eigener, spezieller theoretischer Beitrag. Mit anderen Worten, wir haben hier wieder einen Fall, bei dem die Annahmen des Modells die Wahl des experimentellen Materials und die Bedingungen bestimmen – wobei die Ergebnisse dann dazu neigen, die ursprünglichen, teilweise ungeprüften Annahmen in ihren eigenen Begriffen zu bestätigen. Es erwies sich jedoch (im Gegensatz zu den reinen Behavioristen) niemals als möglich, eine besonders interessante oder nützliche Theorie der *Persönlichkeit*, der umfassenderen menschlichen Funktionsweisen, zu konstruieren, ohne auf die Berücksichtigung der Bedürfnisse oder Intentionen des betroffenen Subjekts selbst zurückzugreifen. Es ist daher nicht überraschend, dass genau in diesem vernachlässigten Bereich – selektive Aufmerksamkeit, Interesse und Bedürfnis – die nachfolgenden und äußerst fruchtbaren Erweiterungen des sich entwickelnden Gestaltmodells vorgenommen wurden; Erweiterungen, die Wertheimer selbst niemals ganz begriff, die aber für unsere weitere Diskussion der Erweiterung des Wahrnehmungsmodells der Gestalt für die Bereiche der Persönlichkeitstheorie und der Psychotherapie von entscheidender Bedeutung sein werden.

Die Erweiterung des Modells von Wertheimer

Zwischenzeitlich wurden im Rahmen der allgemeinen Gestaltbewegung beachtliche Anstrengungen unternommen, die immer noch vorherrschende Assoziationstheorie oder Wundt-Schule zu untergraben (Petermann 1932). Nehmen wir beispielsweise die scheinbar einfache Frage der subjektiven Wahrnehmung von Farben. Falls es jemals einen Bereich hätte geben können, in dem die reine Assoziationstheorie eine vollständige Erklärung hätte anbieten können, wäre es dieser gewesen. Das heißt, dass Farbe, weiße Beleuchtung vorausgesetzt, eine Qualität hätte sein müssen, die »rein« im Reizobjekt, falls es so etwas gibt, hätte vorhanden sein müssen. Außerdem ist die Lichtfrequenz leicht durch ein Spektrometer messbar. Im Falle von Weiß und Schwarz sollte die Reflexion oder Absorption des Lichtes durch das Reizobjekt gleichfalls objektiv messbar sein. Mit anderen Worten, wir »wissen« durch das Maß an Licht, das davon zurückgestrahlt wird und die Retina berührt, dass ein weißes Objekt weiß ist – und das gleiche gilt für das schwarze Objekt.

Eine ganze Reihe von Experimenten durch Katz, Gelb und andere zeigte jedoch, dass dies keineswegs der Fall ist – oder zumindest längst nicht so eindeutig, wie es das Assoziationsmodell vorherzusagen schien (Katz 1911; Gelb & Goldstein 1920; erörtert in Koffka 1935). Betrachten wir beispielsweise die Reihe, die als »Experimente mit dem weißen Tischtuch« bekannt ist (Koffka 1935, 110ff, 240ff). Den Versuchspersonen wurden zwei verschiedene Szenen gezeigt, entweder nebeneinander oder in Reihe. In dem einen Experiment erscheinen ein weißes Tischtuch und verschiedene andere Objekte darauf und drum herum. Im anderen ist die Szene die gleiche, nur dass das weiße Tischtuch durch ein schwarzes ersetzt wurde. Die Beleuchtung der beiden Szenen wird dann so verändert, dass das Maß an Licht, das von dem schwarzen Tischtuch abgestrahlt wird, tatsächlich *größer* ist als das Maß, das das weiße Tischuch abstrahlt. Mit anderen Worten: Eine Szene ist hell erleuchtet, die andere nur schwach beleuchtet. Und doch hatten, was gar nicht überraschte, die Versuchspersonen absolut keine Schwierigkeit zu erkennen, dass das weiße Tischtuch wirklich weiß und das schwarze schwarz war, und dies trotz der Tatsache, dass das schwarze Tischtuch tatsächlich dem »unmittelbaren Reiz« zufolge »weißer« war als das weiße und umgekehrt. Soviel zur direkten Entsprechung grundlegender, unmittelbarer Reize zu ihren zusammengesetzten Wahrnehmungseffekten. Aber was geht hier vor? Wie gelingt es der Versuchsperson, dieses »korrekte« Urteil in offenkundiger Zurückweisung der vorgegebenen Reiz-Bedingungen zu fällen? Offensichtlich ist da eine Art von Selektion und Organisation von Zeichen des »ganzen Feldes« am Werk, durch die die Versuchsperson zu einem relativierenden Urteil von Weiße gelangt, das auf den Beleuchtungsunterschieden verschiedener anderer »Bezugsreize« innerhalb der gleichen Szene gründet. In Koffkas damaligen Begriffen (1935, 250) konstruiert und nutzt die Versuchsperson eine »Gestalt«, die einen »Farbgradienten« einschließt, um das Wahrnehmungs-*Urteil* zu fällen – eine Interpretation, die sicherlich innerhalb des »Geistes der Gestalt« liegt, mit einer Betonung auf der Organisation der Wahrnehmung, die aber gleichzeitig den Begriff »Gestalt« in ganz anderer Weise verwendet, als es bis dahin üblich war – und eine Interpretation, die der aktiven, selektiven Rolle der Versuchsperson sehr viel mehr Bedeutung beimisst, als es zur damaligen Zeit nach dem Modell Wertheimers möglich gewesen wäre.

Und tatsächlich ist diese Art von kleinem oder auch wieder gar nicht so kleinem Sprung ohne jegliche Erklärung charakteristisch für das erste Jahrzehnt der Gestaltforschung. Es ist also keineswegs klar, dass das ursprüngliche Phi-Phänomen – die Integration getrennter »Empfindungen« in einem einheitlichen Wahrnehmungserlebnis – das gleiche ist wie die Auflösung statischer visueller Reize im optischen Feld; der ursprüngliche Phi-Faktor scheint übrigens auch nicht aus Wertheimers frühen Experimenten mit dem Stroboskop zu folgen, die sich auf den Eindruck von Bewegung bei Reizen bezogen, die tatsächlich getrennt und stationär waren, während das Phi-Phänomen sich auf den gegenteiligen Fall zu beziehen schien. Die selektive Verwendung von verstreuten Zeichen im Feld wie bei den Tischtuch-Experimenten zur Erreichung eines besonderen Wahrnehmungs-*Urteils* ist offensichtlich auch nicht der gleiche Prozess wie derjenige, durch den die Figur sich aus einem stationären Grund in einem visuellen oder auditiven Feld »heraushebt«. In all diesen Fällen spielt sicherlich irgendeine Form oder ein Akt der Organisation mit. Nicht so klar ist, ob die Form in allen Fällen die gleiche ist, oder ob die Begriffe »Figur« und »Grund« in sinnvoller Weise für sie alle stehen können. Dieser Punkt wird in den folgenden Kapiteln noch bedeutsamer werden, wenn wir die Erweiterung dieser Konzepte auf die Persönlichkeitstheorie und Psychotherapie erörtern. Damals jedenfalls blieben Sprünge dieser Art bei den Versuchen der frühen Gestalttheoretiker, die Konsequenzen des neuen Paradigmas zu erweitern, unbemerkt – und übrigens auch auf Seiten der Kritiker bei den entsprechenden Versuchen, das neue Modell völlig vom Tisch zu wischen (vgl. Goldstein 1939 und Petermann 1932, mit Überblicken über die spätere Kritik dieser frühen Arbeit).

Nicht etwa, dass die Assoziationstheoretiker keine Antworten auf Fragen wie diese nach der Wahrnehmungsorganisation und dem Urteil gehabt hätten. Wie bereits oben angedeutet ist die Antwort, allgemein gesagt, Erfahrung (oder wie wir wahrscheinlich heute sagen würden, Lernen – vgl. beispielsweise Koffka 1915; und Köhler 1925). Zweifellos, so lautete die Antwort der Assoziationstheoretiker, zeigen Menschen alle diese interessanten und komplexen Prozesse; zweifellos neigen sie dazu, Bilder in Figur und Grund aufzuteilen, kontinuierliche Bewegung da zu sehen, wo keine ist, und *vice versa*, trickreiche optische Illusionen zu lösen und sogar komplexe Urteile über Farbe, Größe, Identität usw. zu fällen. Aber all dies sind *gelernte* Prozesse – oder betreffen den Komplex sekundärer Erweiterungen erlernter Prozesse (die wahrscheinlich immer noch durch reine Assoziation zusammenhängender Reize und Rezeptoren aufgebaut werden) –, und auf diese Weise widerlegen sie in keiner Weise die grundlegende Position der Assoziationstheorie, dass nämlich die Wahrnehmungs-/Kognitionserfahrung letztlich Stück für Stück auf einheitliche äußere Reize reduzierbar ist. Deshalb wurde es sehr wichtig für Gestalttheoretiker zu versuchen, Experimente zu entwickeln, mit denen sie nachweisen konnten, dass einige komplexe Prozesse wenigstens »vorstrukturiert« oder im Organismus »enthalten« oder angeboren, und nicht lediglich das Resultat von Lernen (d.h. nicht vollständig auf äußere Reize reduzierbar) wären. Insbesondere Köhler war fasziniert von diesem Problem, das keineswegs leicht auf empirische Weise lösbar ist. Trotzdem kam er der Sache wenigstens in einer Reihe von Experimenten ganz nahe. Sie waren einfallsreich und so erschöpfend und typisch »Gestalt«, dass es sich lohnt, sie hier noch einmal genau anzuschauen; und sie waren für die allgemeine Psychologie in jener Zeit so verblüffend, dass sie mehrmals wiederholt werden mussten, bis die Ergebnisse allgemein akzeptiert wurden (Koffka 1935).

Das Problem war folgendes: Wir alle wissen, dass Dinge, die weiter weg sind, kleiner erscheinen – das heißt, sie präsentieren ein kleineres Bild auf der Retina – als die gleichen oder ähnliche Dinge in der Nähe. Dennoch haben wir wegen einer Reihe von Schlüsseln aus der Umgebung oder von innen (einschließlich beispielsweise Schärfe und Parallaxe) im großen und ganzen wenige oder gar keine Schwierigkeiten zu unterscheiden, welche Dinge in Wirklichkeit größer und welche lediglich näher sind und sogar in welchem Maße dies der Fall ist (ein Gestaltproblem des vierten Typs, wie er oben skizziert wurde). Überdies wird diese Fähigkeit, zu korrekten Urteilen über die relative Größe in Beziehung zu relativer Distanz zu gelangen, von vielen »niederen« Tieren geteilt – sogar von Vögeln, trotz des Fehlens des bifokalen Blicks als wesentliche Unterstützung für diese Aufgabe. Das kann man leicht zeigen, indem man Hühner darauf trainiert, beispielsweise zunächst auf die größere von zwei Scheiben zu picken und dann die größeren Scheiben in beträchtlich größerer Distanz von den Vögeln in Beziehung zu den kleineren legt (das heißt, man sorgt dafür, dass die kleineren Scheiben ein wesentlich größeres Netzhautbild hervorbringen). Im allgemeinen müssen die kleineren Scheiben einer Größe auf der Netzhaut entsprechen, die zwanzig- bis dreißigmal größer ist als die größere Scheibe, bevor die Hühner sich zu irren beginnen und in systematischer Weise die falsche Scheibe bevorzugen (Koffka 1935, 85 ff.).

Natürlich könnte dieser Befund, so interessant er für sich genommen auch sein mag, immer noch das Ergebnis von Lernen sein (und damit, zumindest möglicherweise, das Ergebnis eines rein assoziativen Prozesses, wenigstens in dem Maße, in dem man sich irgendein komplexes, erlerntes Verhalten überhaupt in dieser seriellen Weise aufgebaut vorstellen kann). Was Köhler tat, war, drei Monate alte Küken, die ihren Käfig niemals verlassen hatten, darauf zu trainieren, dass sie nur auf größere Scheiben pickten, und dann konfrontierte er sie mit der experimentellen Situation unter Umständen, bei denen man sich kaum vorstellen konnte, dass ihnen ein ähnliches Problem jemals zuvor begegnet war. Gemäß seiner Vorhersage und nun sogar ohne irgendwelche offensichtliche Gelegenheit vorherigen Lernens, zeigten die Küken keinerlei systematische Schwierigkeit beim »Wissen«, dass kleinere Bilder unter bestimmten Bedingungen größere Objekte in größerer Entfernung »bedeuteten« und *vice versa*. Überdies hielt dieser Befund bis zu Größenrelationen von zwanzig- bis dreißigmal an, vergleichbar jenen für »erfahrene« erwachsene Hühner (Köhler 1915). Entweder ging hier irgendein »angeborener« Organisationsprozess vor sich, oder aber die Fähigkeit der jungen Küken, dieses extrem komplexe Urteilsverhalten auf der Basis scheinbar vernachlässigbarer Erfahrung zu lernen, war so mächtig, dass es auf eine enorm starke Disposition für diese besondere Art des Lernens hinwies – was in etwa auf dasselbe hinausläuft, soweit es die Frage nach der Natur/Erziehung oder der »Vorverdrahtung« betrifft.

In dem Maß, in dem sich die Gestalt auf der Seite der Natur dieser Dichotomie einreihte – wobei der Assoziationismus notwendigerweise auf dem Erziehungspol lag –, hatte die Gestalt die Auseinandersetzung »gewonnen«. Im Rückblick soll hier angemerkt werden, dass sich das Gestaltmodell selbst im Verlauf der Auseinandersetzung und durch die Forschungsergebnisse etwas weiter in Richtung auf den »inneren« Pol einer etwas anderen Dichotomie hinbewegt hatte – das heißt die relative Betonung der »inneren« versus »äußeren« Faktoren in der Gestaltbildung – und damit weg von Wertheimers Forderung nach unabhängigen, objektiven, quantifizierbaren und messbaren Kriterien der »guten Gestalt« *in der Umgebung*, sofern ein Forscher sie erhalten könnte. Die nächsten Beiträge zur Erweiterung des Gestaltmodells, nämlich die von Kurt Lewin, brachten es noch weiter auf diesem Pfad voran und damit weiter in die Bereiche der Persönlichkeitstheorie und der psychotherapeutischen Anwendung entlang den Entwicklungslinien, die ich hier nachzeichne.

Das Modell Lewins

Lewins Beitrag bestand rückblickend betrachtet darin, dass er das Gestaltmodell aus der Laborsituation herausnahm und auf die viel komplexeren Bereiche des Alltagslebens anwendete. Diese Entwicklung kündigte sich bereits in einem sehr eindrücklichen frühen Text mit dem Titel »Kriegsland-schaft« an, den der Autor schrieb, während er noch Dienst an der deutschen Westfront tat (Lewin 1917). Lewins Argumentationsrichtung war folgende: Wenn wir nicht gerade experimentelle Psychologen (oder Versuchsper-sonen in einem Labor) sind, verschwenden wir nicht viel Zeit unserer Problemlösungsenergie darauf, dass wir einfach still dasitzen und Urteile über Wahrnehmungsszenen bilden, die zweideutig oder sonstwie sind. Viel üblicher und viel instruktiver ist die Situation, bei der wir ein vorgegebenes Feld *betreten* oder in der wir bereits innerhalb einer bestimmten Umgebung in Bewegung sind, wobei Teile dieser Umgebung auch in Beziehung zu uns oder zueinander in Bewegung sein können. Unsere Aufgabe besteht dann darin, Wahrnehmungsurteile und andere Urteile zu nutzen, um das Feld zu *bewältigen* oder/und uns durch es hindurch zu bewegen, und dabei versuchen wir, bestimmte Ziele zu erreichen und ungünstige Ergebnisse zu vermeiden.

Nehmen wir beispielsweise die Bewegung einer Person innerhalb der Kriegszone, mit der sich Lewin tatsächlich beim Schreiben dieses Artikels beschäftigte (Marrow 1969). Ganz offensichtlich wird dieses Feld, die ganze Umgebung, von der Person für viel mehr herangezogen und genutzt, denn nicht nur als passiver und neutraler »Grund« für die Bildung von Wahrnehmungs-»Figuren«. Das Feld wird auch nicht nur als Quelle für Zei-chen und Schlüssel für komplexe Wahrnehmungsurteile über Größe, Farbe, Identität usw. genutzt, obwohl all diese Prozesse natürlich ständig jederzeit ablaufen. Sondern über all das hinaus oder dem zugrundeliegend wird das ganze Feld oder der Grund vor der Organisation bestimmter Figuren orga-nisiert – und zwar in diesem Fall gemäß der vorherrschenden Bedingung des Krieges. Das heißt, das wahrnehmende (und sich bewegende) Subjekt muss das Feld in eine Art mentale/verhaltensmäßige Landkarte auflösen, indem es (hoffentlich) die wichtigen Punkte für Sicherheit, Gefahr, Schutz, Auswege usw. *im Hinblick auf seine eigenen Ziele im Feld* hervorhebt. Im Rahmen unserer Gestaltterminologie ist diese Landkarte, diese Konfigurati-on selbst eine Art Figur, eine organisierte Wahrnehmung oder Gestalt – aber sicherlich eine Figur, die neu und viel komplexer organisiert ist, auf die und *in Bezug auf die* andere Figuren projiziert und ausgewertet werden. Nicht nur ein einzelnes begrenztes »Objekt« oder Bild (dessen Gestaltmerkma-le mit den Reizen *à la* Wertheimer gegeben sein mögen), das aus einem neutralen Grund ohne gegenwärtige Bedeutung heraustritt, sondern viel-mehr eine strukturierte Reihe solcher »Subfiguren« in lebendiger und sich verändernder Beziehung zueinander, zum »Grund« um sie herum und vor allem zu dem Subjekt selbst, während dieses sich bewegt oder unter ihnen wählt. Außerdem ist es diese Figur, diese Gestalt oder Landkarte und nicht irgendein undifferenziertes Feld, das dann im Laufe der Zeit als *Grund* für verschiedene aufeinanderfolgende Figuren dient – und das wiederum durch sie verändert werden kann, während sie auftauchen oder im Feld ausgewählt werden. Das heißt, die Wahrnehmungsgestalten in den »realen Lebenssituationen« tauchen nicht auf, verschwinden und folgen einander in linearer (oder »assoziativer«) Abfolge wie in der Laborsituation, sondern sie dauern an, koexistieren miteinander und interagieren in einer dynamischen und sich wechselweise strukturierenden Art.

Nehmen wir beispielsweise die Figur eines Heuschobers innerhalb oder gegenüber der Gestalt oder Landkarte der »Kriegslandschaft«. Je nach den momentanen Zielen des Subjekts – Überleben, Eroberung, Flucht, Wiedererkennen, Nahrungssuche, Rast usw. – kann der gleiche Heuschober als Bedrohung oder Schutz, als Deckung oder Hindernis wahrgenommen werden. Und noch darüber hinaus: Sein Wert und sogar seine Identität werden auf unterschiedliche Weise wahrgenommen, je nach dem, wo und wie es in Beziehung zu anderen wahrgenommenen Objekten auf der »Landkarte« liegt – Sichtlinien, Kampflinien, Distanz und Zugang usw. Wenn der Heuschober auf diese Weise wahrgenommen und lokalisiert wird (und der Definition zufolge evaluiert/kategorisiert wird), wird er zu einem Teil des veränderten und organisierten *Grundes* oder der Landkarte, und neue Figuren können dann in Beziehung dazu auftauchen. Wenn die Person zur Kampftruppe gehört, kann das ganze Feld oder die Landkarte zielorientiert – oder in Lewins späterem Ausdruck vektoriell (Lewin 1951) – in Beziehung zu den gegenläufigen Vektoren des Schlachtfeldes mit sich verändernden Vorwärts- und Rückwärtsbewegungen organisiert werden. Wenn die Person nicht zu den Kämpfenden gehört oder ein Deserteur oder ein Soldat auf Urlaub oder verliebt ist und seinen Weg durch das Kriegsgebiet zu einem Rendezvous sucht, wird die ganze Landkarte des Feldes entsprechend nach deren besonderen Interessen und Zielen reorganisiert werden.

Mit anderen Worten und um Lewins späteren, eleganten Ausdruck zu verwenden: *Das Bedürfnis organisiert das Feld* (1926). Alles, was im Feld wahrgenommen wird, stuft das Subjekt entweder als bedeutsam oder bedeutungslos ein, je nach den eigenen Bedürfnissen, und lädt es dann auf oder misst ihm einen positiven oder negativen Wert bei, je nachdem, ob das Wahrgenommene als potentielle Hilfe oder als Hindernis bei der Befriedigung dieser Bedürfnisse wahrgenommen wird. Darüber hinaus werden untergeordnete Ziele und Figuren in Beziehung zu Zielen und anderen Figuren »höherer Ordnung« organisiert – wobei die »höchste« oder umfassendste Gestalt die Karte selbst oder die »Topologie« des aufgelösten Feldes ist (Lewin 1935). Aufgelöst wiederum entsprechend dem übergreifenden Ziel des Subjekts oder den Zielen im Feld.

Das Kriegsbeispiel ist natürlich in mancher Hinsicht ungewöhnlich, aber eine ganz ähnliche Analyse kann auf alltäglichere Situationen angewandt werden. Nehmen wir den Fall eines Studenten, der neu an ein College kommt. Seine Ziele mögen wenig definiert oder vielfältig sein, aber nehmen wir an, er hat ein klares Ziel, ein klares wahrgenommenes Bedürfnis, nämlich in vier Jahren mit einem annähernd guten Zeugnis abzuschließen, so dass er auf einem bestimmten Vergleichsniveau an einer Graduierten-Schule akzeptiert werden kann. Seine »Landkarte« des Campus, die sich teilweise aus diesem Ziel ergibt, wird sich sehr von der »Landkarte« eines anderen Studenten unterscheiden, dessen Ziele mehr auf Beziehungen oder eine Freundin ausgerichtet sind – oder die eher politisch, künstlerisch oder kriminell oder einfach wissenschaftlich usw. sind. Man kann sagen, dass jeder dieser Studenten innerhalb bestimmter Grenzen, die auf seine jeweilige »Landkarte« durch Merkmale und Beschränkungen der »objektiven« Umgebung eingezeichnet werden, in eine ganz andere »Schule« geht. Darüber hinaus hat jedes Subjekt, wie Goldstein in seinem nachfolgenden Werk behauptete (1940), vor allem jedoch auch das höherrangige Problem der *Beziehung eines Bedürfnisses zu einem anderen*, eines als wichtig wahrgenommenen Umweltmerkmals zu einem anderen sowie das Problem, dass sich die Aufforderungsqualitäten[1] der in Wechselbeziehung miteinander stehenden Bedürfnisse und Merkmale im Laufe der Zeit verändern.

Obwohl all dies möglicherweise messbar ist, entspricht es jedoch einem starken Subjektivismus und ist daher genau von jenem Typ, den vor allem Wertheimer vermeiden wollte, als er das Gestaltmodell konstruierte und erweiterte (1925; s.a. Sherrill 1986). Wenn jeder Mensch aus den gleichen Elementen eine andere Gestalt oder »Landkarte« konstruiert, dann lässt man die Forderung danach hinter sich, jene verlässlichen messbaren Kriterien der Gestaltbildung *in der Natur* zu finden (um Wertheimers eigene Begriffe zu verwenden, 1922; 1925) – und damit auch die Hoffnung auf eine Psychologie, die vollständig auf Physik reduzierbar ist. Trotzdem scheint die Erweiterung des ursprünglichen Modells in Richtung auf die komplexe Interaktion zwischen Bedürfnissen und Feld im Rückblick eine natürliche Folge jener immer komplexer werdenden Forschungsfragen des Urteils, der Wahl und der Problemlösung (Koffka 1935), die bereits zuvor eine Tendenz hatten, das Modell von seiner früheren Betonung der externen Kriterien der Umwelt oder des Reizes wegzuverlagern. Gleichzeitig kann das neue Modell Lewins genutzt werden, um ein neues Licht auf einige der früheren Arbeiten unter dem Gestaltparadigma zu werfen. Nehmen wir beispielsweise Köhlers Arbeiten über die relative Größe und Distanz von Scheiben, bei denen er Hühner und Affen als Versuchstiere benutzte (1927). Entsprechend Lewins Vorstellungen können wir zu der ebenso einfachen wie entscheidenden Einschätzung gelangen, dass die Experimente mit den Hühnern, die ich zuvor ausführlich beschrieben habe, keinen Sinn ergeben, wenn man nicht in Betracht zieht, dass *man mit einem hungrigen Huhn beginnt* – denn ein sattes Huhn wird das unmittelbare Wahrnehmungsfeld nicht in größere *oder* kleinere Scheiben, die näher *oder* weiter weg sind, auflösen. Um noch einmal Lewins Behauptung zu wiederholen: Das Bedürfnis organisiert das Feld. Eine Betrachtung des Verhaltens müsste also einer vollständigen Gestaltperspektive zufolge das Wissen um die vorrangigen Bedürfnisse einschließen – oder, weniger subjektiv ausgedrückt, die vorexperimentellen Bedingungen (in diesem Fall den Hunger, der herbeigeführt wurde). Ein verschrecktes Huhn wird die Situation ganz anders organisieren und das Verhalten, an dem Köhler interessiert war, so oder so nicht zeigen können. Ähnlich ein sattes, durstiges oder brütendes Huhn usw.

Der Unterschied in der Betonung liegt hier nicht so sehr auf einem theoretischen Widerspruch, sondern auf einer Verlagerung der Diskussion von *Fähigkeiten zu Verhalten* – eine Unterscheidung, die später wichtig sein wird, wenn wir erläutern, dass das Modell der Gestaltpsychotherapie, wie es von Perls und Goodman entwickelt wurde, sich zu sehr auf Ausdrucksfähigkeit und zu wenig auf die tatsächliche Organisation des Feldes, im Leben des Menschen und seinem Verhalten, konzentriert. Schlicht gesagt ist Köhler am ersten dieser beiden Konzepte und Lewin am zweiten interessiert. Offensichtlich machen die Fähigkeiten eines Menschen (einschließlich der entscheidenden, aber theoretisch vernachlässigten Fähigkeit, diese Fähigkeiten zu organisieren) sein gesamtes Verhalten aus; genauso offensichtlich ist jedoch, dass nicht alle Fähigkeiten eines Menschen in einem gegebenen Augenblick – oder überhaupt – ihren Ausdruck im Verhalten oder in den Auflösungen der Wahrnehmung finden. Es ist also die alte Gestalt-versus-Assoziationismus-Frage auf einer höheren Ebene, die jetzt in den verschiedenen Zweigen der Gestaltbewegung diskutiert wird: Nämlich, kann man annehmen, dass das komplexe Verhalten (und die Wahrnehmung) des Menschen lediglich aus elementaren Wahrnehmungsfähigkeiten irgendwie »aufgebaut« wird, oder müssen wir nicht von der *Organisation* bestimmter Fähigkeiten, bestimmter Figur-Grund-Auflösungen in Strukturen höherer Ordnung sprechen? Das ist der Kern der Argumentation, die Goldstein gegen das Assoziationsmodell erhob – und auch gegen einen großen Teil der frühen Gestaltarbeit (Goldstein 1940).

Die ursprüngliche Gestaltgeneration war andererseits überhaupt nicht glücklich über diese Erweiterungen ihres eigenen »objektiven« Modells für das »wirkliche Leben«, die subjektiven Bereiche in den Arbeiten Lewins und später auch Goldsteins, auch wenn sie diese Arbeiten selbst bewunderten (Koffka 1935, 345f). Nichtsdestoweniger muss eine vollständige Theorie der Persönlichkeit wie auch jedes Modell der Psychotherapie, das von solch einer Theorie abgeleitet wird, in der Lage sein, sich mit »wirklichem« Verhalten in diesem Sinne zu beschäftigen und nicht nur mit den verschiedenen Fähigkeiten oder dem »Laborverhalten«, die die »Bausteine« komplexerer und anspruchsvollerer Verhaltensmuster sein können oder auch nicht. Zumindest müsste gezeigt werden, dass, wenn die Theorie an dieser Stelle reduktionistisch sein soll, die Reduktion notwendig aus vollständigen Persönlichkeitstheorien folgt (eine rein immanente Kritik der frühen Freudschen Triebtheorie könnte tatsächlich um nur diesen Punkt herum vorgenommen werden). Dieser Punkt wird in den folgenden Kapiteln immer wieder aufgegriffen werden, wenn die Argumentation entwickelt wird, dass das Modell der Psychotherapie von Goodman und Perls, wie oben behauptet, zu einseitig auf eben diese frühe Laborforschung der Gestalt gegründet war und viel zu wenig auf Lewins und Goldsteins eher holistische Erweiterungen.

Schließlich bringt das Modell Lewins noch mindestens zwei weitere Konsequenzen mit sich, die wichtige Erweiterungen des eingeschränkteren Zugangs der »Labor-Gestalt« waren und die direkte Folgen bei der Anwendung des Modells auf Psychotherapie haben werden. Die erste dieser Konsequenzen hat mit der Tatsache zu tun, dass das Wertheimersche Gestalt-Modell wie das frühe Freudsche Modell (und zweifellos aus denselben Gründen der Fixierung auf die Naturwissenschaften) im wesentlichen ein Spannungsreduktions-Modell war. Als solches unterliegt es wegen seines tautologischen Denkens der gleichen Art von Kritik, wie sie für die »Gesetze« von Wertheimer ausgeführt wurde (s.a. Guntrip 1971 über die theoretischen Probleme des Spannungsreduktions-Modells). Die Spannungsreduktion ist nicht nur schwer zu definieren und zu messen, außer auf zirkuläre Weise (der Endzustand muss per Definition als Zustand geringerer Spannung angenommen werden), sondern es ergibt sich das zusätzliche Problem, dass lebende Organismen offensichtlich – zumindest zeitweise – Anstrengungen unternehmen, um Spannungsniveaus zu erhöhen, nicht zu vermindern (Goldstein 1940). Indem Lewin die Spannungsreduktion durch Bedürfnisbefriedigung ersetzt, beseitigt er zumindest die empirischen Widersprüche, wenn nicht gar die Probleme des Zirkelschlusses in der früheren Gestaltarbeit.

Eine zweite Schlussfolgerung der Arbeiten Lewins hängt mit der Problemlösung zusammen. Mit seiner Sichtweise des »Kartierens und Manövrierens« kommt Lewin tatsächlich der Behauptung nahe, dass das, was wir uns normalerweise als Problemlösung vorstellen, kein Sonderfall des Denkens ist, sondern das Paradigma jeder kognitiven Aktivität einschließlich der Wahrnehmung selbst. Wir haben bereits gesehen, wie die Gestalttheoretiker mit beträchtlichem Erfolg zu demonstrieren versuchten, dass scheinbar einfache Prozesse wie das Sehen von Form oder das Urteilen über Farben tatsächlich sehr differenzierte Auflösungen von komplizierten Reiz-»Problemen« durch den Menschen sind, auf die es offensichtlich eine Vielzahl unterschiedlicher »Antworten« gibt (tatsächlich sollten die frühen Arbeiten mit zweideutigen Reizen, welche die »Gestalt-Eigenschaften« in den Reizen selbst nachweisen wollten, eher diese subjektive Bandbreite veranschaulichen). Aber dies ist fast eine vollständige Definition des Problemlösens – und sie wird sogar noch nützlicher, wenn wir mit Lewin die Überzeugung hinzufügen, dass die »Lösungen« nicht alle gleich sind und dass die Kriterien für »*richtige*« und »*falsche*« *Antworten von den verschiedenen Bedürfniszuständen des Menschen selbst herrühren* (natürlich immer in Wechselbeziehung mit den Bedingungen des Umfeldes). Wenn wir dies wieder in Wertheimers eigene Begriffe zurückübersetzen, könnten wir sagen, dass Problemlösung als grundlegende Tendenz des wahrnehmenden Subjekts das Prägnanz-Gesetz in Aktion sei – nur dass die Bedürfnisbefriedigung jetzt das fehlende Kriterium für jenen schwierigen Begriff »gut« in der früheren Formulierung liefert. Eine neue Generation von Gestaltforschung, die auf dieser Perspektive aufbaute, konzentrierte sich von da an auf das Studium des Problemlösens selbst mit einem Schwerpunkt auf dem damit verbundenen Konzept der Einsicht, das für die psychotherapeutische Arbeit so wesentlich ist (Koffka 1935; Köhler 1940, 1947), sowie auf dem

»Aufforderungscharakter« unterbrochener oder anderweitig unerledigter Probleme und Aufgaben (Zeigarnik 1927; Ovsiankina 1976). Diese beiden Forschungsthemen wurden in der psychotherapeutischen Präsentation des Gestaltmodells von Goodman und Perls, wie ich im dritten Kapitel erläutern werde, sehr bedeutsam.

Goldsteins hierarchisches Modell

Der Beitrag des Neurologen Kurt Goldstein war eine letzte Erweiterung des Gestaltmodells im Sinne der Entwicklung zu einer Persönlichkeits- und Psychotherapietheorie (Goldsteins Assistent war für kurze Zeit der Psychiater Friederich [später Fritz] Perls, dessen eigenen Beitrag ich im zweiten Kapitel erörtern werde). Goldstein war wie Lewin und Perls im Ersten Weltkrieg an der deutschen Front, und viel von der nachfolgenden Forschung wurde an hirnverletzten Veteranen und anderen Kriegsgeschädigten durchgeführt. Viele dieser »Stirnlappen«-Fälle, wie Goldstein sie später beschrieb, hatten nicht das Problem der Fähigkeit oder Unfähigkeit, auf diesen oder jenen Reiz nach der Art des Assoziationsmodells zu reagieren, sondern in vielen Fällen bestand ihr Problem in der Unfähigkeit, *nicht* auf bestimmte Reize zu reagieren (wie z.B. eine Metapher, eine offensichtliche Lüge oder eine sarkastische Bemerkung), die eine normale Person uminterpretieren oder zurückweisen oder einfach ignorieren würde (s.a. Sachs 1986). Das heißt, die hirngeschädigten Fälle, jedenfalls einige von ihnen, waren *reizgebunden* – genau wie man es, behauptete Goldstein, für Versuchspersonen nach dem alten Assoziations- oder Reaktionsmodell angenommen hatte. Sie konnten ihre eigenen Reaktionen nicht verlässlich auf bedeutungsvolle, zweckvolle, interaktive Weise im Feld *organisieren*. Das führte Goldstein zu seiner bemerkenswerten Formulierung, dass *Verhalten bei normalen Personen immer organisiert ist und immer den ganzen Organismus einbezieht*. Diese vorherrschenden Verhaltensmerkmale tauchen, wie Goldstein sie sah, nicht sehr deutlich in Experimenten an Gewebeproben oder bei anästhesierten Labortieren auf oder bei solchen, an denen eine Lobotomie durchgeführt wurde, und auch nicht bei statischen Wahrnehmungsexperimenten an Gestalt- oder bei Stirnlappen-Patienten. Bei tatsächlichen Lebensprozessen (und einer charakteristischen Gestaltformulierung zufolge) ist es nichtsdestoweniger die *Organisation des Verhaltens, die die Teile steuert*, und nicht andersherum (1939; 1940).

Goldstein verwendete die gleiche Argumentation und die gleiche Forschung, um dann alle Trieb- oder Spannungsreduktionstheorien besonders
zu kritisieren, die nur diese »Teile« des Verhaltens isoliert betrachteten,
ohne den ganzen Organismus, die organisierte Sequenz auf immer höheren
Ebenen, dem die »einzelnen Verhaltensweisen« untergeordnet sind, einzu-
beziehen. Allgemein gesagt heißt das, wenn ein gegebenes Verhalten ausgesetzt, neu organisiert oder anderweitig im Dienst der Organisation für ein
größeres Ziel untergeordnet werden kann, dann ergibt es keinen Sinn, von
einem »Trieb« oder »Instinkt« für dieses Verhalten zu sprechen – zumindest
nicht im üblichen Sinn eines Verhaltensmusters, das einem besonderen inneren oder äußeren Schlüssel folgt sowie immer die gleiche Reihenfolge bei
der Präsentation dieser Schlüssel aufweist (s.a. Hilgard & Bower, 1966, bezüglich einer verwandten Kritik der »Instinkttheorie« für das menschliche
Verhalten). Spannungsreduktion selbst ist auch, so argumentierte Goldstein,
überhaupt kein sinnvoller »Trieb« und auch kein Ziel des Organismus, außer in Zuständen der Deprivation, die selbst pathologisch sind. Der einzige
»Trieb« oder Instinkt, von dem man sinnvoller Weise im menschlichen
Verhalten sprechen kann, ist der Trieb, mit der Umgebung selbst zu interagieren, die Fähigkeiten des subjektiven Systems einzusetzen – und diese
Interaktion in Mustern zu ordnen, wobei eine Verhaltenssequenz von einer
anderen abhängt (man vergleiche hier Winnicotts Behauptung, der einzige
Instinkt sei derjenige nach sozialem Kontakt; zitiert bei Guntrip 1971).
    Diesen Trieb nannte Goldstein den Trieb zur »Selbstaktualisierung«,
wobei alle anderen Pseudo-Triebe und Verhaltensweisen des Organismus
diesem in einer interaktiven und hierarchischen Weise bei- oder untergeordnet werden (1939, 197 ff.). Maslow übernahm dieses Modell später direkt
und ausdrücklich von Goldstein (Maslow 1954), zusammen mit Goldsteins
ergänzender Kategorisierung der Motivation in »Defizit-Bedürfnisse« und
»Wachstums-Bedürfnisse«. Sowohl die psychodynamischen als auch die
assoziationistischen Modelle waren Goldstein zufolge entstanden, indem
man lediglich von den »Defizit-Bedürfnissen« oder deprivierten, reflex-
haften Zuständen des Organismus ausgehend generalisierte, ohne die übergreifende, organisierende Funktion des Organismus als Ganzes oder das
»Selbst« in Rechnung zu stellen, das für Goldstein die bedeutungsvolle
»Gestalt« oder der organisierte Grund des Verhaltens war (1939, 369 ff.).
Beide Modelle vernachlässigen also vor allem den Aspekt der Organisation,
der das Verhalten im Normalfall steuert, sofern es sich nicht um extreme
Zustände der Deprivation handelt.

Gestalt-Persönlichkeitstheorie

Mit den Arbeiten von Lewin und Goldstein sind wir nun zu einer kohä-
renten, anspruchsvollen, allgemeinen »Feld-Theorie« der Persönlichkeit
gelangt, die zumindest für kognitive, affektive, beziehungsmäßige – und
psychotherapeutische – Bereiche klare Konsequenzen hat. Dies ist nicht
etwa deshalb einer besonderen Hervorhebung wert, weil das spätere Modell der Gestalttherapie sich direkt auf diese Persönlichkeitstheorie bezog,
sondern weil es das seltsamerweise nicht tat. Überdies gibt es einige spätere
Autoren, die behaupten, es sei Fritz Perls gewesen, der das ursprüngliche
Wahrnehmungsmodell der Gestalt von der Figur-Grund-Auflösung zum
ersten Mal auf affektive Bereiche, die Persönlichkeitstheorie und sogar die
Psychotherapie erweitert habe (vgl. z.B. Fantz 1975 und Barlow 1981);
und auch Perls selbst vermittelt seinen Lesern zumindest diesen Eindruck
(1969b; 1973). Dies trifft jedoch keinesfalls zu. Eine rasche Überprüfung
der Titel der Arbeiten sollte genügen, um das zu veranschaulichen: so zum
Beispiel Köhlers The *Place of Value in a World of Facts*, 1938; Koffkas
Kapitel über »Ich, Emotion, Gedächtnis und Wille«, 1935; Lewins *Dynamic
Theory of Personality*, 1935; Goldsteins *Human Nature in the Light of Psychopathology*, 1940; und sogar Wertheimers *Some Problems in the Theory
of Ethics*, 1935; oder besonders Goldsteins *The Organismic Approach to
Psychotherapy*, 1974.

Jedes System hat, wie Erikson bemerkte, seine Utopie; in gleicher Weise
hat jede Persönlichkeitstheorie ihr Ideal und ihre Kriterien für Gesundheit
oder Dysfunktion. Diese Kriterien dienen dazu, einen psychotherapeutischen
Ansatz, der auf diesem Modell gründet, abzuleiten. Dieser Ansatz kann immer noch Raum für die Erfindung von Methoden lassen, die der Theorie angemessen sind; aber selbst hierbei ist die Wahl der Methodologie zumindest
beträchtlich eingeschränkt durch die theoretischen Annahmen über Gesundheit und Dysfunktion. Die folgenden Kapitel werden zeigen, dass das gestalttherapeutische Goodman/Perls-Modell seine eigene theoretische Grundlage
und Entwicklung in unnötiger Weise verkürzte, indem es einige Teile des
späteren Gestaltmodells der Persönlichkeit verzerrte und andere ignorierte
– mit vorhersehbaren Ergebnissen in Form einiger der charakteristischen
Auswüchse, die mit dieser therapeutischen Schule verknüpft werden. Die
Anwendungen der Modelle von Lewin und Goldstein werden zusammen mit
den späteren Revisionen, die insbesondere im Bereich der Theorie über den
Widerstand folgten, als Korrektiv für einige dieser Probleme angeboten.

Ein Gestaltmodell der Veränderung

Schließlich gibt es im Gestaltmodell, besonders in dessen Erweiterungen durch Lewin und Goldstein, eine implizite, wenn auch nicht richtig ausformulierte Theorie der Veränderung und des Auslösens von Veränderung, die gleichermaßen ein Potential in ihrer Anwendung auf Psychotherapie und auf andere veränderungsorientierte Interventionsabsichten birgt. Dies rührt von der Gestalt-Ansicht über das Handeln selbst und über die Beziehung des Handelns zur Kognition und zum Affekt, einem Problem, das die frühe Gestalt-Schule, insbesondere Wertheimer, sehr beschäftigte (siehe die Erörterung in Koffka, 1935, besonders die Kapitel VIII und IX). Das Problem hat, wie Wertheimer es anging, mit der Körper-Geist-Dichotomie zu tun, die einen philosophischen Ursprung hat, der zumindest bis zu Platon zurückreicht. Das heißt entweder »Geist« und »Körper« (oder die materielle Welt) sind irgendwie vom gleichen »Stoff« – oder sie sind es nicht. Wenn sie es nicht sind, wie kommt es dann, dass sie aufeinander »einwirken«, und zwar in beiden Richtungen, wobei der »Geist« scheinbar Entscheidungen fällt, die zu physischen Handlungen führen, und entsprechend die physische Welt einen Einfluss auf geistige Zustände, Haltungen, Gefühle, Entscheidungen usw. hat? Wenn sie andererseits vom gleichen »Stoff« sind, welches ist dann diese gemeinsame oder sich entsprechende Substanz oder Energie? Wo finden wir diese, und welches sind ihre Eigenschaften, vor allem ihre offensichtliche Fähigkeit, so verschiedene Erscheinungsformen wie »Körper« und »Geist« überhaupt anzunehmen? Wegen seiner Versuche, die Gestalt-Eigenschaften in der Natur zu quantifizieren, kam Wertheimer leider ebenso wie andere vor ihm mit diesem Problem nicht sehr weit. Das gilt auch für Köhlers Annahme von einem »Isomorphismus« zwischen »Geist« (und Gehirn) und »Natur«, was letztlich nicht mehr ist als eine erweiterte Fragestellung, da die einfache Behauptung einer strukturellen Parallele zwischen den beiden getrennten Bereichen, die schon für sich genommen fragwürdig ist, deren Interaktion auch nicht erklären könnte (vgl. Koffka 1935; Petermann 1932, Kap. III).

Trotzdem wirft das Gestaltmodell ein brauchbares neues Licht auf das Kognition/Aktion-Problem, ohne die jahrhundertealte Debatte zu lösen, und es beantwortete im Laufe der Zeit einige Fragen, die vom psychodynamischen Modell übrig blieben und die zu beantworten der psychoanalytischen Theorie manche Schwierigkeiten bereitete. Nehmen wir Lewins »Feld«, wobei ein sich bewegendes Subjekt die verschiedenen wahrgenommenen

Hindernisse und Möglichkeiten auf seinem Weg zu irgendeinem subjektiven Ziel mit Hilfe einer Gestalt-»Landkarte« in Beziehung setzt und das die bestmögliche Annahme einer optimalen Auflösung der zwei Bereiche – der »inneren« Welt der Bedürfnisse (und Möglichkeiten) und der »äußeren« Welt der Möglichkeiten (und Anforderungen) darstellt. Dieser interaktiven Sichtweise zufolge ist jede Handlung des Subjekts zumindest teilweise eine *Reaktion* auf wahrgenommene Bedingungen im Feld, die im Licht der eigenen Einschätzung dieser Merkmale in Beziehung zu den eigenen Zielen gesehen wird. Ein Zugang, eine Vermeidung, eine Transaktion, ein Widerstand, ein Versuch der Beeinflussung oder eine Modifikation des Umfeldes – jede einzelne mögliche Handlung ist eine Anpassung des Subjekts in Beziehung zu seinen eigenen wahrgenommenen Bedürfnissen und Zielen und zu der »Landkarte«, die es konstruiert hat und ständig weiter konstruiert. Wenn man diese Landkarte irgendwie verändert, erhält man ganz eindeutig eine entsprechend andere Anpassung, einen anderen Handlungsverlauf seitens des Subjekts. Das heißt, vom Modell her gesehen ist der wirkungsvollste Punkt für Verhaltensbeeinflussung *die Karte selbst.* Verhalten – sei es durch Zwang oder etwas sanftere Manipulation – zu beeinflussen zu versuchen, würde bedeuten, dass man eine Menge mehr Widerstand auf seiten des Subjekts hervorbringt, das natürlicherweise nicht auf irgendwelche wahrgenommenen Landminen treten oder irgendwelche lohnenswerte Stationen auf dem Wege, die auch auf dieser Landkarte (richtigerweise oder nicht) auftreten, überspringen möchte. Und je bedeutsamer das entsprechende Verhalten ist, desto mehr Widerstand können wir vom Subjekt erwarten. Wir könnten also ganz entsprechend der Kritik Goldsteins an den frühen Arbeiten über Reflex und Wahrnehmung *im Labor* erwarten, dass ein »rein verhaltensmäßiger« Ansatz, Veränderung auszulösen, positive und nachhaltige Ergebnisse zeigt – da in gewisser Weise im Labor nichts auf dem Spiel steht. Aber unter komplexeren und herausfordernderen, vielleicht sogar bedrohlichen Bedingungen des »realen Lebens« würden diese Konditionierungseffekte wahrscheinlich missachtet werden, wenn man nicht die Risiken, Einsätze und Belohnungen auf der topologischen Karte des Subjekts selbst berücksichtigte, das heißt sein eigenes Verständnis des Feldes, wie es wahrgenommen und eingeschätzt wird und in welchem das konditionierte Verhalten angenommenerweise gezeigt werden sollte. Wenn Goldstein also richtig liegt, dann müsste die *Organisation* des Verhaltens der Person und ihrer Welt wenigstens in vielen Fällen die Trainingseffekte eines rein behavioristischen Ansatzes überlagern. (Natürlich gibt es so etwas wie einen

»rein verhaltenstheoretischen Ansatz« nicht, wie die Gestalttheorie selbst nachweisen kann. Das heißt, es gibt keine Möglichkeit sicherzugehen, dass die Person im Prozess der »direkten« Beeinflussung durch zufällige Verstärkung nicht auch gleichzeitig ihre eigene »Landkarte« im Licht dieser neuen Erfahrungen neu organisiert. Im Gegenteil, dieser Ansicht nach muss genau dies geschehen.)

Wenn wir die gleiche Angelegenheit in einer nicht an Lewin orientierten Sprache (aber immer noch in Gestaltbegriffen) formulieren, könnten wir sagen: Die Person tendiert per Definition immer zu einem optimalen dynamischen Gleichgewicht im Umfeld (ganz gleich, ob dies Spannungsreduktion oder Spannungsanstieg bedeutet). Das ist nur eine andere Art und Weise zu sagen, dass sie dazu neigt, ihre eigenen Bedürfnisse zu befriedigen. Dieses Gleichgewicht, das das »bestmögliche unter vorherrschenden Bedingungen« ist, hängt ab von der dynamischen Beziehung (oder der Wahrnehmung der Person von dieser dynamischen Beziehung) zwischen den eigenen Bedürfnissen und ihrer Auflösung des Feldes durch die Wahrnehmung – das heißt ihrer »Gestalt«. Diese »Gestalt« ist wiederum eine »organisierte Konfiguration der Bewusstheit« (Koffka 1935). Handlung im Feld ist also, wie oben dargestellt, eine Reaktion oder eine Anpassungsleistung zur Korrektur eines Ungleichgewichts zwischen den wahrgenommenen Bedürfnissen und den wahrgenommenen Bedingungen im Feld/der Gestalt/der strukturierten Bewusstheit. Versucht man also, diese *Bewusstheit* zu verändern, dann verändert man die daraus folgende Handlung, da die Handlung letztlich eine Reaktion auf diese Bewusstheit ist. Der effektivste »Druckpunkt« für die Einleitung von Veränderung in der Psychotherapie oder sonstwo scheint also nicht die Handlung, nicht das betreffende Verhalten selbst, sondern die Bewusstheit zu sein. (Selbst »strukturelle« oder direktive Therapien erkennen diesen entscheidenden Punkt an, da ihre Intention darin besteht, dass das angeleitete neue Verhalten den wahrgenommenen Wert oder die erwarteten Konsequenzen solchen Verhaltens ändern sollte – und das heißt, man ändert den Grund oder die »Landkarte der Bewusstheit«. Offensichtlich wäre eine Verhaltensänderung, die diesen Effekt auf die Organisation oder die »Verkartung« nicht hat, eine einmalige Angelegenheit.

Bewusstheit ist geradezu per Definition niemals vollständig; in gewisser Hinsicht ist es das, worum sich das Gestaltmodell dreht. Zunächst einmal hat eine Selektion stattgefunden, wobei mögliche wichtige Elemente oder Merkmale des Feldes ausgelassen oder nicht in den Vordergrund gebracht wurden. Zweitens hat der Prozess oder Akt der Organisation durch die Person selbst die relativen »Werte« verschiedener Merkmale verändert – auch derjenigen, die bewusst wahrgenommen wurden. Diese »Elemente« zu verändern, indem man die Aufmerksamkeit auf vernachlässigte Bereiche lenkt, neue Informationen zum Tragen bringt, die »Valenz« verschiedener Elemente des Bildes neu einschätzt oder die Beziehungen zueinander verändert, bedeutet, dass man die Bewusstheit, die konfigurale Auflösung selbst verändert und dabei wiederum die Möglichkeit eines veränderten Verhaltens in Anpassung zu dieser veränderten subjektiven Realität eröffnet.

Einiges des oben Gesagten mag selbstverständlich erscheinen, aber trotzdem ist es weit entfernt von den verschiedenen gewaltsamen, ermahnenden oder vorschreibenden Ansätzen, die wahrscheinlich die meisten Anstrengungen für die Einleitung von Veränderungen während unserer gesamten Geschichte kennzeichnen – und damit zweifellos auch weit entfernt von großen Bereichen der psychoanalytischen Praxis, wenn nicht sogar der Theorie während ihrer gesamten historischen Entwicklung (vgl. Bergler 1956, der repräsentative Beispiele für das Konzept der »Interpretation als stumpfes Instrument« bringt, das zumindest in einigen psychoanalytischen Zentren zur Zeit von Goodman und Perls weit verbreitet war). Bei der Erörterung einiger Auslassungen und Verzerrungen im von Goodman und Perls 1951 ausformulierten Modell in den folgenden Kapiteln muss man sich des psychotherapeutischen Klimas, auf das sie dabei reagierten, bewusst sein.

Gleichzeitig trägt dieses »vernünftige« Modell einiges dazu bei, die Psychoanalyse für sich selbst und auch für uns zu erklären. Das heißt, Freuds Methodologie der Psychotherapie gründet sehr stark auf Interpretationen, also auf der Reorganisation der festen Strukturen des Denkens und Fühlens in der Person und der Kontaktaufnahme mit andere Menschen (und keineswegs auf der Assoziationspsychologie, wie Perls später behauptete. Perls missverstand offensichtlich den Begriff »freie Assoziation«, der natürlich im Freudschen Modell überhaupt nicht als frei verstanden wird, sondern als dynamisch, nicht nur assoziativ verbunden mit den fraglichen Problemstrukturen, den »zu rigiden« Gestalten des geistigen Lebens des Patienten). Aber die Freudianer hatten selbst einige Schwierigkeiten, genau zu erklären, wie sich Interpretationen auf das Leben eines Patienten auswirkten. Die Gestaltantwort lautet: Jede Wahrnehmung, jede »Sicht der Dinge«, *ist* eine Interpretation des Feldes mit verschiedenen, begleitenden Anpassungen (Handlungen), die der subjektiven Logik dieser Interpretation folgen. Die Interpretation des Therapeuten (oder, genauer gesagt, die Neuinterpretation) *organisiert das Feld neu* – oder »zerstört« (in Gestaltbegriffen) zumindest das bestehende Bild, sofern die Interpretation vom Patienten mitgetragen wird, und macht eine Neuentscheidung und neue daraus folgende Handlungen sowohl möglich als auch notwendig. So können beispielsweise Situationen, die vorher vom Patienten als bedrohlich angesehen wurden, jetzt als möglicherweise neutral oder sogar anziehend eingeschätzt werden, was in den Begriffen Lewins einer Neuorganisation der Valenzen mit offensichtlichen Konsequenzen für die Handlung entspricht. Und dies gilt auch für andere, ähnliche Beispiele, die alle sowohl in der Psychotherapie als auch im täglichen Leben ganz übliche Phänomene darstellen.

Aber das Modell der Veränderung, das wir hier aus dem Wahrnehmungsmodell der Gestalt beziehen, kann noch weiter reichen. Da es zur eigentlichen Natur des wahrnehmenden Organismus gehört zu interpretieren – das heißt Teile zusammenzufügen, Teile im Feld in ein organisiertes Ganzes aufzulösen –, ist die Versorgung mit fertigen Interpretationen durch den Therapeuten (oder andere Lehrer) vielleicht gar nicht nötig bzw. sie könnte sogar kontraproduktiv sein, je nachdem welche Art von Wandel angestrebt wird. Bloße Konzentration der Aufmerksamkeit der Person, besonders auf einige Teile des Feldes, die typischerweise außerhalb der Bewusstheit blieben, erzeugt per Definition eine Neuorganisation des Feldes und zumindest das Potential für entsprechende Verhaltensänderungen der einen oder anderen Art. Der letzte Satz ist bedeutsam, denn es scheint wahrscheinlicher, dass Verhaltensänderung, die auf diese Weise zustande kommt, stärker vom Klienten gesteuert wird als bei einigen anderen, präskriptiveren Methoden; aus der Sichtweise des Therapeuten ist das Veränderungsmodell der Gestalt weniger normativ. Im Gegensatz dazu kann die Steuerung der Person bei einem in direkterer Weise überzeugenden oder handlungsorientierten Ansatz sich erwartungsgemäß mehr auf den Widerstand gegenüber den besonderen gewünschten Veränderungen richten, besonders gegenüber dem Therapeuten oder gegenüber dem gesamten Prozess. Natürlich kann der Therapeut bei einem »Bewusstheitskonzept« die Richtung oder die Thematik des Wandels immer noch auf verschiedene Weise beeinflussen (vor allem, indem er die besonderen unbewussten Gebiete bestimmt oder mitbestimmt, auf die die Aufmerksamkeit gerichtet werden soll). Dennoch können wir erwarten, dass die daraus folgenden Verhaltensreaktionen aber nicht notwendig in größerem Maß als bei den anderen Modellen unvorhersehbar sind.

Dieser Ansatz für das Auslösen von Veränderungen wurde – immer noch ohne Anerkennung seiner theoretischen Wurzeln besonders im Modell von Lewin – etwas unangemessen bekannt als die »paradoxe Theorie der

Veränderung« (Beisser 1970). Unlogisch auch, weil es hier wirklich kein Paradox gibt wie zum Beispiel bei der »paradoxen Intervention«, die in der Familientherapie genutzt wird, wobei man darauf hofft, dass die Person das genaue Gegenteil von dem tun wird, was der Therapeut ausdrücklich anordnet. Bei unserem Modell hier ist bei in der Konzentration auf die Bewusstheit selbst kein Paradox als Methode der Handlungsbeeinflussung beteiligt, denn man geht davon aus, dass die Handlung aus der Bewusstheit entspringt und daher am unmittelbarsten durch die Bewusstheit beeinflusst werden kann. Trotzdem sind die Konsequenzen für die psychotherapeutische Praxis offensichtlich und weitreichend. Die Rolle der Bewusstheit *per se* wird nicht nur erhöht und die der Interpretation entsprechend verringert, sondern der spezielle Prozess, auf den sich die Aufmerksamkeit und Analyse konzentriert, unterscheidet sich von denjenigen, die man mit traditionellen psychotherapeutischen Modellen assoziiert. Wenn es also die Natur des Organismus ist, seine Bedürfnisse dadurch zu befriedigen und zu koordinieren, dass er bedeutungsvolle Konfigurationen, Gestalten im Feld, auflöst, dann erzeugt jede Dysfunktion in diesem Prozess eindeutig andere Dysfunktionen in anderen Lebensprozessen. Der Psychotherapeut richtet seine Aufmerksamkeit also auf die Struktur der Erfahrung (um Goodmans Begriff aus dem Jahr 1951 zu verwenden) als Schlüssel zur Gesundheit und zur Dysfunktion – und damit zur Heilung.

Wieder wird es im allgemeinen Perls zugeschrieben (und er schreibt es sich selbst ebenfalls zu; 1969b), diese Anwendung des Gestaltmodells, diesen Ansatz für den psychotherapeutischen Prozess entwickelt zu haben. Die Quellen stimmen jedoch darin überein (From 1978; Davidove 1985; Glasgow 1971), dass diese Anwendung zumindest zum großen Teil der Beitrag von Paul Goodman war, dessen Arbeit ich im einzelnen im dritten Kapitel untersuchen werde. Perls' Interessen und seine Bewusstheit waren tatsächlich auf etwas ganz anderes gerichtet. Diesen Interessen, die besonders in dem einzigen längeren theoretischen Text ausgedrückt sind, den Perls zu seinen Lebzeiten geschrieben hat, wenden wir jetzt unsere Aufmerksamkeit zu.

Anmerkung der Übersetzer

[1] Für den deutschen Begriff Aufforderungsqualitäten führt der Autor den Begriff valence (dt. Valenz) ein, den Lewin selbst akzeptierte (1935); er weist jedoch darauf hin, dass der deutsche Begriff »Aufforderungsqualität« die falsche Assoziation des Begriffs »Valenz« zu »harten« Wissenschaften vermeidet.

2. Kapitel

Das frühe Werk von Perls

Im Jahr 1947 brachte der britische Verlag *Allen and Unwin*, der ein anhaltendes Interesse an psychoanalytischen Themen hatte, ein neues theoretisches Werk heraus, das fünf Jahre zuvor von dem in Deutschland geborenen Analytiker Friedrich (Fritz, später Frederick) Perls, der bald darauf nach New York gehen sollte, in Johannesburg geschrieben wurde. Perls war seinerzeit ein renommiertes Mitglied der angesehenen psychoanalytischen Vereinigungen; und unter dem ziemlich schwerfälligen Titel *Das Ich, der Hunger und die Aggression* lautete der Untertitel der ursprünglichen Ausgabe »Eine Revision von Freuds Theorie und Methode«. Es war weitschweifig und extrem unstrukturiert (»skizzenhaft« nannte es der Autor selbst Jahre später, 1969b); dennoch ließ das Buch die Themen anklingen, die Perls für die verbleibenden etwa fünfundzwanzig Jahre seines Lebens beschäftigen sollten: die zentrale Bedeutung oraler Prozesse und der Verdauung im Gegensatz zu sexuellen Prozessen als steuernden Metaphern des psychologischen Lebens; damit verbunden eine positive Neubewertung der Aggression als Teil des oralen Prozesses und der Verdauung; ein Beharren darauf, dass Selbstvertrauen das absolute Kriterium für geistige Gesundheit sei; eine relative Akzentverschiebung von der Vergangenheit zur Gegenwart (in Übereinstimmung mit vielen revisionistischen Trends in der Psychoanalyse jener Zeit); und eine Erweiterung der Gegensätze oder Polaritäten Freuds als Schlüssel für Neurosen. Da es ein wenig integriertes Kompendium scharfsinniger klinischer Einsichten, vager philosophischer Überlegungen und Selbstverherrlichungen in Freudscher Manier war, löste das Buch wenig kritische Aufmerksamkeit aus (L. Perls 1982), und es war bald vergriffen, erfreute sich später jedoch einer erstaunlichen und seltsamen Wiederveröffentlichungsgeschichte. Zweiundzwanzig Jahre später nämlich wurde es auf der Höhe neuer Berühmtheit des Autors als graue Eminenz des *Human Potential Movement* neu herausgebracht ohne den rückblickenden Freudschen Untertitel, der jetzt ersetzt wurde durch »Die Anfänge der Gestalt-Therapie«; eine Zeitlang nahm der Band in den Bücherregalen der Bewegung seinen Platz ein Seite an Seite mit anderen obligatorischen (und vielleicht in ähnlicher Weise ungelesenen) Arbeiten von Autoren wie Marcuse, Illich, Fromm und sogar Heidegger und Sartre – in der Tat eine gewichtige Gesellschaft für eine Arbeit, der sicherlich nicht mehr Bedeutung zugekommen wäre als bestenfalls eine winzige Fußnote in der Geschichte der Psychoanalyse, hätte sie nicht in Zusammenhang gestanden mit der Darstellung eines originellen neuen Ansatzes in der Psychotherapie durch Paul Goodman im zweiten Band von *Gestalt Therapy; Excitement and Growth in the Human Personality* (deutsch: Gestalt-Therapie; Lebensfreude und Persönlichkeitsentfaltung).

Trotz des revidierten Untertitels war die Verbindung zwischen diesem relativ frühen Werk und der Gestaltpsychologie, die ihm vorausging – oder eigentlich der Gestaltpsychotherapie, die ihm folgte, dennoch nicht von zentraler Bedeutung und auch nicht offensichtlich. Und dies trotz der Tatsache, dass die drei vom Autor am Anfang des Buches angekündigten Intentionen alle einen entscheidenden »Gestalt«-Beigeschmack haben: (a) »das psychologische Konzept durch ein organismisches Konzept ersetzen«; (b) »die Assoziationspsychologie durch Gestaltpsychologie ersetzen«; und (c) »das auf S. Friedlaenders ›kreativer Indifferenz‹ gegründete differentielle Denken anwenden« (F. Perls 1947, 14). Eine Untersuchung jeder dieser drei Behauptungen wird ein Licht auf Perls' Verständnis der Gestaltpsychologie zu jener Zeit werfen, das dann dazu dienen kann, bestimmte charakteristische Themen und Probleme des nachfolgenden gestaltpsycho-therapeutischen Modells zu erhellen.

(a) »Das psychologische Konzept durch ein organismisches ersetzen«

Wann immer Perls »organismisch« sagt, meint er »Körper«. Perls selbst war einige Zeit lang in den zwanziger Jahren bei Wilhelm Reich in Analyse gewesen und war sein ganzes Leben lang stark von den Reichschen Ansichten der »Charakteranalyse« beeinflusst, die auf Muskelspannungen und »Körperpanzerungen« gründete (vgl. Perls 1969b; 1971; Reich 1949). Wenn Perls von »Holismus« und dem holistischen Ansatz spricht, meint er im allgemeinen tatsächlich nicht das Organismus-Umwelt-Feld wie die Gestaltpsychologen (Arnheim 1959), und er verwendet die Begriffe auch nicht in der Weise wie vor allem Lewin und Goldstein, die den Organismus in seinem »Lebensraum« einschließlich der Umwelt, den übergreifenden Zielen und der dynamischen Interaktion all dieser Elemente meinten (Goldstein 1939; Marrow 1969), sondern wiederum den *Organismus als Körper*. Diese Unterscheidung ist wichtig, und wie viele besondere Akzente von Perls stand auch dieser im Vordergrund bei der grundlegenden Spaltung zwischen verschiedenen »Schulen« der Gestalttherapie in späteren Jahren (Latner 1983; Miller 1981). Im großen und ganzen ist der *Kontext* individuellen Verhaltens, der besondere relevante Grund, auf dem die Figur des Verhaltens organisiert und verstanden wird, für Perls *der Körper*. Seltsamerweise dient diese Perspektive jedoch dazu, die Körper-Geist-Spaltung zu verstärken, die er doch auszulöschen oder zu überwinden trachtet (1947, Teil I, Kap. 2), während er zu gleicher Zeit den »Organismus« ironischerweise von der Umwelt als Ganzes isoliert. Das heißt, wenn der Körper der (vernachlässigte) Grund ist, gegenüber dem das Denken als Figur stattfindet, dann wird die dynamische Spannung des Verhaltens *innerhalb* des Organismus angesiedelt, also zwischen den beiden Systemen oder Polen von Körper und Geist, auch wenn diese Pole als Endpunkte auf einem Kontinuum angesiedelt werden, statt zwischen dem *Organismus als Ganzem* auf der einen Seite und dem Umwelt-Feld auf der anderen Seite, das den Bedürfnissen des Organismus entsprechend organisiert ist, wie sowohl Goldstein als auch Lewin dies sahen. Ein Freudsches Gefühl der Isolierung des Organismus von der Umwelt, des Selbst von der sozialen Welt durchdringt also Perls' Denken von Anfang an. Einige Jahre später sollte dies auch in direktem Gegensatz zu der aristotelischen, gemeinschaftsorientierten Tendenz des Sozialphilosophen Paul Goodman stehen, und es sollte als ungelöste Spannung bis zum heutigen Tag im Gestaltmodell erhalten bleiben (vgl. z.B. Crocker 1983).

Auf diese Weise blieb Perls sein ganzes Leben lang in deutlicherer Weise ein treuer Schüler Reichs als irgendein anderer Mentor oder Vorgänger; und er hatte auch die gleichen theoretischen Probleme und Begrenzungen. Das heißt, Reichs eigene Theorie (1949) unterliegt dadurch, dass sie direkt, wenn auch nur teilweise und zugestandenermaßen vom sehr frühen, trieborientierten Freud – beispielsweise dem Freud der »Drei Abhandlungen zur Sexualtheorie« (1910) oder von »Der Wolfsmann« (1914) – abgeleitet ist, der gleichen Kritik, der die Instinkt- oder Triebtheorie ausgesetzt ist, wie sie zum ersten Mal von Goldstein (1939; 1940) vorgebracht und in den vorhergehenden Kapiteln erörtert wurde. (Man könnte sehr wohl argumentieren, dass der Bruch zwischen Freud und Reich zumindest in theoretischer Hinsicht von der Tatsache herrührte, dass, weit davon entfernt, von ihm abzufallen, wie Freud gern behauptete [Roazen 1976], Reichs Beleidigung vielmehr darin bestand, dass er den Implikationen des früheren, »rein instinktorientierten« Freud gegenüber viel zu treu war, nachdem sich Freud selbst eher zu einer etwas interaktionelleren oder »Gestalt«-Ansicht hinbewegt hatte. Zur Erörterung der »beiden Freuds« in dieser Hinsicht vgl. auch Guntrip 1971.) Trotz des Bezugs auf Goldstein in Verbindung mit der »ganzheitlichen Funktionsweise« des Organismus (1947, 20, 26) und trotz seiner eigenen Tätigkeit als Laborassistent Goldsteins in den zwanziger Jahren scheint Perls nicht ganz akzeptiert zu haben, dass Goldstein, wenn er von einem »ganzheitlich organismischen« Ansatz spricht, sich nicht einfach auf das psychosomatische Ganze bezieht, sondern auf die gesamte Konfiguration der Bedürfnisse und Ziele der Person in Beziehung zur Umwelt und zueinander – zur dynamischen *Organisation* des Verhaltens und nicht nur zu dessen somatischen Aspekten oder Ausdrucksformen. Perls scheint sich auch weder hier noch später (1973) des entscheidenden Werks von Lewin beim Verständnis der Motivation im Kontext des »ganzen Feldes« bewusst zu sein, einschließlich der Betonung des »Hier-und-Jetzt« Lewins (1936) und der »Aufforderungsqualität« unerledigter Situationen (Zeigarnik 1927) – beides Themen in Perls' Buch von 1947 und beides auch Hauptthemen in seinen Demonstrationssitzungen der fünfziger und sechziger Jahre (Perls 1969a). Perls nimmt ein einziges Mal im Buch auf Lewin Bezug (S. 110), wobei er die Arbeit der Lewin-Schülerin Zeigarnik im Hinblick auf die Frage der »unerledigten Geschäfte« fälschlicherweise Lewin selbst zuschreibt. Topologische Psychologie (Lewin 1936) jedoch, die die Erweiterung des Wahrnehmungsmodells der Gestalt in der Motivationspsychologie ist, wird nirgends erwähnt. Zieht man die Beschreibungen von Laura Perls und anderen über Perls' Arbeits- und Lesegewohnheiten in Betracht, dann erscheint es unwahrscheinlich, dass er auf Lewins Originalwerk gestoßen ist (L. Perls 1982).

(b) »Die Assoziationspsychologie durch Gestaltpsychologie ersetzen«

Vielleicht am erstaunlichsten ist die Tatsache, dass in einem Buch voller falscher Ausgangspunkte und ungeordneter Argumente nach dieser ersten und einigermaßen großartigen Absichtserklärung das Wort »Gestalt« im übrigen Text kaum mehr erscheint und wenn, dann ohne irgendwelche Bedeutung oder Erläuterung einer möglichen Beziehung zur Psychotherapie. Die Frage also, was der Autor genau meint oder unter dem Begriff »Gestaltpsychologie« (oder übrigens auch »Assoziationspsychologie«) versteht oder wie er das »Ersetzen« vorzunehmen beabsichtigt, bleibt weitgehend unbeantwortet. Goodman lastete später Freud an, dieser habe sich durch eine »unangemessene Theorie der Bewusstheit« in entscheidender Weise behindert (Perls u.a., 276 ff.); das heißt, er hätte keinen Zugang zu einem Gestaltmodell strukturierter Bewusstheit und zur Dynamik dieses Modells gehabt. Er (Goodman) bezog sich in diesem Zusammenhang offensichtlich auf den starken Akzent bzw. den nahezu ausschließlichen Rückgriff auf die Interpretationen, die der Klient vom Therapeuten erhielt; dies entspricht in der Erörterung der Theorie der Veränderung unserer Kritik im vorhergehenden Kapitel. Perls bietet hier keine derartigen Differenzierungen an, die auf irgendeine Verbindung zwischen einer Gestalttheorie der Bewusstheit und der Rolle der Interpretation in der Therapie hinweisen könnten. Im Gegenteil, sein eigenes Sich-Verlassen auf die Interpretation des Therapeuten steht, soweit es die Fallbeispiele in diesem Buch anzeigen, in völliger Übereinstimmung mit der etablierten psychoanalytischen Praxis der Zeit (nur der *Inhalt* einiger Interpretationen wurde von libidinösen zu oralen Themen hin verlagert).

Was immer die Fehler der »Theorie und Methode Freuds«, gegen die sich Perls in seiner Kritik in diesem Buch wendet, auch gewesen sein mögen, es ist kaum akzeptabel, sie im üblichen Sinn als »assoziationistisch« einzuschätzen. Häufigkeit und Nähe beispielsweise, die zwei Hauptsäulen des Erklärungsgebäudes der Assoziationstheorie, spielen im Freudschen System fast überhaupt keine Rolle, denn es ist ganz auf die *strukturelle* Bedeutung bestimmter einzelner oder charakteristischer Entwicklungsereignisse gegründet. Den Assoziationstheoretikern wird zur Last gelegt, dass sie die Struktur von Wahrnehmungen »wie Perlen auf einem Faden« auffassten (Koffka 1935, 588f): Man könnte sich beispielsweise kaum eine Beschreibung vorstellen, die der Freudschen Organisation des Gedächtnisses weniger entsprechen würde, mit ihrer byzantinischen geistigen Topographie von Gipfeln und Abgründen, sichtbaren und unsichtbaren Reichen und drei gegeneinander kämpfenden Domänen, von denen jede ihre eigenen Angriffs- und Verteidigungsstrategien, Listen und Winkelzüge, sich verschiebenden Allianzen und Kompromisse mit den jeweils anderen beiden Mächten aufweist (und all dies ähnelt auf seltsame Weise der politischen Struktur Mitteleuropas im neunzehnten Jahrhundert in der Post-Metternichschen Ära Freuds eigener Jugend mit seinen drei großen Mächten, seiner berühmten Diplomatie des Kräftegleichgewichts und seinen chronischen inneren Spannungen. Zur diesbezüglichen Freudschen Metaphorik für die auf tragische Weise fragmentierte reife Persönlichkeit vgl. beispielsweise A. Freud 1937). Wie zuvor erläutert kann es sein, dass Perls durch den Begriff »freie Assoziation« in der psychoanalytischen Literatur und in der Praxis auf eine falsche Fährte geriet. Zwar spielt die »Assoziation« oder strukturelle Ähnlichkeit (nicht bloß Nähe) eine Rolle bei dieser therapeutischen Methode und ihrem Handwerkszeug; das assoziierte Erinnerungsmaterial ist jedoch ein Schlüssel zu einem »Komplex« (Freud 1985, 37 ff.; auch 1938, 181 ff.) oder einer internen Struktur, jedoch keineswegs eine andere, auf willkürliche Weise zusammengesetzte »Einheit«, wie es die Assoziationstheorie gern hätte. Mit anderen Worten, was hier also in Frage gestellt wird, ist nicht nur Perls' Verständnis der Gestaltpsychologie an sich, das bestenfalls bruchstückhaft ist, sondern sein Verständnis des Assoziationismus und sogar der Psychoanalyse selbst.

(c) »Das auf S. Friedlaenders ›kreativer Indifferenz‹ gegründete differentielle Denken anwenden«

Salomo Friedlaender (1871-1946) war ein relativ unbekannter, heute fast vergessener Kritiker, Lyriker, Nietzsche-Schüler und gelegentlich satirischer Romancier (unter dem Künstlernamen Mynona) zu Zeiten des Zweiten Reichs in Deutschland. In seinem Werk von 1918, *Schöpferische Indifferenz*, setzte er sich ganz im Sinne Nietzsches für eine Wiederbelebung der deskriptiven oder bewertenden Begriffe auf der Basis einer im wesentlichen aristotelischen Überzeugung von einer polaren Dimension der Wahrnehmung ein (vgl. beispielsweise MacIntyre 1981). Die Qualität »gut« beispielsweise ist danach also nicht im Wert fixiert oder absolut, sondern hängt vielmehr in ihrer Bedeutung von einer impliziten Vorannahme für »besser« als irgend etwas anderes ab – was wieder in Relation steht zu einem entsprechenden polaren Begriff, in diesem Fall »schlecht«. Dies steht natürlich in ausdrücklichem Widerspruch zum jüdisch-christlichen Modell, das Nietzsche kritisiert (1886) – oder übrigens auch zu Platons Modell – demzufolge die Überzeugungen von »gut« und »schlecht« zwar möglicherweise in ihrer Anwendung relativ sind, jedoch jeweils von etwas getrenntem Absoluten abgeleitet sind, auf das sie sich beziehen und die aus einer Quelle außerhalb des Wahrnehmungsprozesses selbst stammen.

Die hauptsächliche Faszination und Tragweite dieser These, die damals natürlich gängig war, lag für Perls in dieser Relativierung von »gut« und »schlecht« durch Standards, die ganz im einzelnen Organismus, das heißt im Körper lagen. Hier zeigt er wieder Ähnlichkeiten mit dem frühen Freud (»der Therapeut ist der Verbündete des Es«; Reiff 1962), aber ohne Freuds tiefe Resignation angesichts der Notwendigkeit der individuellen Unterordnung unter das Diktat der Gesellschaft. Im Gegenteil, Perls argumentiert hier, dass die sogenannte ödipale Krise keineswegs ein notwendiger Schritt bei der Internalisierung sozialer Standards sei, sondern vielmehr ein Beispiel für eine neurotische Reaktion, die er »Introjektion« nennt – das »unzerkleinerte Schlucken« ohne richtiges Kauen von etwas, das der wahren Natur des Organismus fremd sei (Teil II, Kap. IV & V). Den einzigen wahrhaften Standard liefert wiederum der Körper. Durch die tatsächlichen physischen Reaktionen – Hunger, Geschmack, Ekel, Aufstoßen usw. setzt die Person ihre eigenen Werte, ihre eigene Moral durch »organismische Regulation« fest (Teil I, Kap. III). Fragen nach den Beziehungen, der Harmonie oder Kongruenz, ja sogar nach der Mitgliedschaft in irgendeinem weiteren sozialen Verbund jenseits des individuellen Körpers, kommen in Perls' System schlicht nicht vor. Hier sehen wir wieder den Keim des sozialen und moralischen Solipsismus, der in Perls' späterem Werk viel deutlicher wird (1969a, 1969b, 1973) und woran das Gestaltmodell in späteren Jahren häufig gemessen wurde. (Und man vergleiche diese Ansicht beispielsweise mit Goldsteins eleganter und sehr eindringlicher Aussage von 1939 über das gleiche Thema: »Die Existenz eines Menschen impliziert die Existenz von anderen.«)

Neben der Perlsschen Verwendung dieser bekannten Überzeugung von der Relativierung und Polarisierung der Konzepte für Wahrnehmung und Bewertung ist seine seltsame Zuschreibung ihrer Herkunft fast noch interessanter. Wie bereits erwähnt, war diese Idee unmittelbar nach dem Krieg, als Perls ein junger Psychiater war, Allgemeingut. Nietzsche beispielsweise war in den zwanziger Jahren auf dem Höhepunkt seiner Popularität, die ein wenig von der Leichtigkeit beeinträchtigt wurde, mit der die Nazis sein Werk für ihre Zwecke nutzen und ausbeuten konnten. Aber Nietzsche wird nur einmal in Perls' Buch und auch nur beiläufig erwähnt (57). Noch auffälliger ist, dass die Idee der »kreativen Prädifferenz« oder »Prädifferenzierung« direkt aus den Konzepten des Gestaltwahrnehmungsmodells hervorzugehen schien, während das »prädifferente« Stadium des Denkens oder Wahrnehmens den ursprünglichen Kontakt mit dem undifferenzierten Feld darstellt, bevor dieses von der Person in eine Konfiguration, eine Figur/Grund-Einheit oder eine »Landkarte« im Sinne Lewins aufgelöst wird. In gleicher Weise ist die endgültige Polarisierung oder die Gestaltung des undifferenzierten Wahrnehmungsfeldes als dynamische Struktur diesem Modell zufolge die polare Konstruktion von Figur/Grund selbst: Das, was ich sehe, wird, ganz wie Freud es ausdrückte, durch dasjenige definiert und begrenzt und unauflöslich miteinander verwoben, was ich im Augenblick nicht sehe oder bemerke – das heißt den Grund (oder in Freudschen Begriffen das Unbewusste, das hier einen besonderen Fall erstarrten Grundes darstellt, der ausgegrenzt und für die Figurbildung nicht verfügbar ist). Daher rührt die Bedeutung und die enge Verbindung von Gegensätzen im geistigen Leben, wie Freud behauptete, ohne jemals einen klaren theoretischen Grund dafür zu liefern. (Und hier haben wir wieder einmal einen Fall, in dem das Gestaltmodell die Psychoanalyse erklärt.) Perls versäumt es hierbei erneut, die offensichtliche Verbindung sowohl zu Freud als auch zu Nietzsche oder zum Gestaltmodell selbst herzustellen (hinsichtlich einer späteren Neueinschätzung seiner Verpflichtung gegenüber Friedlaender wegen dieser Ergebnisse vgl. auch Perls 1969b, o.S.).

Diese seltsame Gewohnheit von Perls, eine offensichtliche Quelle zugunsten einer obskuren zu ignorieren, wird noch einmal in seinem Umgang mit dem Konzept des »Holismus« veranschaulicht – der Lehre also, dass man die »ganze Situation« oder das Feld in Betracht ziehen muss, um irgendein besonderes, scheinbar isoliertes Phänomen zu verstehen (1947, 7). Diesen Ansatz schreibt Perls wiederum nicht der Gestaltpsychologie im allgemeinen oder Goldstein bzw. Lewin im besonderen zu, sondern Feldmarschall Jan Smuts (28 f., vgl. auch Smuts 1926). An dieser Stelle kann man sich kaum des Eindrucks erwehren, dass Perls' Anerkennung seiner intellektuellen Verpflichtung gegenüber solch relativ bedeutungslosen Leuten (intellektuell bedeutungslos; Smuts war allerdings politisch sehr berühmt) paradoxerweise dazu dient, seinen eigenen Beitrag, seine eigene Originalität deutlich hervorzuheben. Natürlich, wenn man eine interessante Überzeugung von einer vernachlässigten oder ganz obskuren Quelle herleitet und sie auf ein Feld anwendet, das sehr weit entfernt von der Quelle liegt, sind die eigene Rolle und der eigene Beitrag viel bedeutsamer, als wenn man die Dokumentation der gleichen Überzeugung heranzieht und sie in eben diesem Bereich wieder anwendet. Mit anderen Worten: Die kleinere Verpflichtung verbirgt die größere. Es ist beispielsweise kaum vorstellbar, dass Perls, wie wenig er auch über Gestaltpsychologie selbst gelesen haben mag (1969b; Rosenblatt 1980), die offensichtliche Betonung übersehen haben könnte, die sowohl Goldstein als auch das frühere Gestaltmodell auf die Feldtheorie legten, die absolut zentral für eine ganze Generation von Gestaltwahrnehmungstheoretikern und damals weithin bekannt war und viel diskutiert wurde. Das gleiche gilt für die zentrale Bedeutung des »prädifferenten« Zustands der Wahrnehmung im Gestaltmodell. Dadurch, dass er die Wurzeln dieser Ideen in der Gestaltpsychologie übergeht, legt er (für den Laien oder den medizinischen Leser) nahe, dass er diese selbst erdachte (und man beachte seinen Anspruch von 1947, dem er aber 1969 widersprach, dass er in diesem Bereich »beträchtliche wissenschaftliche und detaillierte experimentelle Arbeit« geleistet habe) – oder zumindest, dass er der Urheber ihrer Anwendung auf die Persönlichkeitstheorie sei. Auch hier zeigt Perls eine seltsame Ähnlichkeit zu Freud, dessen eigener Widerstand dagegen, irgendeinen Einfluss (es sei denn einen höchst abgelegenen, unwahrscheinlichen und daher höchst kreativen) anzuerkennen, Legende war (Roazen 1971). Andererseits war Perls relativ frei von Freuds starkem Bedürfnis, seine eigene »Schule« und Methode zu kontrollieren. Wenn einige Nachfolger die weniger nützlichen Aspekte von Perls' Arbeit (im Sinne der hier entwickelten Argumentation) imitierten, dann war es weitgehend ihre eigene Entscheidung (Latner 1985). Im Gegensatz dazu stehen die Bemerkungen von Sonia March Nevis, und sie sprechen für eine andere »Schule« der Studenten von Perls: »Wir ehren Fritz Perls am meisten, indem wir jenem Teil von ihm nacheifern, der kritisch und kreativ war, und der sich gegen überkommene Ideen stellte« (1979).

Soviel über die angekündigten Intentionen des Buches. Was aber waren dann die Grundlagen von Perls' »Kritik an Freuds Theorie und Methode« – wenn all die formulierten Ziele des Werkes entweder irrelevant sind, auf falschen Informationen beruhen oder nur einmal und nie wieder erwähnt werden? Die Antwort ist vor allem: *Orale Aggression.* Perls' Frau, Lore (später Laura) Perls, hatte eine Zeitlang mit essgestörten Kindern gearbeitet, und beide waren fasziniert von der Idee des Essens, vom »oralen Instinkt« als Metapher oder Prototyp für die Beziehung zwischen dem Organismus und dem Umfeld (1947, 107 ff.) – nicht wie im Freudschen Modell vom libidinösen/sexuellen Prozess abgeleitet, sondern als ein gleichberechtigter, eigenständiger »Instinkt«.

(Tatsächlich gibt es nach Perls Hunderte anderer Instinkte außer dem sexuellen/libidinösen [1947, 35]; das Freudsche Libido-Modell, das ganz korrekt ist bei der Behandlung des »sexuellen Drangs« [1947, 81], ging nur da fehl, wo es versuchte, alle anderen Instinkte der Rubrik Libido unterzuordnen – das heißt, es war nur falsch in seinem zentralsten und alles überspannenden Glaubenssatz.)

Aggression andererseits ist überhaupt kein Instinkt, wie Freud (etwas später) behauptete (und damit ist sie nach Perls' Argumentation einzigartig unter den verschiedenen Aspekten des Lebens), sondern ein natürliches Merkmal oder ein Aspekt der Aktivität des *Essens*. Das heißt, es gibt überhaupt kein Füttern, keine Verdauung und Assimilation und kein *Verwerten* von Nahrung durch den Organismus ohne einen natürlichen und zwangsläufigen Prozess der *Zerstörung*, einem Zerkleinern der Nahrung in einfachere Bestandteile, die für den Körper leichter assimilierbar sind. Dieses Zerkleinern, dessen prototypische Aktivität das Kauen ist, ist orale oder dentale Aggression (Teil III, Kap. III). *Kontakt* mit der Umgebung, der notwendig für das Überleben des Organismus ist (und hier haben wir wenigstens einen Hauch des Gestaltmodells), ist im wesentlichen und per Definition dieser Prozess des *Kauens* (107 ff.). In gleicher Weise ist Neurose oder Abwehr (die beiden Begriffe sind hier eigentlich austauschbar, da sie bei Freud strukurell parallel verwendet werden) im wesentlichen eine Störung dieser grundlegenden natürlichen Kontaktaktivität des *Kauens von Nahrung*. Daher ist Aggression dieser Ansicht nach alles andere als etwas Negatives (oder gar ein »Todesinstinkt«, der dem libidinösen »Lebensinstinkt« gegenübergestellt wird; Freud 1923), nämlich ein Äquivalent für Kontakt. Das heißt, sie ist die natürliche, wesentliche Bedingung des Organismus in Beziehung zu seiner Umwelt (Teil II, Kap. III). Und dadurch wird das tragische Element des Freudschen Modells, das Bild des Menschen als unausweichlich im Krieg mit sich selbst und mit der Gesellschaft stehend, durch die Perlssche Sicht der Dinge mit einem Strich vollständig ausgelöscht. Die Gesellschaft mag dem individuellen Ausdruck zwar feindlich gegenüberstehen, und tatsächlich ist jede Neurose auf »soziale Überkontrolle« (224) zurückzuführen; aber keine grundlegende, tragische Spaltung in der menschlichen Natur selbst verhindert, wenigstens theoretisch, die vollständige Lösung des Problems durch Psychotherapie (oder potentiell durch soziale Aktion). Es ist nur notwendig, dass der Patient seine blockierte Fähigkeit zum – im wörtlichen Sinn, physisch – *gründlichen Kauen* wiedergewinnt, zur Ausübung seiner vollständigen und angemessenen dentalen Aggression wie ein unabhängiger, sich selbst steuernder Erwachsener, statt Dinge wie ein kleines Baby zu schlucken. Und daher ist das Modell, was immer wir auch sonst darüber sagen mögen, in einem Grad melioristisch (im sozialphilosophischen Sinn), der weit über die Grenzen von Freuds vorherrschendem Pessimismus hinausgeht – ein Merkmal, das den sozialen Melioristen in Paul Goodman zweifellos stark ansprach, wie im nächsten Kapitel erörtert wird.

Diese Abwehrmechanismen oder *Widerstände* gegenüber Kontakt (Teil II, Kap. II), die im Freudschen Modell theoretisch unbegrenzt erscheinen (vgl. A. Freud 1937), lassen sich auf vier zusammenfassen: Verdrängung, Introjektion, Projektion und Retroflexion. Hier sind die Widerstände jedoch, anders als die Freudschen Abwehrmechanismen, die logisch gesehen parallele Reihen möglicher Antworten auf verschiedene Instinktimpulse darstellen, alle strukturell aufeinander bezogen. Alle leiten sich letztlich von der grundlegenden Kontaktstörung der *Introjektion* ab, und alle gehen im Grunde aus der gleichen traumatischen Ursache hervor: *zu frühe, forcierte oder abrupte Entwöhnung im Augenblick, in dem das Kind in die Beiß-Phase übergeht* – das heißt beim ersten Durchbruch der Zähne (Teil I, Kap. VIII; Teil II, Kap. III). Je abrupter die Reaktion der Mutter (gegenüber der Furcht, von dem jungen, zahnenden Kind aufgefressen zu werden) ist, desto ernsthafter sind die neurotischen Konsequenzen (108 f.); es ist jedoch angesichts der mütterlichen Selbsterhaltungsinstinkte schwer einzusehen, wie ein gewisses Element der Neurose auch bei sanftestem Entwicklungsverlauf vollständig fehlen könnte – jedenfalls vorläufig, vor jeder Psychotherapie.

Introjektion, die grundlegende neurotische Störung bzw. der grundlegende Widerstand, ist natürlich und normal für die erste, abhängige Saugphase. In dieser Phase vollständiger Passivität »akzeptiert« das Kind lediglich die Nahrung, die ihm in flüssiger Form eingegeben wird, ohne eigene aggressive Aktivität. Alles, was für das Kind in dieser passiven Phase der Entwicklung erforderlich ist, ist der »Festhaltebiss« (108); die Umwelt (das heißt die Mutter) tut alles übrige. (Man muss sich hier fragen, ob Perls jemals ein Kleinkind tatsächlich beobachtete oder am eigenen Finger oder an der Brustwarze die wilde, kräftige aggressive Aktivität des »passiven« Kleinkinds bei diesem Prozess wahrnahm, besonders dann, wenn keine Milch kommt.) An dieser Stelle kann man noch nicht von *Kontakt* zwischen Kind und Umwelt an sich sprechen, da definitionsgemäß die Aktivität des Kauens, des Zerkleinerns des Materials, durch die Kontakt aufgenommen wird, noch kaum gegenwärtig ist (wie z.B. bei der Aktivität der Magensäure im Verdauungsprozess; 107-111). Wirklicher Kontakt zwischen der sich entwickelnden Person und der Umwelt beginnt während des Zahnens, was (wie oben angemerkt) unglücklicherweise mit dem Versuch des Kleinkindes einhergeht, die Brust zu *essen* (108). Dies wiederum führt zur Reaktion der Mutter in Form von Entrüstung, Bestrafung oder (was am schlimmsten ist) plötzlicher Entwöhnung. Die erste Kontakterfahrung in der Entwicklung ist also von Natur aus konflikthaft und führt automatisch zu einem größeren oder kleineren Grad an persönlicher Zurückweisung – die im späteren Leben nur durch ein absolutes und übertriebenes *Selbstvertrauen* überwunden werden kann, damit man sich von der Verletzung erholt (vgl. auch 1969b). In Freudscher Terminologie würde man dies als Reaktionsbildung bezeichnen, als eine Verleugnung durch Überkompensation. An dieser Stelle und für den Rest seines Lebens sieht Perls darin jedoch den eigentlichen Prüfstein für Gesundheit und Reife (vgl. beispielsweise 1973, 47). (Im Gegensatz dazu stehen Lewins Bemerkungen über das gleiche Thema: »... der ›self-made‹ man, ... ›der auf eigenen Füßen steht‹ ... [ist] eine ebenso tragische Figur wie die die eigenen Impulse zerstörende Abhängigkeit von einem wohlwollenden Despoten. Wir brauchen alle ständig Hilfe voneinander. Diese Art von wechselseitiger Abhängigkeit ist die größte Herausforderung für die Reife des einzelnen und die Funktionsweise einer Gruppe« [zitiert in Marrow 1969, 226]. Es ist überflüssig, darauf hinzuweisen, dass der Begriff »wechselseitige Abhängigkeit« in Perls' Arbeit von 1947 nicht auftaucht.)

Wie bei Freud sehen wir auch im Modell von Perls die Widerspiegelung eines persönlichen Entwicklungsproblems, das verallgemeinert oder als allgemein menschliche Gegebenheit projiziert wird. Bei Freud hatten wir den Fall des ehrgeizigen aggressiven Jungen mit einer mächtigen Mutter und einem glücklosen Vater, der durch die Schwäche des Vaters und dessen Misserfolg (beispielsweise durch die demütige Unterwerfung des Vaters unter antisemitische Bedrohungen; vgl. Freud 1900; auch Schur 1965) gedemütigt wird. Aus den Schuldgefühlen, ausgelöst durch den Wunsch, seinen Vater zu übertreffen oder ihn sogar zu bestrafen, begreift er den Ödipus-Mythos nicht nur als Metapher für einen dynamischen Entwicklungsaspekt und kehrt ihn um, sondern als die einzige universelle, ganz wörtlich zu nehmende und alles determinierende Krise im Leben des Kindes. Perls generalisiert in ganz ähnlicher Weise, wenn auch weniger elegant, seine eigene Erfahrung der abrupten Entwöhnung und seinen lebenslangen Kampf mit Gefühlen der Zurückweisung (vgl. 1969b; auch L. Perls 1982), und projiziert dies auf den universellen, unausweichlichen Entwicklungsverlauf.

Was in beiden Fällen ausgelassen wird, ist nichts weniger, als der gesamte Beziehungskontext, der Lewinsche *Grund*, in dem dieses Geschehen oder diese Krisen stattfinden. Das heißt, wenn Zurückweisung (oder übertriebene Konkurrenz mit dem Vater) schon der Beziehungskontext ist, dann kann jede Erfahrung einer abrupten Entwöhnung (oder der Schwäche des

Vaters) tatsächlich vom Kind gemäß den Perlsschen (bzw. den Freudschen) Vorstellungen interpretiert bzw. erfahren werden. Aber daraus folgt nicht notwendigerweise, dass das spezielle Problem in jedem Fall, wie möglicherweise universell es auch sein mag, unbedingt alle folgenden Entwicklungen beherrschen oder einfärben muss, wie Perls (und Freud) es sich vorstellte. Andere Beziehungskontexte verleihen diesen und ähnlichen Problemen und Krisen in jedem einzelnen Fall andere Bedeutungen und Gewichtungen. In der Erweiterung einer Lewinschen oder Goldsteinschen Analyse heißt das, dass die Bedeutung irgendeiner Figur, irgendeiner Geste, niemals allein in der Figur gefunden werden kann, sondern vielmehr *in ihrer Beziehung zum Umfeld*, das heißt im strukturierten Grund. Wir haben bereits gesehen, dass Goldstein die frühen Gestalt- und Assoziationsmodelle als »reizgebunden« oder in unseren Begriffen »figurgebunden« kritisierte, wobei entscheidende Aspekte der Organisation des Feldes ignoriert werden. Hier können wir sehen, wie die gleiche Kritik gegenüber Perls erhoben werden kann: Er sieht den Organismus trotz all seiner Gestaltansprüche als letztlich vom Umfeld getrennt; er sieht Gesundheit in einer rigiden und reaktiven Unabhängigkeit von anderen; und daher neigt er natürlich zu einer Analyse von Erfahrungen, die episodisch und seriell/impulsiv im Gegensatz zu integrativ und nachhaltig ist, also einer Analyse, die sich auf die Figur allein konzentriert statt auf die Figur im Grund. Weder die Goldsteinsche Überzeugung von einer *dynamischen Hierarchie der Figuren* noch die entsprechende Sichtweise Lewins von einem dynamisch strukturierten Grund fand ihren Weg in das Modell von Perls. Die unglücklichen Konsequenzen dieser übermäßig vereinfachten Sichtweise der Gestaltpsychologie (und des Lebens) auf die Entwicklung des Modells der Gestalttherapie werden in den folgenden Kapiteln ausgeführt.

Zur gleichen Zeit führt Perls, ohne sich dessen selbst voll bewusst zu sein, eine interessante und möglicherweise nützliche Veränderung im Umgang mit den »Widerständen« oder Abwehrmechanismen im Kontrast zum Freudschen Modell ein. Bei Freud (1894; 1920) ist Widerstand immer und vor allem eine Angelegenheit des *Widerstands gegenüber der Therapie* (und daher gegenüber Therapeuten, was auf das gleiche hinausläuft, da der Therapeut im Freudschen Modell immer recht hat; vgl. A. Freud, 1937). Wenn die »Abwehrmechanismen« wie bei Anna Freud herausgearbeitet werden, sind damit gleichzeitig Abwehrmechanismen gegenüber dem Instinkt, das heißt gegen den überwältigenden und unkontrollierbaren Druck des Es, welches den Inhalt der Interpretation des Therapeuten ausmacht, gemeint; daher werden Abwehr gegen den Instinkt und Widerstand gegen die Therapie gleichgesetzt. Im Gegensatz dazu wird Widerstand von Perls nicht notwendigerweise als Widerstand gegen den Therapeuten oder den therapeutischen Prozess und dessen Inhalt verstanden, sondern gegenüber *Kontakt*. In den folgenden Kapiteln werde ich nachweisen, dass diese Formulierung in sich unangemessen ist und im Widerspruch zur grundlegenden Struktur des Gestaltmodells in der Psychologie ebenso wie in der Psychotherapie steht. Trotzdem ist die Verschiebung von einer rein autoritären/negativen therapeutischen Haltung hin zu einer interaktiven Gestaltsicht der Persönlichkeit und der Psychotherapie bedeutsam und vielversprechend. Perls schien die Konsequenzen dessen, was er hier behauptete, selbst nicht zu realisieren; dies ergibt sich aus seiner Behauptung, dass es für ihn überflüssig sei, Verdrängung ausführlich zu diskutieren, da sie von der »klassischen Psychoanalyse« schon behandelt wurde (220 f.). Dies trifft zu, aber aus einer ganz anderen Perspektive und mit möglicherweise unterschiedlichen Konsequenzen.

Die übrigen »Widerstände«, Projektion und Retroflexion, werden in gleicher Weise entwicklungsmäßig von dem grundlegenden Introjektionsmuster abgeleitet (das seinerseits, wie schon gesagt, durch die Bestrafung des Kindes verursacht wurde, die diesem widerfuhr, als es versuchte, seine babyhafte Kontaktstrategie zu überwinden und sich zum angemessenen, reifen Kauen hin entwickelte). Mit dem Auftauchen der Autorität im Stadium der Bestrafung/Entwöhnung erfolgt die Spaltung zwischen dem Selbst und der Welt, die andernfalls auf eindeutig aggressive, kontaktvolle Weise mit der Kau-Funktion verbunden wäre, die jetzt auf so traurige Weise behindert wird (146 ff.). Dies wiederum öffnet die Tür für *Projektion*, die Zuschreibung organismischer Funktionen wie Autorität, Aggression, Moralität usw. zur Welt »da draußen«, wenn diese eigentlich innerhalb des unabhängigen Organismus lokalisiert werden sollten; und ebenso für *Retroflexion*: ein interessanter Begriff, den Perls offensichtlich selbst prägte und der die Wendung der Aggression (oder möglicherweise der Libido), die eigentlich nach draußen gerichtet sein sollte (221), gegen sich selbst meint. Ein letzter »Widerstand gegen Kontakt«, *Konfluenz*, wird hier erwähnt, aber noch nicht zur Klasse der »Hauptwiderstände« gezählt (wie es dann später in der Zusammenarbeit mit Goodman 1951 geschehen wird). Konfluenz ist das Misslingen einer Differenzierung zwischen dem Selbst und der Umwelt, eine Unterdrückung des Selbst, um wiederum den aggressiven Kau-Kontakt zu vermeiden. Wie die anderen ist auch diese Konfluenz wieder im wesentlichen eine Konsequenz der Introjektion, jener ursprünglichen Kontaktstörung, aus der alle anderen Verzerrungen und Unterbrechungen hervorgehen.

Die Behandlung für all diese Neurosen/Störungen/Widerstände gegen Kontakt ist einfach und geradlinig: Der Patient muss die Fähigkeit zum *Kauen* ganz im wörtlichen Sinne wiedergewinnen, um so den Kontakt zur Umwelt auf aggressive und unabhängige Weise durch die Ausübung der verkümmerten dentalen Aggressionsfunktion herzustellen. Nicht die Interpretation allein, sondern die *Kau-Übungen* sind angezeigt und werden verschrieben. (In wahrhaft Freudscher Manier wird der Leser davor gewarnt, dass das Ausmaß seines Wunsches, dieser Verschreibung zu widerstehen oder sie zu verunglimpfen, eine exakte Entsprechung seiner eigenen Neurose darstellt! [192]). Perls folgt hier wieder Reich in seiner Betonung darauf, dass die Basis der Neurose *im Körper* liegt und sich von daher als Konsequenz die Notwendigkeit irgendeiner Art direkter körperlicher Übung oder Manipulation als Bestandteil der Heilung ergibt. Wie bei Reich schreibt dies eine bestimmte Verschiebung von der Vergangenheit zur Gegenwart im therapeutischen Austausch vor: Welche historischen und entwicklungsmäßigen Wurzeln auch immer das Problem haben mag, die Kau-Störung und die »Kau-Heilung« müssen in der Gegenwart liegen. Und schließlich hebt Perls wie Reich die Konzentration der Aufmerksamkeit auf die Muskelspannungen oder Blockierungen oder Hemmungen zusammen mit den Interpretationen als therapeutische Aktivität hervor. Diese konzentrierte Aufmerksamkeit nannte Perls damals »Konzentrationstherapie« und übernahm diesen Begriff direkt und anerkanntermaßen von Reich (Perls 1947, Teil III, bes. Kap. I-III). Dies also ist die »Revision von Freuds ... Methode«, die Perls zu Beginn des Buches versprach. Statt der »freien Assoziation«, die Perls als willkürliche Schrotschuss-Methode oder als »Höhenflug von Ideen« charakterisiert (189), pflegte er den Patienten aufzufordern, einen meditationsähnlichen Zustand konzentrierter Aufmerksamkeit einzunehmen, eine erhöhte *Bewusstheit* gegenüber der abwesenden oder behinderten oder vielleicht übertriebenen entsprechenden Funktion, womit er gewöhnlich Aggression meint. Wiederum kann dies in einem Missverständnis des Begriffs der »freien Assoziation« begründet liegen, und sicherlich ist die Konzentration der Aufmerksamkeit für das Analysematerial auch ein natürlicher Effekt traditioneller Psychoanalyse. Der Unterschied zu dieser besteht darin, dass Perls neben der Interpretation relativ mehr Gewicht auf die Konzentration der Bewusstheit selbst als heilende Intervention legt, als Freud dies tun würde.

Aber dies erinnert sehr an das auf Bewusstheit begründete Veränderungsmodell der Gestaltpsychologie, das, wie ich behauptete, von Lewins Arbeit
über das Kartieren und die Auflösung des Feldes abgeleitet werden könnte
und das im ersten Kapitel ausführlich erörtert wurde. Missverständnis der
Psychoanalyse oder nicht, diese außerordentlich fruchtbare methodologi-
sche Verschiebung ist tatsächlich eine Erweiterung von Reichs Ansatz und
nicht nur dessen Anwendung, wie Perls zu dieser Zeit glaubte (vgl. Reich
1949). Perls gibt natürlich keinen Hinweis darauf, dass ihm bewusst war,
dass dies auch eine direkte Ableitung des späteren Gestaltmodells ist. Hier
wie anderswo stellt er einfach nicht die Verbindung her für all das, was er
sich mit dem Gestaltbegriff angeeignet hatte. Trotzdem hat er offensichtlich
in seiner intuitiven, unsystematischen Weise eine Menge mehr von seiner
eigenen Arbeit und der von Laura Perls mit Goldstein profitiert sowie vom
generellen Einfluss, den die Gestalt-Ideen, die in der Luft lagen, auf ihn
ausübten, als er selbst sehen oder beschreiben kann. Trotz seines Versäum-
nisses, die am Beginn des Buches angekündigten Intentionen einzulösen,
ist hier ein wirklicher Schritt zu einem vollständiges »Gestalt«-Modell der
Psychotherapie getan worden, das heißt zu einer Therapie, die auf der Analyse der Struktur des Kontakts beruht, des Kontakts zwischen dem Selbst
und der Umwelt und darüber hinaus auch innerhalb des Selbst zwischen
verschiedenen Subsystemen der Gedanken, Gefühle oder Handlungen.
Dieses Keim-Modell und seine Anwendung wurden dann in den folgenden
Jahren von einer kleinen Studiengruppe um Fritz und Laura Perls in New
York gegen Ende der vierziger Jahre (Shapiro 1985) weiterentwickelt und
dann von Paul Goodman im Jahr 1951 im zweiten Band des Gemeinschafts-
werks *Gestalt Therapy: Excitement and Growth in the Human Personality*
(deutsch: Gestalt-Therapie; Lebensfreude und Persönlichkeitsentfaltung)
veröffentlicht. Es ist ein Werk, das diese »Anfänge der Gestalttherapie«,
die Perls in seinem früheren Buch vornahm, erweiterte und das gleichzeitig
durch einige der Begrenztheiten und Fehlkonzeptionen von Perls' eigenen
übermäßigen Vereinfachungen des psychologischen Gestaltmodells eingeschränkt blieb. Diesen Erweiterungen und diesen Problemen wenden wir
uns im nächsten Kapitel zu.

3. Kapitel

Gestalttherapie:
Das Modell von Goodman und Perls

Erfahrung ereignet sich an der Grenze von Organismus und Umwelt, vor allem an der Hautoberfläche und in den anderen Organen der Sinneswahrnehmung und der motorischen Reaktion. Erfahrung ist die Funktion dieser Grenze, und im psychologischen Sinn sind es die »ganzen« Konfigurationen dieser Funktionsweise, die real sind, für die irgendeine Bedeutung erkannt wird und irgendeine Handlung erfolgt. Die Ganzheiten der Erfahrung schließen nicht »alles und jedes« ein, sondern es sind bestimmte einheitliche Strukturen; und im psychologischen Sinne ist alles andere einschließlich der Vorstellungen von einem Organismus oder von einer Umwelt eine Abstraktion oder eine mögliche Konstruktion oder eine Möglichkeit, die sich in dieser Erfahrung als Hinweis auf irgendeine andere Erfahrung ereignet. Wir sprechen davon, dass der Organismus Kontakt mit der Umwelt aufnimmt, aber es ist der Kontakt selbst, der die einfachste und erste Realität bildet ...

Das menschliche Organismus-Umwelt-Feld ist natürlich nicht nur physischer sondern auch sozialer Natur. Daher müssen wir in jeder humanwissenschaftlichen Disziplin wie der menschlichen Physiologie, Psychologie oder Psychotherapie von einem Feld sprechen, in dem zumindest soziokulturelle, sinnliche und physische Faktoren interagieren. Unser Ansatz in diesem Buch ist in dem Sinn »ganzheitlich«, als wir versuchen, jedes Problem im Detail als Ereignis in einem sozial-sinnlich-physischen Feld zu betrachten ...

In der Rückschau müssen die beiden vorigen Abschnitte selbstverständlich und keinesfalls außergewöhnlich erscheinen. Sie enthalten die Feststellung, (1) dass Erfahrung letztlich Kontakt bzw. die Funktionsweise der Grenze zwischen Organismus und Umwelt ist, und (2) dass jede menschliche Funktion eine Wechselbeziehung in einem soziokulturellen, sinnlichen, physischen Organismus-Umwelt-Feld ist ...

... Psychologie untersucht die Wirkungsweise der Kontaktgrenze im Organismus-Umwelt-Feld. Dies ist ein eigentümlicher Untersuchungsgegenstand, und es ist leicht einzusehen, warum die Psychologen immer Schwierigkeiten hatten, ihren Gegenstand abzugrenzen ... Das heißt, die Kontaktgrenze – beispielsweise die empfindsame Haut – ist nicht so sehr ein Teil des »Organismus«, sondern sie ist im wesentlichen das Organ einer besonderen Beziehung von Organismus und Umwelt. Diese besondere Beziehung ist vor allem, wie wir bald zeigen werden, Wachstum ... (Perls u.a. 1951, 269 f., aus dem Original neu übersetzt).

Paul Goodman zu lesen, selbst nur ein kurzes Stück, heißt, eine andere intellektuelle Welt zu betreten – eine Welt, die gleichzeitig dicht, mitreißend und schnelllebig ist, während sie an einem vorbeirauscht, und die sich ständig über die normale Eindringlichkeit und Bedeutsamkeit theoretischer Diskurse hinaus im Lewinschen Sinn aufgeladen erweist. Wie auch Erikson, wenngleich in anderer Weise, ist Goodman durch eine gewisse Verführungskraft des Stils, eine Nahtlosigkeit des Ganzen gekennzeichnet, die sich gegen eine Analyse der einzelnen Teile regelrecht sträubt. *Ereignet sich* Erfahrung wirklich »an« der Oberfläche der Haut und »in den anderen Organen der Sinneswahrnehmung und der motorischen Reaktion?« In welcher Hinsicht? Oder ist sie nicht irgend etwas, was ich selbst an einem Ort zusammensetze, der schwer zu spezifizieren ist, der aber weit von meiner »empfindsamen Haut« entfernt liegt? Sind die »bedeutungsvollen Ganzheiten« meiner Realität wirklich in dieser Hinsicht auf physischen Kontakt reduzierbar? Ist dies als Metapher oder als wörtliche Beschreibung gemeint? Fast schon, bevor wir diese Fragen stellen können, wird uns versichert, dass all diese Punkte ganz »selbstverständlich« sind, und dass bis dahin überhaupt nichts Widersprüchliches gesagt wurde. Bedeutet dies, dass wir, die Leser, nicht ganz in der Lage sind, das Selbstverständliche ohne beträchtliche Anstrengung zu begreifen? Wenn das der Fall ist, welche Hoffnung haben wir dann, den Rest des Buches verdauen zu können, wenn subtilere oder kontroverse Fragen aufgeworfen werden?

Sowohl Laura Perls als auch Isadore From (beide Mitglieder der ursprünglichen Forschungsgruppe, aus der Goodmans Manuskript hervorging, und die ältesten noch lebenden[1] Größen der Gestalttherapie) haben behauptet, dass diese Dichte des Stils, diese insistierende Konsequenz, die so charakteristisch für das ganze Werk Goodmans ist (und worin er sich so krass von Perls unterscheidet), es unmöglich mache, das Gestaltmodell zu »introjizieren«, und das hieße nach der Perlsschen Metapher, es unkritisch und »als Ganzes zu schlucken« (Wysong & Rosenfeld 1982). Den Dokumenten zufolge scheint das genaue Gegenteil wahrscheinlicher zu sein. Das vollständige Fehlen einer systematischen, kritischen Auswertung des Werks von Goodman in der umfangreichen Gestaltliteratur der vergangenen 40 und mehr Jahre scheint darauf hinzuweisen, dass es zumindest sehr schwierig für Gestaltschüler war, etwas anderes zu tun, als das Modell von Goodman und Perls in unkritischer Weise und als unverdautes Ganzes zu schlucken oder es, was zweifellos häufiger der Fall ist, vollständig zu ignorieren (entweder durch Einkapselung oder indem man es als etwas »Ungenießbares ausspuckt«, um in der Perlsschen Metaphorik zu bleiben). Wenn Erfahrung »letztlich« eine Angelegenheit sinnlicher und motorischer Bereiche ist, also der Interaktion zwischen »Organismus und Umwelt«, was machen wir dann mit »inneren« Erfahrungen, und wie unterscheidet sich dies schließlich von einem grundlegend assoziationistischen, »reizgebundenen« Modell? Wenn Psychologie das Studium dieser Interaktion »an der Grenze« ist, wie nennen wir dann den Prozess und das Studium der *Organisation* dieser Interaktionen – welche zumindest eine andere Kategorie von Aktivität zu sein scheint und eine, die irgendwo anders stattfindet als auf der Oberfläche der Haut?

Wenn andererseits die bedeutungsvollen »Ganzheiten« »wirklich« sind, dann fragt sich doch, ob nicht konsequenterweise die subjektive *Organisation* der Interaktion des Kontakts im alltäglichen Sinn des Wortes von entscheidender Bedeutung ist; und widerspricht dies, wenigstens in der Akzentsetzung, nicht den unmittelbar vorhergehenden Sätzen? Mit anderen Worten: Gibt es nicht doch eine unaufgelöste Spannung zwischen den »frühen« und »späten« Gestaltmodellen (d.h. denen von Goldstein und Lewin), die von Anfang an Goodmans Ansicht innewohnt, die jedoch weder von ihm noch von nachfolgenden Autoren untersucht wurde? Auch hier wieder scheint die Bestimmtheit des Tons, die Undurchdringlichkeit des Stils in Goodmans Ausführungen einer leichten Analyse von Fragen dieser Art entgegenzuarbeiten. Trotzdem ist diese Art von Analyse, diese »Destrukturierung« – um den Gestaltbegriff zu verwenden – unsere gegenwärtige Aufgabe.

Nach Goodman ist Kontakt »die Bewusstheit des assimilierbaren Neuen und die Bewegung darauf zu; und die Zurückweisung des nicht assimilierbaren Neuen« (270). Wir können quasi das Perlssche Aroma in dieser Formulierung schmecken, aber Perls' Ansicht von Kontakt wird entschieden über das bloße Kauen hinaus ausgeweitet. Indem Goodman der »Bewegung« »Bewusstheit« hinzufügt, verlagert er die Richtung der Definition eindeutig zur »Gestalt« und weniger zu Reich hin. Mit anderen Worten, Kontakt, wie er hier definiert wird, beinhaltet eine Art *Urteil*, einen internen Prozess des Problemlösens – wie auch die Lewinsche Gestaltdefinition der Bewusstheit als solche. Daher ist Kontakt (wie auch Gestalt-Bewusstheit) per Definition »kreativ und dynamisch ... er muss sich dem Neuen aussetzen, denn nur das Neue ist nahrhaft« (271). Auf diese Weise erweitert er die Analogie zwischen Kontakt und Problemlösung, da »jeder Kontakt die kreative Anpassung von Organismus und Umwelt ist«, das heißt Wachstum oder Veränderung. »Bewusstes Reagieren« *ist* seinerseits Wachstum, welches wiederum die »Funktion der Kontaktgrenze«, das heißt der Drehpunkt von Nahrung und Veränderung ist (271).

Daher ist Psychologie in einem algebraischen Austausch der Begriffe die »Erforschung der kreativen Anpassung«. Klinische Psychologie ist folglich »die Erforschung der Unterbrechung ... der kreativen Anpassung« (271). Und auf diese Weise haben wir mehr als gut eine Seite gefüllt, um einige wenige hervorstechende Punkte zu erörtern, die in Goodmans Prosa auf beträchtlich weniger als einer Seite dargestellt sind. Gleichzeitig finden wir uns über eine Reihe erstaunlicher und scheinbar müheloser Sprünge Lichtjahre vom Freudschen Modell (oder übrigens auch vom Perlsschen) entfernt wieder. »Kreativität [Kontakt] und Anpassung sind polar« (271 f.): das heißt, Anpassung allein ist hier nicht das grundlegende Kriterium für Gesundheit wie im Freudschen Modell (zumindest nach Goodmans Ansicht). Im Gegenteil, dies (und nicht das Ersetzen oraler durch libidinöse »Instinkte«) ist die Grundlage von *Goodmans* Kritik an Freud: dass Freud in seiner konservativen Resignation die Anpassung des Individuums an die (ziemlich fehlerhafte) soziale Ordnung verlangt, an die Vernachlässigung der natürlicherweise radikalen und kreativen Aktivität des Organismus bei der Kontaktaufnahme mit der Umwelt und mit sich selbst sowie deren Assimilation und Veränderung (448 ff.). Mit anderen Worten, die grundlegende

Natur der Person liegt nicht in ihren irrationalen, sinnlichen Impulsen, deren hauptsächliches Problem im Leben darin besteht, dass sie kanalisiert werden müssen, um zu überleben. Stattdessen entdeckt man die menschliche Natur im *Prozess des Kontakts* mit der Umwelt (einschließlich der sozialen Umwelt). Dass der Kontaktprozess von Natur aus in einem Problem besteht, das in jedem Augenblick neu gelöst werden muss und daher mit Erregung (in der Bedeutung von Energie für das Neue), Wachstum und Veränderung einhergeht, haben wir bereits gesehen (Goodmans natürliche Metaphorik ist, wie auch die Freuds in Bezug auf Libido versus Peristaltik, unweigerlich erotisch, geradeso wie die von Perls instinktiv verdauungsmäßig ist; vgl. Kap. XII & XIII).

Offensichtlich (wie Goodman sagen würde) haben wir hier die Materialien für eine Neudefinition der Therapie und für Gesundheit und Dysfunktion in der Hand – und möglicherweise auch eine neue Methodologie der Therapie, und all das wird in irgendeiner Weise von der Ansicht abgeleitet, dass Kontakt »kreative Anpassung« sei. Die Idee der »kreativen Anpassung« oder der »bewussten Reaktion« scheint die ursprüngliche Gestaltidee der Bewusstheit als strukturiertem Prozess des Urteilens oder Problemlösens ebenso einzuschließen wie die Lewinsche Erweiterung einer Begegnung oder Annäherung im Feld, die in Beziehung zu den Bedürfnissen der Person (auszuwählen und das Neue zu berühren) steht, wie möglicherweise auch Goldsteins Ansicht von einer dynamischen Hierarchie der Gestalten (da Wachstum gleichzusetzen ist mit Selbstaktualisierung). – Und schließlich kommt noch die weitergehende Dimension des dynamischen *Austauschs* hinzu, die Idee davon, dass etwas vermittelt, geschaffen, einverleibt oder neu erzeugt wird, was vorher nicht da war. Dies alles ist in der Tat eine vielversprechende therapeutische Perspektive, die endlich den Blick für eine Psychotherapie eröffnet, welche über die wirklichen Prozesse und Probleme des Lebens spricht – über Entscheidungen, Wahlen, Verpflichtungen, Verluste, Prioritäten, Investitionen, Enttäuschungen, Werte, Ziele, leidenschaftliche oder kalkulierte Wünsche und wie wir mühsam danach streben, all diese auseinanderlaufenden Fäden zusammenzuspinnen und ihnen allen (und uns selbst) Genüge zu tun – ohne jedoch dabei all diese Lebensbedingungen auf irgendwelche anderen elementaren Partikel und Triebe zu reduzieren, die die *Ganzheit der Dinge* nicht erfassen können (in der Art und Weise wie Psychoanalyse oder Assoziationspsychologie komplexe Prozesse auf Teilkomponenten reduzieren, die nicht die ursprünglichen Erfahrungen wiedergeben, wenn man sie neu kombiniert).

Während wir also durchs Leben gehen und dem Neuen (wie Goodman sagt) in großen oder kleinen Transaktionen begegnen, nehmen wir die Umwelt auf, verändern sie, assimilieren sie und bewegen uns weiter und werden selbst durch die Begegnung auf eine Weise verändert, die vielleicht durch verschiedene frühe Erfahrungen des Entwöhnens oder der libidinösen Rivalitäten oder der Kaugewohnheiten oder der Verhaltensvorschriften beeinflusst sind, aber nicht vollständig kontrolliert werden. Der Prozess ist, genau wie Goodman hier behauptet, kreativer als das und gleichzeitig weniger vorhersagbar und viel eher von der Art einer sich selbst steuernden Rückkopplungsschleife, bei der der nächste Schritt niemals vollständig vorherbestimmt werden kann, bevor der vorige nicht stattgefunden hat und dessen Ergebnisse nicht klar sind. Unsere Konditionierungen, Neurosen, Werte (introjiziert oder nicht), Verpflichtungen und übergreifenden Ziele können in relativ stabiler Weise festgelegt sein und durchaus auch die nachfolgenden Erfahrungen bis zu einem gewissen Maß vorherbestimmen. Aber diese Erfahrungen werden sich dann wiederum auf all die vorherigen Determinanten in dynamischer und reziproker Weise auswirken, während der Prozess voranschreitet. Das bedeutet im Sinne Lewins, dass die neue dynamische *Organisation* all dieser Momente in jedem Augenblick der »Grund« des gegenwärtigen Verhaltens ist. In gleicher Weise können übergreifende Ziele untergeordnete instrumentelle Bedürfnisse hervorbringen; aber im Verlauf der Befriedigung dieser sekundären Ziele können die ursprünglichen, bestimmenden Vorgaben dann selbst verändert oder neu eingeschätzt oder vergessen werden. Wenn die Menschen, wie sie es fast ein Jahrhundert lang getan haben, die Psychotherapie dafür kritisieren, dass sie vom »wirklichen Leben« abgetrennt sei, dann haben sie im allgemeinen antireduktionistische und interaktionelle Aspekte dieser Art im Sinn. Dies könnte endlich, so kommt es einem allmählich zum Bewusstsein, ein therapeutischer Ansatz sein, der so erfahrungsorientiert, so phänomenologisch ist, dass er diese Aspekte der *Organisation* der Erfahrung, der Entscheidungen und der Beziehungen zwischen den verschiedenen wahrgenommenen Bedürfnissen direkt aufgreift, statt sie auf zerstückelte und vereinfachte Weise in Begriffen irgendwelcher Grundlagen oder Triebe oder Bausteine des Verhaltens zu erfassen. All dies scheint das schöne Goodmansche Oxymoron »kreative Anpassung« zu versprechen, wenn man es sowohl auf dem Hintergrund seiner Ansicht von einem Organismus in dynamischem Austausch mit der Umwelt als auch auf dem Hintergrund der gesamten Entwicklung des Gestalt-Feld-Modells der Persönlichkeit jener Zeit betrachtet.

Daher ist die Enttäuschung, die dann eintritt, umso größer. Kontakt ist, so wird uns jetzt gesagt (272), nicht die kreative Auflösung der Gesamtdynamik des interaktiven Flusses oder der Bedürfnisse im Organismus in Beziehung zu sich selbst und gleichzeitig zu den Möglichkeiten des Feldes, wie sie durch strukturierte Bewusstheit gegeben sind. Er ist vielmehr plötzlich etwas viel Einfacheres: die Bildung einer Figur des Interesses gegenüber einem Grund oder Kontext des Organismus-Umwelt-Feldes, bei der eine dynamische *Selektion* der strukturell miteinander verbundenen Bedürfnisse in Beziehung zu deren eigenen Dringlichkeiten und verfügbaren Ressourcen eine Rolle spielen *kann* oder auch nicht. Die Therapie besteht dann darin, »die innere Struktur der gegenwärtigen Erfahrung, welchen Grad an Kontakt man auch immer dazu haben mag, zu analysieren« – nicht in Beziehung zu ihren lebendigen Qualitäten der Entscheidung, der Hoffnung, des Verlusts, der Leistung, sondern im Hinblick auf ihre *Gestalt-Eigenschaften* der Einheitlichkeit/Uneinheitlichkeit, der Klarheit, des Zusammenhangs und der Kontinuität, der Abgrenzung und Begrenztheit usw. (272 f.). Mit anderen Worten, wir sind ganz plötzlich wieder im frühen Modell des Gestaltprozesses von Wertheimer, in dem die bedeutsamen Aspekte nicht in den dynamischen Beziehungen der Gestalten zueinander auf verschiedenen Ebenen und nach verschiedenen Dringlichkeiten liegen, sondern in den »dynamischen Beziehungen zwischen Figur und Grund« (273). Diese »Gestalt-Eigenschaften« – das heißt die Qualitäten einer »starken Figur«, wie sie oben aufgelistet wurden, liefern dann nicht weniger als ein »autonomes Kriterium für die Tiefe und Wirklichkeit der Erfahrung« (d.h. wie lebendig sie ist), ganz wie Wertheimer sich dies erhoffte (vgl. Kap. I), wenn auch zugegebenermaßen ohne dessen Ehrgeiz, die verschiedenen Kriterien einer »starken Gestalt« im Labor messen und quantifizieren zu können.

Wie im Perlsschen Modell (aber im Unterschied zum Freudschen), werden gesunde Funktionsweise und guter psychotherapeutischer Prozess dann fast das gleiche, denn »das Erreichen einer guten Gestalt ist selbst die Heilung« (273). Mit anderen Worten, ein Bezug auf weitergehende oder höhere Ebenen der Organisation der Gestalten ist nicht notwendig: Wenn eine »starke Gestalt« im Augenblick gegeben ist, wird sich der Rest irgendwie von selbst regeln. Dies ist so, weil die »Figur des Kontakts«, die starke Gestalt, »nicht ein Zeichen für, sondern *selbst* die kreative Integration der Erfahrung ist« (273, Hervorhebung G.W.). Durch den Vorgang angeleiteter Bewusstheit, die Konzentration der Aufmerksamkeit auf die Schwäche oder Uneinheitlichkeit verschiedener Bereiche der Gestalt, die im Augenblick gebildet wird, »ist es möglich, die dynamische Beziehung zwischen Figur und Grund neu herzustellen, bis der Kontakt intensiviert worden ist« (das heißt, bis die Gestalt stärker wird; 273). Zweifellos ist dies nach den Vorgaben des Modells der Veränderung durch Bewusstheit, wie es am Ende des ersten Kapitels dargestellt und noch einmal im Hinblick auf das frühe Werk Perls' erörtert wurde, möglich. Und sicherlich ist, wie Goodman hier sagt, »Bewusstheit nicht (nur) ein Gedanke über das Problem, sondern selbst eine kreative Integration des Problems«. Die einzige Schwierigkeit bei dieser Formulierung besteht darin, dass das Problem selbst so eng definiert wurde. Um es noch einmal zu sagen: Nicht die komplexe, reichhaltige phänomenologische Kartierung der dynamischen Strukturen des Grundes durch Lewin ist hier gemeint, auch nicht das Goldsteinsche Problem der dynamischen Wechselbeziehung der Gestalten verschiedener Ordnung und vielleicht konkurrierender Dringlichkeiten, sondern das unendlich viel einfachere Problem einer einzigen Gestaltbildung vor einem »leeren Grund« (299). Mit anderen Worten: nicht das lebensnahe Problem relativer, dynamischer Motivationen in Beziehung zur Struktur des Feldes, sondern das alte, vereinfachte »Labor«-Problem der Auflösung einer *einzigen* Figur durch eine unbewegliche Person in einer künstlich begrenzten Umgebung (dort das Labor-Experiment, hier Psychotherapie).

Nun könnte man natürlich das anspruchsvollere Problem der Dynamik der Gestalten in Beziehung zur Dynamik des Grundes sozusagen in assoziationistischer Weise aus den Bestandteilen dieser einzelnen unbeweglichen Gestalt-»Wahrnehmungseinheiten« aufbauen. Aber sowohl Lewin als auch Goldstein haben, wie wir sahen, in überzeugender Weise dargestellt, dass dies nicht der Fall ist. Besonders Goldstein behauptete, die Prinzipien von Gestalt würden selbst festlegen, dass die Ganzheit der Organisation, die Dynamik der Gestalt nicht von den einzelnen Gestalten oder Teilen generiert oder abgeleitet werden kann. Als Beweis führte er die Fälle einiger seiner hirngeschädigten Veteranen an, die im gegenwärtigen Augenblick zu einer »starken Gestalt« fähig waren, aber nicht zur höherrangigen Organisation, über die wir hier sprechen (1939; für eine zeitgemäße Behandlung dieser Argumentationslinie siehe Rosenblatt 1988). Organisation ist, wie die Theorie der Gestalttherapie in ihrem Kern uns lehrt, immer das Neue, immer die »kreative Anpassung«, die nicht vollständig aus den gegebenen Elementen determiniert oder vorgesagt werden kann, sondern die aus der dynamischen Zugehensweise der Person selbst hervorgeht. Hier scheut Goodman in genau der gleichen Weise, wie Perls es zuvor getan hatte (und zweifellos auf Grund der direkten Übernahme dieses Teils des Perlsschen Modells), vor dem entscheidenden nächsten Schritt zurück – dem Schritt der Gestaltbildung selbst, die das Modell zum Leben erweckt und es über das Niveau einer Organisation des Trivialen, des Impuls-Besessenen, des isolierten Augenblicks erhebt. Einer Gestaltbildung im weiteren und tieferen Sinn der Organisation der Gestalten oder Wahrnehmungen, sowohl innerhalb der Dynamik des Augenblicks auf verschiedenen Ebenen als auch in den langfristigen Strukturen.

Im Gestalttherapie-Modell von 1951 haben wir also von Anfang an einen sehr mächtigen neuen Ansatz für das Verständnis und die Veränderung menschlichen Verhaltens, der die sozialen und transaktionalen Dimensionen des Lebens, welche von Freud so vernachlässigt wurden, wieder einzuführen verspricht und welcher gleichzeitig durch einen Reduktionismus auf allzu einfache Elemente eingeschränkt und verarmt ist, ganz ähnlich dem Freudschen und dem behavioristischen Ansatz, die das neue Modell doch verbessern und ersetzen wollte.

Diese Begrenzung des neuen Ansatzes folgt aus Goodmans ursprünglicher Formulierung der Bedingungen, die den Kern von Gesundheit, Dysfunktion und therapeutischer Intervention in die dynamische Spannung zwischen *Figur* und *Grund* verlagert, statt zwischen *Gestalt* und *Gestalt* oder zwischen eine Konfiguration und eine andere. Aber wie Goldstein hervorhob (Gelb & Goldstein 1918), ist das Wesen des Verhaltens, der eine »Instinkt« des Organismus, die Organisation selbst. So wie die »Elemente« der Wahrnehmung von der Person in interaktiver Weise organisiert werden (und nicht grundsätzlich in der Natur »gegeben« sind, wie Wertheimer es wollte), so sind diese Konfigurationen der Figur- und Grundauflösung in dynamischer Weise *aufeinander* bezogen und enthalten eine Spannung oder »Aufforderungsqualität«, die unbefriedigt bleibt, solange nicht eine übergreifende hierarchische oder anderweitig organisierte Konfiguration der *Gestalten* erreicht wird (vgl. Lewin 1926). In dieser Hinsicht sind Lewins und Goldsteins Perspektiven gleich: Der Organismus wird nicht »befriedigt«, die Spannung nicht gelöst, solange nicht das *ganze* Feld (einschließlich der subjektiven Zeitdimension) organisiert wird und die verschiedenen Dringlichkeiten in bedeutungsvoller Weise *aufeinander* und auf das Feld bezogen werden. (Natürlich kann dieser Zustand des Unbefriedigtseins oder der chronischen Spannung auf unbestimmte Zeit auf Kosten der »Lebensenergie« anhalten [Lewin 1935]; das ist es schließlich, was wir unter Neurose, sei es in diesem Modell oder einem anderen, verstehen.) Selbstverständlich können Menschen, gemäß der Argumentation Goodmans, Störungen in der Figurbildung zeigen: Das wäre wohl der chronische Zustand des Freudschen Hysterikers, der nicht in der Lage ist, einen sexuellen Impuls entstehen zu lassen, zu fühlen und sich anzueignen – oder eines jeden anderen »Neurotikers«, bei dem die Natur des Problems speziell in der Verdrängung oder Blockierung des Selbstausdrucks, besonders der *(teilweise)* körperlichen Impulse, der Sexualität und Aggression liegt (»Mir ist noch kein Fall eines Nervenzusammenbruchs begegnet, der nicht auf übermäßige Kontrolle zurückzuführen ist« – Perls 1947, 224). Aber ist dies der Hauptgrund, weshalb Menschen in die Psychotherapie kommen? Vielleicht war dies im Jahr 1900 oder sogar noch 1951 der Fall. Aber heutzutage besteht die üblichere Klientel aus Menschen, die an Vereinsamung, Orientierungslosigkeit, Sinnlosigkeit, der Beziehungslosigkeit zu Menschen und bezüglich der Dimensionen des Lebens leiden, und bei denen diese Störungen nicht einfach dadurch beseitigt werden können, dass die blockierten Impulse erkannt und ausgedrückt werden. Sicherlich ist die Fähigkeit, leidenschaftliche *Kontaktfiguren* (um Goodmans elegante Formulierung zu wählen) zu bilden – seien es sexuelle, aggressive, altruistische, ästhetische, produktive, spielerische oder andere – wesentlich für eine vollständige Funktionsweise. Aber das Erreichen eines mächtigen, energievollen *Aktivitätsdrangs*, wie wichtig er auch sein mag, bringt für sich genommen kein volles, »selbstverwirklichtes« Leben hervor, wie wir an vielen Beispielen um uns herum sehen können. Indem sich Goodman auf den isolierten Drang konzentriert und dabei die Konfiguration des *strukturierten Grundes* ignoriert, versäumt er es, das volle anti-reduktionistische, anti-isolationistische Potential des Gestaltmodells zu verwirklichen.

Welches könnten die Gründe für dieses Versäumnis sein? Wie kommt es, dass Paul Goodman, der durch und durch ein sozialer Reformer war, ein Modell in die Welt setzte, das der organisierten Verbindung zwischen »Organismus und Umwelt«, also dem Gewebe sozialer Beziehungen, nicht Rechnung trug zugunsten eines isolierteren inneren und episodischeren Prozesses der aufeinanderfolgenden Figurbildung? Zunächst einmal ist es eine Tatsache, dass Goodman sein Modell zumindest teilweise auf Perls' Verständnis der Gestaltpsychologie gründete. Perls kannte, wie wir gesehen haben, die späteren Erweiterungen des Gestaltmodells in der höchst phänomenologischen Zugehensweise Lewins und Goldsteins wahrscheinlich nicht (siehe beispielsweise Perls' charmante und entwaffnende Autobiographie, in der er gesteht, dass er Goldsteins Verwendung des Begriffs »Selbstaktualisierung« während mehr als dreißig Jahren nicht – oder meiner heutigen Einschätzung nach niemals – begriffen hat; 1969b, o.S.). Perls' eigener Hintergrund war zunächst einmal die Medizin, dann die Psychoanalyse mit besonderer Betonung der Körpertheorien Reichs. Seine Faszination am Gestaltmodell rührte wahrscheinlich daher, dass er sich eine Bestärkung seiner eigenen Ansichten über die zentrale Bedeutung von Nahrung und Autonomie erhoffte, da sie ein »transaktionales« Bild des Organismus boten. Außerdem schien diese Reduktion der gesamten sozialen und personalen Welt und ihrer Wechselbeziehungen auf das einzige neutrale Etikett »Umwelt« in Begriffen der »Reaktionsbildung« (s.o. Kap. II) die Wirkung zu haben, dass die Bedeutung dieser Welt in emotionaler und beziehungsmäßiger Hinsicht verringert und dadurch handhabbarer wurde (siehe wiederum Perls 1969b hinsichtlich dieser Problematik in seinem eigenen Leben). Man sollte an dieser Stelle darauf hinweisen, dass Goodman, vielleicht weil ihm bei dieser Wirkung unbehaglich war, immer wieder hervorhebt, dass »Umwelt« andere Menschen einschließt. Um den Kontrast noch deutlicher zu machen: Die Modelle Lewins und Goldsteins gehen genau in die andere Richtung, indem sie die soziale Dynamik wiederherstellen, welche sozusagen im früheren Gestaltmodell von Wertheimer »herausreduziert« wurde. Perls nahm von der Gestalt, was er brauchte – oder was er verstand, was auf das gleiche hinauslaufen mag –, und verwendete es damals und später zum Zweck der Untermauerung seiner ursprünglichen Themen der *oralen Aggression*, der Spaltungen oder Polaritäten, der »unerledigten Geschäfte« (das heißt der blockierten Aggression) und der absoluten Autonomie des Individuums – auch wenn das Gestaltmodell selbst eine andere Ansicht nahelegte.

Paul Goodman seinerseits kam von einem ganz anderen Blickwinkel zur Gestalt. Goodman war vor allem ein sozialer Philosoph und Kritiker (und auch Dichter und Romanschriftsteller), der in der Klassik verwurzelt war und sich mit jeder Faser seines Lebens einer grundlegenden Sozialreform verpflichtet fühlte (Davidove 1985). Sein besonderes politisches und philosophisches Interesse galt dem Anarchismus als Grundlage für die Gemeinschaft (Goodman 1947; 1966). Nicht Anarchismus als Anarchie oder willkürliche Gesetzlosigkeit, wie es verbreitete Auffassung ist, sondern als soziale und politische Doktrin, die von Proudhon, Bakunin und Kropotkin abgeleitet war und die davon ausging, dass spontane, sich selbst regulierende Netzwerke und Institutionen von Individuen, die zusammenkommen und ihre eigenen Lebensstrukturen auf der Grundlage wahrgenommener und miteinander geteilter Bedürfnisse entwickeln, mehr zum individuellen und sozialen Wohlergehen beitragen als die von der Regierung vorgeschriebenen Institutionen. Anarchismus strebt daher nicht die Abschaffung der Regierung an, sondern eine andere und reduzierte Rolle der Regierung, wobei die zentrale Autorität und die Ressourcen vor allem genutzt werden, um fließende, spontane Gemeinschaftsstrukturen und Programme zu unterstützen, die von unten nach oben und nicht von oben nach unten hervorgebracht werden (Illich 1969). Dies waren die Themen, über die Goodman sein ganzes Leben lang und in all seinen Werken schrieb, also in einer Reihe von Romanen, Kurzgeschichten, Theaterstücken, Gedichten, Essays und Büchern der Sozialkritik – und in *Gestalt Therapy: Excitement and Growth in the Human Personality*, Band II (den Goodman im wesentlichen allein auf der Grundlage eines kürzeren Manuskripts von Perls schrieb; siehe From 1978). Der Essay im Buchumfang, *Growing Up Absurd*, und der halb-autobiographische Roman *Making Do* im besonderen waren außerordentlich beliebt und in der sozial aktiven Generation der Bürgerrechtsbewegung, der Kriegsgegner, der Kommune und anderen Bewegungen der Sechziger- und Siebziger-Jahre sehr einflussreich (vgl. Goodman 1947; 1959; 1960; 1962; 1966). Ein großer Teil dieser Generation, die Goodman als einen sozialen Befreiungsphilosophen verstand, kam vermutlich nie auf den Gedanken, dass er sich jemals mit den bourgeoisen Fragen der Psychologie und Psychotherapie beschäftigt hatte.

Zwischen Goodmans anarchistischen sozialen Überzeugungen und seiner Darstellung des Gestalttherapie-Modells sind auffallende und wichtige Analogien erkennbar. In beiden Fällen herrscht ein tiefer Glaube an die kreative Kraft des von Konventionen uneingeschränkten Individuums vor. Man entferne einfach die überflüssigen sozialen oder neurotischen Einengungen, und der spontane und sich selbst organisierende Prozess der »kreativen Anpassung« wird das Übrige tun. Tatsächlich können sich die sozialen und neurotischen Fesseln in vielen Fällen als ein und dieselben erweisen:»Wenn sich die Institutionen und Sitten änderten, würde so manches widerspenstige Symptom sehr plötzlich verschwinden« (276). Dies ist eine Position, der Freud – besonders der frühe Freud – leicht hätte zustimmen können (Freud 1985).

Wenn die Argumentation hier also darauf hinausläuft, dass Goodman den entscheidenden Aspekt der Organisation oberhalb der »figurgebundenen« Ebene vernachlässigt habe, ist damit keinesfalls gemeint, dass er sich nicht sehr tiefgründig gerade mit diesen Fragen auseinandergesetzt hätte. Perls konnte im Alter von fünfundsiebzig Jahren eine charmante und auf brillante Weise schlichte Autobiographie schreiben, ohne ein einziges Mal seine Kinder, seine philosophischen Werte oder irgendwelche sozialen oder politischen Verpflichtungen zu erwähnen – und auch kaum seine Frau Laura, seine Klienten oder irgendwelche persönlichen Freunde. Goodmans autobiographische Schriften sind genau das Gegenteil. Gemeinschaft, Mut, Verpflichtung, Gesinnung, Anmut, Loyalität, Leidenschaft, Familie, Liebe in all ihren Formen – dies sind die Themen und die Sprache seiner Zeitschriftenartikel, Geschichten, Gedichte, Romane – und auch seiner psychologischen Schriften (vgl. beispielsweise Perls u.a. 1951, 274). Es geht hier also nicht um Werte oder um Engagement (die beide in der hier entwickelten Terminologie Organisationsmerkmale des *Grundes* sind), sondern es geht um die im Vordergrund stehenden Fragen der Zeit – die zu einer anderen Organisation des theoretischen Feldes führen. Die Zeiten, gegen die Goodman (wie auch Perls) schrieb – also grob gesagt vom Auftreten Hitlers bis zum Verschwinden Joseph McCarthys –, waren in heutiger Terminologie übermäßig sozialisiert und kontrolliert. Und zwar nicht nur in sexueller und in materieller, sondern auch in politischer, sozialer und militärischer Hinsicht – die »Institutionen und Sitten«, auf die sich Goodman bezieht. Die 40 Jahre zwischen Goodmans Geburt 1911 und der Veröffentlichung von *Gestalt Therapy* im Jahr 1951 waren politisch gesehen eine endlose Folge von Kriegen, Bürgerkriegen, Kolonialkriegen, Depressionen und Unterdrückungen, Faschismus auf der rechten und auf der linken Seite, weiterer Krieg, Völkermord und schließlich der Orwellsche Zustand fortgesetzter Militarisierung des bürgerlichen Lebens unter nuklearer Bedrohung. Goodman hätte als intellektueller Künstler, Linker, Jude, erklärter Anarchist und sexueller Freizügler auf praktisch jeder Liste stehen können, die die Faschisten beider politischen Extreme jemals für die Unterdrückung oder Beseitigung unerwünschter sozialer Elemente hätten aufstellen können. In McCarthys Amerika war es kaum vorstellbar, dass innerhalb einer einzigen Generation eine Zeit kommen würde, in der soziale Unruhen und Desorganisation an der Tagesordnung wären, in der Jahrhunderte alte Barrieren der Rasse, des Geschlechts, der politischen Überzeugung und sogar der sexuellen Orientierung zerbröckeln würden – zumindest eine Zeitlang – und die Autorität der Regierung, der Kirche, der Familie, des Pentagon sogar von Freud überall belächelt und an den Pranger gestellt werden würde – und all dies mit dem alarmierenden Begleiteffekt des Verfalls leidenschaftlichen Engagements, der Selbstaufopferung, der gemeinschaftlichen und ästhetischen Standards und des tiefen Sich-Einlassens jeder Art, statt einer spontanen *Zunahme* dieser Tugenden, die Goodman von den sozialen Reformen erwartet hatte.

Im Jahr 1950, auf dem Höhepunkt des Kalten Krieges, muss die stetige Zunahme von Reglementierung und Militarismus auf Kosten alles Spielerischen, Leidenschaftlichen, Spontanen, Zarten, Erotischen, Authentischen, also auf Kosten des Lebendigen selbst, als weit größere Gefahr erschienen sein. Wenn die überkommene Autorität falsch und destruktiv ist, dann bedarf es dringend anderer Quellen, anderer Standards für eine Orientierung an dem, was wirklich und wertvoll ist. Daher die Bedeutung eines *autonomen Wertkriteriums* (272). Dieses hoffte Goodman, wie wir gesehen haben, in dem spontanen,»organismischen« Prozess der Gestaltbildung gefunden zu haben, und es hatte einen sicheren Ort innerhalb des Individuums, fern von den korrupten Einengungen sozialer Autorität (»Der Staat kann Dir wohl sagen, was Du sehen sollst, aber er kann es nicht wirklich für Dich sehen«). Und darauf baute er das Modell auf, selbst um den Preis einer gewissen Unstimmigkeit, einer gewissen Trivialisierung des Systems, welches dann ziemlich impulsabhängig, in seiner Zeitperspektive und sozialen Bezogenheit atomisiert erschienen sein mag oder das einfach nicht in der Lage war, die größeren Themen der Therapie und des Lebens zu erfassen.

Für Goodman waren die übergeordneten Fragen immer ganz deutlich präsent, ob das Modell nun geeignet war, sie zu berücksichtigen oder nicht. »Fürchten Sie nicht«, schrieben die Autoren, »dass man zum Kriminellen oder impulsiven Psychopathen wird, wenn man das Gewissen auflöst. Wenn Sie es zulassen, werden Sie überrascht sein, dass sich die *organismische Selbstregulierung* entwickelt ..., wie auch die Prinzipien dafür, wie *man* leben sollte, aus dem Innersten auftauchen und *offensichtlich angemessen* sein werden ...« (259). Heute könnte man sagen, dass Goodman (und auch Perls) die positive Seite der starken sozialen Bindungen für gegeben hielt, und dass es ohne sie schwer für uns ist, an eine gemeinsame Überzeugung über das »offensichtlich Angemessene« zu glauben. Wenn Goodman noch am Leben wäre, würde er heute zweifellos etwas sehr Ähnliches sagen. Zur damaligen Zeit muss die zunehmende Tyrannei der künstlichen sozialen Bindungen, die von oben ohne Rücksicht auf die kreative Autonomie des Individuums auferlegt wurden, als viel größere Gefahr erschienen sein.

Welche Waffen hat das Individuum im Kampf gegen diese Mächte? Subversion, Vorstellungskraft, Authentizität, Sexualität, Komödie – die üblichen Mittel des jahrhundertealten Geistes des Anarchismus im Kampf für die menschliche Freiheit (295). Am Ende von *Empire City*, Goodmans gewichtigem allegorischen Bildungsroman aus dem Jahre 1942, bereitet sich Horatio, der Held, für die Schlacht vor. Sauls Rüstung war, wie Goodman uns ins Gedächtnis ruft, zu schwer für den jungenhaften, subversiven David:

> Irgendwo dort ist der Feind. Welche Kraft und welche Waffen wird er haben, mit denen er ihm begegnen kann?
> Horatio zählt sie an seinen Fingern ab, die Waffen, die wir haben und die nichts bringen. Zunächst einmal gibt es da die einfache Steinschleuder, die den Trottel an der Schläfe trifft. Zweitens gibt es die mächtige Trompete, die die Mauer zum Einsturz bringt. Und drittens die Pfeile der Lust.
> Auch gibt es da die Kraft, die im Herzen der Sache steckt, die trotzig dafür sorgt, dass die Dinge tatsächlich existieren, statt nur Träume oder Wünsche zu sein. Denn was immer etwas auch sein mag, es ist sozusagen da: »Du kannst es drehen und wenden, aber es ist da.« Das ist eine starke Macht. Es ist gewöhnlich keine gewalttätige Macht, denn es verstärkt die kleinstmögliche Zunahme an Bewegung, deren blitzartige Zusammenballung einen Wandel mit sich brachte.

Heute leben wir in einem Zeitalter, das teilweise durch die subversive Unterhöhlung der entmenschlichenden »Institutionen und Sitten« vorhergehender Generationen durch Goodman und viele andere zustande kam. In diesem Prozess lief nicht alles ganz so, wie er es erwartet hatte. Trotzdem ist es ein Verlust für uns, dass Goodman nicht da ist, um sich über die falschen Götter unserer eigenen Zeit lustig zu machen.

Trotzdem bietet das Goodmans Modell, wie unvollständig es unserer Analyse nach auch sein mag, ein mächtiges Werkzeug für Diagnose und Intervention von einem ganz anderen Blickwinkel her als das vorherrschende Freudsche Modell jener Zeit. Wo sind die Unterschiede? In Goodmans eigenen Worten, »die Konzentration auf die Struktur der aktuellen Situation; ... das Experimentieren; das Fördern der kreativen Kraft des Patienten bei der Neuintegration der abgespaltenen Teile« (278). Auch hier liegt die Betonung wieder auf der »Entwicklung der aktuellen Erfahrung, die uns autonome Kriterien liefert ... nicht als ein Schlüssel für irgendein ›unbewusstes‹ Unbekanntes oder Symptom, sondern als wichtige Sache selbst« (279). Mit anderen Worten, die Ansicht von der

Bewusstheit als strukturiertem und kreativem Akt, der irgendein Problem in einer »Kontaktfigur« löst, ist die theoretische Fundierung; der Prozess der Bewusstheit, der Gestaltbildung, ist der Gegenstand; und das Erhöhen oder Lenken der Aufmerksamkeit oder der konzentrierten Bewusstheit ist die Methodologie (282). Immerhin bezieht sich Goodman hier, ohne die Verbindung deutlich auszusprechen, auf das Veränderungsmodell, das sich als Konsequenz aus Lewins Theorie des »Lebensraums«, wie im ersten Kapitel skizziert, ableitet. Neurose hat, wenn wir hier Perls folgen (und auch Freud, z.B. 1900), immer die Qualität einer Spaltung, des Verlusts von irgendeinem wichtigen Teil des Selbst, der verleugnet (vgl. auch Sullivan 1953), verdrängt (Freud 1938) oder projiziert wird (Perls 1947), so dass er für die Person bei den Herausforderungen des Lebens nicht mehr verfügbar ist (Perls u.a. 1951, 281 f.) – das heißt für die Bildung von »Kontaktfiguren« mit bedeutsamen Zielen und Ressourcen. Aber dann werden diese Spaltungen, diese Verzerrungen im Prozess der kreativen Bewusstheit, der kreativen Anpassung selbst offensichtlich, und das ist der Untersuchungsgegenstand in der Therapie. Wenn eine Person auf typische Weise eine vollständige »Kontaktfigur« verhindert oder unterbricht, sei es an einem bestimmten Punkt der Erregung oder im Zusammenhang bestimmter Themen (wie Sexualität, Aggression, Abhängigkeit usw.) oder beim Auftauchen bestimmter Gefühle, dann ist diese Unterbrechung der Bereich, dem man sich zuwendet und der das Gesprächsthema in der Therapie ist. Jeder Akt der »kreativen Bewusstheit« dient der Lösung eines Problems, einem neuen Ziel, das erreicht werden soll: Therapie wird auf diese Weise zum Experiment mit einer neuen Lösung oder zur Bewältigung jener dynamischen Spannungen. Dies geschieht spontan und ist unterschiedlich, weil der Akt der konzentrierten Bewusstheit (für ein verbotenes oder bedrohliches oder sonstwie blockiertes Thema oder Gefühl) die Elemente, die bewältigt werden sollen, sowie die Dynamik zwischen ihnen verändert hat (291 f.; dies ist ein Prozess, der von Lewin deutlicher erklärt wird als von Goodman und Perls). Therapie ist also einem anderen eleganten Oxymoron Goodmans zufolge ein »sicherer Notfall«, demnach ein Ort, an dem gefährliche Experimente in Sicherheit erfolgen können (320). (Und auf diese Weise unterstützt Goodman die Art des isolierten »Experiments« oder der Übung, die normalerweise mit dem Gestaltmodell assoziiert wird. Dieser Ansatz, der schließlich von Perls trivialisiert wurde [1973] und dann von Zinker auf ein hohes ästhetisches Niveau gehoben wurde [1977], wird im nächsten Kapitel ausführlicher erörtert werden.)

Um es nochmals zu sagen: Die grundlegende menschliche Bedingung besteht wie bei jedem anderen lebenden Organismus darin, eine nährende Beziehung mit der Umwelt herzustellen und aufrechtzuerhalten (*in* der Umwelt zu leben, würde Goodman vorzugsweise sagen). Dies ist das zentrale Problem, das in jedem Augenblick neu gelöst werden muss. Die Lösung dieses Problems in einem gegebenen Augenblick *ist* Kontakt (zwischen Organismus und Umwelt), *ist* Erfahrung, *ist* »strukturierte Bewusstheit« (da es eine andere nicht gibt), *ist* kreative Anpassung, *ist* Wachstum. Alle diese Begriffe sind im Grunde gleichwertig und sind damit ein Nachgeschmack des Perlsschen Modells und zeigen gleichzeitig, wie weit wir uns von jenen Anfängen wegbewegt haben. Die Organisation der Erfahrung »an der Kontaktgrenze« ist der Gegenstand der Psychologie (mit der Warnung an dieser Stelle, dass Goodman die Betrachtung dieses entscheidenden Aspekts bedauerlicherweise auf die Organisation bestimmter Figur-Grund-Auflösungen, wie oben erörtert, begrenzt). In gleicher Weise ist die Störung dieser fortdauernden, fließenden Sequenz der Figur-Grund-Auflösungen der Gegenstand der klinischen Psychologie und der Psychotherapie. Dieses Modell ist, abgesehen davon, dass es in eloquenter Weise präsentiert wird, elegant, knapp, sehr kohärent, ja sogar klar und anmutig – alles Qualitäten, die Goodman als Merkmale einer »starken Figur« oder »guten Gestalt« benennt (272). Als solche widersteht es der »Destrukturierung«, wie wir behauptet haben und wie auch Wertheimer für eine starke Gestalt annahm (1922).

Die Kritik an diesem Modell, die wir hier anbieten, ist folgende: Der Prozess der Figur-Grund-Auflösung allein kann all die Fracht nicht tragen, die Goodman ihm aufzuladen pflegt, aus den Gründen, die wir zuvor ausführten. Innere Prozesse wie auch solche an der Grenze, die Auflösung und Integration konkurrierender Figuren, konkurrierender Bedürfnisse und die Frage nach höheren und niederen Ordnungen der Organisation – sowie die befriedigende Plazierung von all dem in einem *strukturierten Grund* – sind auch wesentlich für die »bedeutungsvollen Ganzheiten des Lebens« und können von der speziellen Figur-Grund-Auflösung des Augenblicks weder abgeleitet noch gefolgert werden. Oder andersherum: Die Prozesse der Beziehung, der Bedeutung und der Organisation verschiedener Bedürfnisse und Gestalten, die Goodman mit der neuen Therapie anzugehen hofft (vgl. 294 f.), können nicht auf die elementaren »Bausteine« der Figur-Grund-Analyse allein reduziert werden. Wenn Goodman tatsächlich von »Kontakt« spricht, meint er ganz offensichtlich etwas, das zumindest manchmal auf einer viel höheren Ebene der Organisation liegt, als er normalerweise direkt anzusprechen bereit ist (z.B. 305). In seinem verständlichen Bemühen zu vermeiden, dass ein autoritäres System durch ein anderes ersetzt wird, beschränkte er sich in künstlicher Weise auf die Verwendung von Elementen, die man als »autonom« betrachten kann (obwohl auch dies zweifelhaft ist), die also keinem Beurteilungsmaßstab außerhalb des Individuums unterworfen sind. Ironischerweise wird »Figur-Grund« in Goodmans System dann das, was die »reife Genitalität« in Freuds oder Eriksons System war (Erikson 1951): jener einzelne Akt oder Prozess, aus dem alles übrige im Leben schlussfolgernd organisiert werden kann und auf den das Leben wieder in der Analyse reduziert werden kann. Unglücklicherweise (oder glücklicherweise) ist der theoretische Preis in all diesen Fällen ein vereinfachender Reduktionismus, der nicht gerechtfertigt werden kann, weder durch die Tatsachen des Lebens und der klinischen Arbeit, noch in diesem Fall durch die Konzepte des vollständigen gestaltpsychologischen Modells. Aber wo sind dann die Fragen der Neurose oder ihrer Behandlung oder des Widerstands (sei es der Widerstand gegen die Behandlung oder der Widerstand gegen »Kontakt«) in diesem Modell? Zunächst einmal, wenn Goodman von Neurose als »Kontaktunterbrechung« spricht, meint er ausdrücklich nicht alle Unterbrechungen, alle Störungen an der »Kontaktgrenze«. Jede Krise, jeder Notfall, kann eindeutig zu einer zeitweiligen Störung des »Gleichgewichts« an der Grenze oder zu einem »Auslöschen« der Bewusstheit führen, sei es vollständig oder teilweise (309). In solchen Augenblicken kann sich die Person zeitweise durchaus gelähmt fühlen, die Handlung auszuführen, die normalerweise aus dem Kontakt erfolgt oder diesen vervollständigt – oder sie kann gezwungen sein, auf der Basis von Vermutungen, »Halluzinationen«, teilweiser Blindheit oder irgendeiner anderen eingeschränkten Bewusstheit zu agieren oder zu reagieren. Das geschieht immerzu und macht dennoch keine Neurose aus. Neurose ist ein *chronischer* Zustand der Unterbrechung oder Hemmung in einigen Aspekten oder Themenbereichen des Kontakt- bzw. Bewusstheitsprozesses (und ist per Definition »außerhalb der Bewusstheit«, ein Ausdruck, den Goodman gegenüber »unbewusst« vorzieht, was nahezulegen scheint, dass die Bewusstheit »irgendwo anders« existiert, wie es im Freudschen System der Fall ist; 301). Der »Wiederholungszwang« oder in Freudscher Terminologie »die Wiederkehr des Verdrängten« ist nicht die traumatische Szene selbst oder gar die »sich behauptende« blockierte Libido, sondern vielmehr die natürliche Tendenz des kreativen Bewusstheitsprozesses zu einer Lösung, die nur deshalb nach den natürlichen Gesetzen der Gestaltbildung scheinbar

»zwanghaft« wiederholt wird, weil die Lösung selbst wiederholt blockiert wird. Das heißt, bei einer Neurose sind nicht alle Elemente, die zur Lösung des anstehenden Problems in einem potentiellen Kontakt erforderlich sind, verfügbar, weil die Bewusstheit blockiert ist (345). Das Goodmansche Modell, wie immer beeinträchtigt es auch durch die Reduktion auf den einfachsten Fall der Gestaltbildung sein mag, bietet also trotzdem eine mächtige und sehr andersartige Erklärung des offensichtlichen Phänomens der »Verdrängung« an, einem Herzstück des Freudschen Systems. Im Verlauf dieser Argumentation wird hier wieder einmal deutlich, dass das Gestaltmodell das psychoanalytische Modell erklärt, und zwar ohne Rückgriff auf all die verschiedenen anthropomorphen und politischen Konstrukte und die theoretische Geographie jenes komplexen Systems.

Der Therapeut handelt nach diesem neuen Modell unter anderem als *agent provocateur*. Das heißt, indem er mit dem Klienten daran arbeitet, die Bewusstheit auf das blockierte oder verzerrte Material oder die Prozesse zu konzentrieren, bringt er die habituelle Sicht des Klienten auf die Dinge sowie seine Art, Erfahrungen zu organisieren, aus dem Gleichgewicht oder *destrukturiert* sie. In diesem Prozess und als Konsequenz daraus taucht die neue »kreative Anpassung«, der Natur des Organismus gemäß, spontan auf: »... die Selbstbewusstheit ist eine integrative Kraft; ... von Anfang an ist der Patient ein aktiver Partner bei der Arbeit, ein Schüler der Psychotherapie« (293). Die Therapie ist nicht »vollendet«, wenn jeder »Komplex« »aufgelöst« ist, sondern wenn der Patient »einen Punkt in der Technik der Selbstbewusstheit erreicht hat, dass er ohne Hilfe weitermachen kann« (292).

Natürlich haben Therapeuten der meisten Schulen diesen Anforderungen, besonders der ersten, immer schon zugestimmt, außer vielleicht die sehr frühen Freudianer. Aber auch hier wieder ist es der besondere Beitrag des Gestaltmodells, bestimmte Prozesse zu erklären, die verschiedene andere Schulen, besonders die psychodynamischen, für selbstverständlich halten. Es ist außerdem wichtig anzumerken, dass wir es in unserer Erörterung des Goodmanschen Modells bisher nicht für nötig hielten, uns in irgendeiner Weise auf aktive Phantasie, Rollenspiel, »Körperarbeit« oder irgendeine der vielen »Techniken«, die normalerweise mit Gestalttherapie verknüpft werden, zu beziehen. Unter den theoretischen Ansprüchen liegt die Betonung hier auf dem *Prozess* der subjektiven Organisation (statt lediglich auf dem Inhalt, der organisiert wird) und auf dem *Experiment* (formal oder informell) mit einer anderen Organisation, einer anderen »Kontaktfigur«

(275). Im Verlauf dieser Akzentuierung können natürlich die Körpersprache, Sprachstile oder Manierismen und vor allem der zwischenmenschliche
Kommunikationsstil (mit dem Therapeuten) wie auch der Inhalt mit dem
Ziel untersucht werden, die Blockierungen, Verzerrungen oder Widersprüche (Spannungen) in der Bewusstheit aufzugreifen. Und in ähnlicher Weise
gibt es keinen theoretischen Grund, warum formale Übungen oder Experimente, Rollenspiele und Phantasien usw. in der Therapie nicht benutzt
werden könnten, um mit neuen kreativen Lösungen zu experimentieren, die
das zuvor ausgeschlossene Material oder die Gefühle einschließen. Aber
es gibt auch keinen besonderen Grund, warum irgendeine oder die ganze
Fülle dieser Methoden oder »Techniken« in der therapeutischen Arbeit
eingesetzt werden *sollten*, um diese als Gestalttherapie zu »qualifizieren«;
im Gegenteil, in den folgenden Kapiteln werden wir Gelegenheit haben,
auf viele Varianten der Gestaltarbeit hinzuweisen, die keinen Gebrauch all
dieser »Techniken« machen (außer der allgemeinen Aufmerksamkeit für
die Widersprüche in der Art, wie sich der Klient gibt, einschließlich des
physischen Ausdrucks, was aber für die meisten Therapien gültig ist); wir
werden uns auch auf einige Arbeiten beziehen, die sich sehr stark auf vom
Therapeuten strukturierte Übungen und Rollenspiele stützen, die aber dieser
Analyse zufolge überhaupt keine Gestaltarbeit sind.

Was aber ist dann die Rolle des Inhalts oder der »Geschichte« in diesem
Modell? Wie betrachtet das Goodmansche Gestaltmodell Übertragung,
die per Definition das »Ausleben« der Geschichte in der gegenwärtigen
Interaktion darstellt? Die Antwort wirft sowohl Licht auf das Gestaltmodell als auch wieder auf das psychodynamische Modell. Übertragung,
könnten wir sagen, ist das Trojanische Pferd der Gestalt (oder sogar der
Objektbeziehungstheorie) in der Zitadelle des frühen psychodynamischen
Modells. Das heißt, Gestaltbegriffen zufolge war die größte therapeutische
Einsicht Freuds (die sein frühes Triebmodell wiedergutmacht und diesem
weitgehend widerspricht), dass der Patient *die empfundene Realität der
gegenwärtigen Begegnung im Sinne der empfundenen Realität der Vergangenheit organisiert*. Trotz Freuds Versuch (1923), diesen Prozess als
unpersönliche libidinöse Besetzung zu erklären, war die Tür für eine viel
interaktivere Therapie geöffnet, in der die therapeutische Beziehung selbst
sozusagen das Labor darstellt für ein Experiment im Goodmanschen Sinn.
Wenn Goodman einen bestimmten, leicht erkennbaren Zweig psychodynamischer Arbeit im Kontrast zum Gestaltansatz kritisiert, ist er ein vehe-
menter Bilderstürmer:

... Statt sie [d.h. die Abwehrmechanismen und Aggressionen gegen den Therapeuten] aufzulösen, werden sie ernst genommen, und man begegnet ihnen direkt: Der Therapeut lehnt es seiner eigenen Selbstbewusstheit entsprechend ab, sich langweilen, einschüchtern oder umschmeicheln zu lassen usw.; er begegnet dem Ärger mit einer Erklärung des Missverständnisses oder manchmal mit einer Entschuldigung bzw. mit Ärger, wenn es die Wahrheit der Situation verlangt; er begegnet Blockierungen mit Ungeduld im Rahmen einer umfassenderen Geduld. Auf diese Weise kann das Unbewusste Vordergrund werden, so dass dessen Struktur erlebbar wird. Das unterscheidet sich von einem »Angriff« auf die Aggression, wenn der Patient sie nicht fühlt, und dann, wenn sie einen winzigen Teil in der wahrgenommenen Realität des Patienten ausmacht, als »negative Übertragung« wegerklärt wird. Hat der Patient niemals eine Chance, seinen Zorn und seinen Eigensinn offen herauszulassen? [293]

Dies ist die teilnehmende Beobachterrolle des Psychotherapeuten, ein empfindlicher Balanceakt, wie Therapeuten sehr wohl wissen. Die Betonung wird hier auf die therapeutische Begegnung *als eine reale Beziehung* verschoben, während sie immer noch als Labor oder Mikrokosmos für die Untersuchung des Lebens des Patienten »im Rahmen einer umfassenderen Geduld« verstanden wird. Die Rolle der Übertragung und der Geschichte im allgemeinen wird also keineswegs eliminiert, sondern gewissermaßen umgekehrt: Während die Interaktion in der Therapie im Freudschen Modell auf einen Kommentar zur Vergangenheit reduziert wird, wird die Vergangenheit hier als Kommentar zu den Schwierigkeiten oder geheimnisvollen Aspekten der gegenwärtigen, realen Interaktion *hinzugezogen*. Auch auf die Gefahr hin, diesen entscheidenden Punkt überzustrapazieren: Dies bedeutet *nicht*, dass Gestalttherapie antihistorisch, ahistorisch oder einfach an der Geschichte uninteressiert ist. Im Gegenteil, in der Terminologie der Argumentation dieser kritischen Stellungnahme ist die persönliche subjektive Vergangenheit Teil des *strukturierten Grundes*, der die dynamische Gestaltung der gegenwärtigen Figur bedingt. Die Vergangenheit wird dabei nicht als im strengen und direkten Sinn ursächlich wie bei Freud verstanden. Gestalttherapie ist nicht an einem Aufguss der Vergangenheit um ihrer selbst willen interessiert, weil dies keinen Sinn zu machen scheint (293). Die *Ursachen* gegenwärtigen Verhaltens müssen, wie Lewin behauptete, in den gegenwärtigen Dynamiken gesucht werden (1935). Aber genauso wie

Träume oder Phantasien oder Manierismen oder die Struktur der Interaktion mit dem Therapeuten oder die Körpersprache – oder sogar »Techniken« – ist die Vergangenheit des Patienten ein Schlüssel, ein Weg zum Verständnis der subjektiven Organisation oder des organisierten Grundes seiner gegenwärtig empfundenen Realität.

Welche Rolle spielen nun die Abwehrmechanismen oder Widerstände bei alldem? Wie Freud betont auch Goodman, dass eine Abwehr oder ein »neurotischer Mechanismus« die *Lösung* eines Problems ist; Goodman beleuchtet jedoch in charakteristischer Weise den kreativen Aspekt der Problemlösung, während Freud die eher pessimistische Redeweise eines Kompromisses zwischen gegensätzlichen »Mächten« verwenden würde (522). Das Problem, das sich uns stellt, ist eine Blockierung oder Störung in der *Bewusstheit*: »Neurotische Verhaltensweisen sind kreative Anpassungen eines Feldes, in dem es Verdrängungen gibt« (522); und man beachte hier, wie Goodman von seinem eigenen Modell regelrecht gezwungen wird, bei der Erörterung aktueller Lebensprobleme die Sprache Lewins von einem strukturierten Feld zu benutzen, die er sonst vermeidet. »Verdrängungen« in diesem Sinn sind per Definition dauerhafte Strukturen des Grundes, die sich durch viele augenblickliche Figuren langfristig hindurchziehen. Im Gegensatz zu Perls ist also der »neurotische Mechanismus« hier nicht so sehr ein »Widerstand gegen den Kontakt«, sondern eine *Art* des Kontakts – das heißt der beste Kontakt, den die Person auf Grund der Definition von Kontakt unter den gegebenen Umständen haben kann (und das bedeutet, ohne die vollständige relevante Bewusstheit, ohne all die relevanten Elemente des gegenwärtigen Problems). Die Unterscheidung zwischen »Widerstand gegen Kontakt« und »Art des Kontakts« ist wichtig und wird im fünften Kapitel weiter entfaltet, wo wir nachweisen, dass sich das Goodman/Perls-Modell der Widerstände tatsächlich von Perls' Übernahme (oder Introjektion) einer psychodynamischen Theorie ableitet und nicht vollständig vereinbar ist mit den Bedingungen des Gestaltmodells. Ein Beispiel dieser ungeprüften Spaltung innerhalb der Gestalttherapie-Theorie findet sich auf den Seiten 163-170 des ersten Bandes von *Gestalt Therapy*, wo Widerstand als Rückzug oder Verweigerung, »Kontakt aufzunehmen«, definiert ist (und wo eine Typologie der Neurose wiedergegeben wird, die sich stark von der Goodmanschen Erklärung im zweiten Band des gleichen Buches unterscheidet). (Die Autorenschaft der einzelnen Teile von *Gestalt Therapy* bleibt letztlich ungeklärt, aber es ist sicherlich nicht Goodman, der schreibt, *»ein Hauptproblem für alle Formen der Psychotherapie ist es, den Patien-*

ten dazu zu motivieren, das zu tun, was getan werden muss« [164]. Wie die Diskussion bis zu diesem Kapitel gezeigt hat, wäre für Goodmans Denken nichts fremder als diese, von außen auferlegte Sichtweise von Motivation und Therapie.)

Wie bei Freud geht also jede Neurose, jede Kontaktstörung auf eine *Verdrängung* zurück, das heißt auf ein Problem der Bewusstheit (oder auf das, was Perls ein »Skotom« oder blinden Fleck genannt hätte; 1947, 65). Aber für Goodman ändert die Existenz eines blinden Flecks nicht die dynamische Wahrheit, dass Kontakt oder kreative Anpassung immer noch stattfindet, so gut es unter den gegebenen Möglichkeiten und Elementen, die für die Person zu dieser Zeit verfügbar sind, möglich ist (und hier klingt Wertheimers Prägnanzgesetz nach). (Vollständiger Rückzug aus jeglicher Interaktion mit dem Neuen ist zwar ein vorstellbarer Zustand, aber er könnte nicht lang andauern, ohne dass der Tod eintritt.) Andererseits erweitert Goodman die Freudsche Sichtweise der Neurose als »kreative« (oder konservative) Lösung auf alle Kontaktmomente, alle Lebensprozesse. In Gestalt ist nicht nur das Symptom oder die Abwehr, sondern *jeder* Austausch, jedes »Sehen«, jede strukturierte Bewusstheit eine Art Problemlösung. Es ist eine Ironie des Freudschen Modells, dass nur der Neurotiker als jemand betrachtet wird, der etwas Kreatives mit seiner Organisation der Welt anfängt (vgl. beispielsweise A. Freud 1937): Daher stammt die enge traditionelle Verbindung zwischen Neurose und Kunst in der Psychoanalyse. Goodman würde diese Formulierung im Anschluss an Rank (1958) umkehren: In der Sichtweise der Gestalt gibt es keinen Unterschied zwischen »Leben« und »Kunst«. Leben ist Kunst, die ständige Folge von Bewusstheiten, von kreativen Anpassungen. Etwas anderes zu denken, würde nach Goodmans Sichtweise bedeuten, dass man noch einer weiteren der vielen neurotischen Spaltungen unserer Kultur anheimfiele (310, 342). Wir würden jedoch dieser Formulierung entsprechend der hier entwickelten Argumentation hinzufügen, dass das Modell von Goodman bei dieser Betonung der »kontinuierlichen Folge« lediglich vor solchen kreativen Momenten stehenbleibt. Wie Goldstein behauptete, ist es jedoch die *Integration* solcher Momente zu sinnvollen Ganzheiten einer höheren Ordnung, die das Leben ausmacht – und die die Therapie bei dem Umgang mit Gesundheit und Dysfunktion direkt aufgreifen muss.

Unter diesen Gesichtspunkten ist es verständlich, dass Goodman im Grunde mit Widerwillen (und vielleicht einigem Druck seiner Co-Autoren) eine Typologie der Neurose im zweiten Band entwirft. Dabei betont er die fließende Natur der betreffenden Mechanismen, indem er sie in den Kontext einer strukturierten Folge von Kontaktschritten stellt:

(a) Konfluenz

Dieser Mechanismus ist wie bei Perls eine Überidentifikation des Selbst mit der Umwelt, ein Versagen bei der Wahrnehmung und Unterscheidung der *Grenze* zwischen den beiden, durch die der Organismus sich erkennen und um sich wissen könnte. Daher ist die Erregung, die Energie an der Grenze, für die Kontaktaufnahme diffus und unspezifisch und kommt nicht als aggressive Energie für eine neue Problemlösung zum Tragen. Wichtige Teile des Selbst sind desensibilisiert oder abgespalten, so dass die einzigen Möglichkeiten für (partielle) Befriedigung in der »willkürlichen Spontaneität unabhängig von der Überwachung durch das Ego« liegen (528). Die prototypische Störung dieser Art wäre die Freudsche Hysterie, wobei ungerichtetes und regressives Verhalten die beste Kontaktlösung darstellt, deren die Person fähig ist, wenn auch mit ernsthaft verminderten verfügbaren Ressourcen des Selbst. Dennoch sind die Symptome und die Neurose auch hier keine Widerstände gegen den Kontakt im Sinne von Goodman (oder Perls), wie unbefriedigend die Situation auch sein mag, sondern vielmehr der bestmögliche Kontakt, der beste Umgang mit der Umwelt, den Ressourcen des Selbst und den subjektiven Bedürfnissen, zu dem die Person in dieser Zeit fähig ist. Und auch hier ist erhöhte *Bewusstheit* die notwendige und ausreichende Bedingung, nicht um den Widerstand aufzulösen, sondern um eine andere Kontaktlösung möglich zu machen. Dieser Punkt, dass man sich die »Widerstände« von Perls und Goodman besser als besondere Kontaktlösungen vorstellt, wird in der folgenden Argumentation immer wieder auftauchen.

(b) Projektion

Wenn sich die Aufregung weiter entwickelt und wahrgenommen wird (statt verstreut zu sein oder abgespalten zu werden wie zuvor), dann tauchen *Emotionen* auf (530). Eine Emotion ist nach Goodman die Wertbeziehung zwischen dem Bedürfnis und dem Objekt – das heißt Liebe, Lust, Abscheu, Furcht, Hass, Sehnsucht usw. Wenn der Kontaktprozess an dieser Stelle unterbrochen wird – wenn man also die Emotion nicht fühlt und sich zu eigen macht –, dann ist Projektion die Folge. Das heißt, die Emotion ist »da«, aber es ist nicht »meine«: daher muss sie aus der Umwelt kommen. Eine provokative Haltung ist dafür charakteristisch, denn man muss sich gegen eine eingebildete Annäherung, sei sie aggressiv, erotisch oder sonst irgendwie, behaupten oder wehren. Eine typische Charakterstörung, die von dieser Kontaktverzerrung herrührt, ist natürlich Paranoia.

(c) Introjektion

Es ist aber auch möglich, dass die Aufregung oder die Energie, die sich für die kreative Anpassung aufbaut, unterbrochen wird und das betreffende Bedürfnis oder der »Appetit« durch einen anderen Wunsch oder ein organisierendes Prinzip (wie eine Regel) ersetzt wird, die dem Organismus fremd sind (528). In Perls' Modell (1947) war dies, wie wir sahen, die Grundlage allen Widerstands gegen Kontakt und folgte aus der ursprünglichen Unterbrechung der gesunden, dentalen Aggression (ob im wörtlichen oder metaphorischen Sinn). Wie bereits erwähnt, folgt Goodman hier eher Freud statt Perls, indem er die Verdrängung, das heißt die Bewusstheitsstörung selbst, zum grundlegenden Problem in der Neurose macht. Das heißt, wo Perls ganz eindeutig phobisch gegenüber jeder Aufgabe der Autonomie, jedem Einfluss durch eine andere Person oder eine Gemeinschaft oder ein Individuum war (Gewissen, man erinnere sich, war eine neurotische Introjektion), ist Goodman in der gleichen Frage zumindest ambivalent. Goodman schätzt die Gemeinschaft, sieht sie als natürlichen Kontext für die Entfaltung der menschlichen Natur an (Goodman 1947), und er wird vom Gestaltmodell vor allem deshalb angezogen, weil es dem Individuum im Gegensatz zu Freud einen festen Platz im sozialen Kontext gewährt. Gleichzeitig fürchtet er, wie wir gesehen haben, die zwanghafte, tödliche Macht des Kollektivs über das spontane, kreative Individuum sehr. Eine partielle Lösung dieser Spannung besteht für Goodman (und hier können wir seine Faszination an Perls' Modell ebenso wie an Freuds und an der Gestalt insgesamt sehen) in der gesunden, positiven Neueinschätzung der Aggression selbst, für die Perls eintritt. Introjektion ist (wie Retroflexion) im Grunde eine Hemmung der Aggression, ein Versäumnis, *dem Neuen zu begegnen, mit ihm umzugehen* und es dabei zu verändern und sich zu eigen zu machen. Das Freudsche Gegenstück wäre die zwanghafte, schuldbeladene, masochistische Persönlichkeit, die von der Last des strafenden Über-Ich (dem Introjekt *par excellence*) niedergedrückt wird.

(d) Retroflexion

Bei der Definition dieses Begriffs folgt Goodman im wesentlichen dem ursprünglichen Beitrag von Perls' Aggressionsmodell. Wenn man die Erregung spürt und sich das sie begleitende Gefühl (die Einschätzung des Ziels im Hinblick auf das Bedürfnis) angeeignet hat und keine fremden Maßstäbe oder Werte für die eigenen organischen Bedürfnisse angelegt hat, dann muss notwendigerweise eine aggressive Phase im Kontaktprozess folgen (531). In Goodmans Sprache heißt das, dass etwas, das alt ist, im Verlauf der Begegnung mit dem Neuen zerstört, manipuliert, angegriffen, aufgelöst oder anderweitig modifiziert werden muss, so dass etwas Neues, eine neue Synthese, entstehen kann. Wenn die Aggression an dieser Stelle behindert oder (durch ein Introjekt) verboten oder anderweitig auf chronische Weise blockiert ist, muss sie sich gegen das einzig sichere Objekt im Feld richten, also gegen das Selbst. Diese Retroflexion ist das Nach-innen-Wenden von Energie bzw. Aggression, die zur vollen Befriedigung des Bedürfnisses nach draußen gerichtet werden sollte. Da es nicht gelingt, mit dem Neuen vollständigen Kontakt oder aggressive Zerstörung des Neuen zu erleben, wendet der Retroflektierende das gleiche Material immer wieder hin und her (532). Es ist verführerisch, wenn auch respektlos, daraus zu folgern, dass die Freudsche Entsprechung der erfolgreiche Analysand am Ende einer klassischen Psychoanalyse wäre: die Person, die der psychoanalytischen Karikatur zufolge alles (aus der Vergangenheit) versteht und nichts verändert, weil sie den Kontaktprozess im Augenblick des Handelns, dem aggressiven Umgang mit dem neuen Material oder Objekt, in chronischer Weise unterbricht.

Seltsamerweise führt Goodman, der Apostel der sexuellen Befreiung, in einem plötzlichen und überraschenden Rückfall auf den *sehr* frühen Freud (vgl. 1985 bezüglich des Materials aus den Jahren 1890 ff.) als erstes Beispiel für Retroflexion den Akt der Masturbation an, die er mit Vergewaltigung vergleicht, wobei er die Befriedigung der aggressiven bzw. sadistischen Hand zuschreibt und scheinbar das Element erotischer Lust vollständig verleugnet (532). Man könnte dies als Eigentümlichkeit beiseitelassen, wenn es dabei nicht einen Punkt gäbe, der auf ein ungeprüftes Problem bei der Vorstellung von Retroflexion selbst hinweisen würde: nämlich was man mit dem Fall macht, wo das Selbst sich unterstützt oder für sich selbst sorgt, statt diese Unterstützung in der Umwelt zu suchen. Hier wird impliziert, dass es immer oder von Natur aus bzw. potentiell neurotisch sei, seine Bedürfnisse aus den eigenen Ressourcen heraus zu befriedigen, im Gegensatz zur Suche nach Befriedigung von außerhalb (eine seltsame und übertriebene Umdrehung von Perls' eigenwilliger Definition für Gesundheit [1973] als Übergang von der Unterstützung durch die Umwelt zur Selbstunterstützung). Dies wiederum geht zurück auf die grundlegende Frage, die wir an das Goodmansche Modell zu Beginn des Kapitels stellten, ob es also Sinn macht, sich Erfahrung als etwas vorzustellen, das »an der Kontaktgrenze« stattfindet, wenn so viel von dem, was bedeutsam ist, was das Leben organisiert und Orientierung schafft, weit eher innerhalb der persönlichen Grenze zu geschehen scheint (was wiederum bedeutet, auf der Ebene der Organisation des *Grundes*, dem die Kontaktfiguren Goodmans gegenüberstehen). Hier sehen wir eine grundlegende Ambivalenz Goodmans, des Künstlers und Intellektuellen, gegenüber dem Thema Einsamkeit und Introspektion (die leider im gesamten Buch sehr schlecht wegkommt; vgl. bes. Kap. XI) und der *Organisation des Selbst*. Die gleiche Ambivalenz gegenüber der dualen Natur der Retroflexion und angesichts der Frage, wie man den Prozess der Sorge für sich selbst und den der Selbstreflexion einschätzen soll, wird in der Arbeit der *Cleveland School* weitergeführt, wie im folgenden Kapitel ausgeführt wird (vgl. beispielsweise Polster & Polster 1973).

(e) Egotismus

Wenn schließlich all diese verschiedenen Fallen überwunden sind und die Begegnung mit dem Neuen erreicht worden ist, kommt der Moment, wo das Selbst »von sich selbst loslassen« muss, damit der tatsächliche Kontakt im vollsten Sinne stattfinden kann (533). Das heißt, das Alte, das zerstört und neu organisiert werden muss, befindet sich nicht nur in der Umwelt, sondern auch im *Selbst*. Piaget zufolge müssen sowohl Assimilation als auch Akkommodation (die Neustrukturierung des Selbst) stattfinden (Piaget 1947). An dieser Stelle muss das Selbst »sich seiner selbst sicher genug« sein, um sich, seine eigene vergangene Organisation, in der neuen Begegnung riskieren zu können. Wenn es das nicht kann, ist das Ergebnis Egotismus, das Festhalten an dem *Selbst, wie es war*, die Unfähigkeit, den Sprung zu wagen und die Veränderung, den Verlust, das Neue zu riskieren. Die Spontaneität geht verloren, und eine übertriebene, übervorsichtige Überlegtheit taucht auf.

Hier muss man hervorheben, dass dieser Begriff, dieser »neurotische Mechanismus«, ganz ausschließlich Hinzufügung Goodmans zu Perls' »Widerständen« ist. Er erscheint nirgends in den frühen oder späten Schriften von Perls; und im allgemeinen wird er in der Gestaltliteratur der nachfolgenden fünfunddreißig Jahre vernachlässigt (siehe als bedeutsame Ausnahme die Schriften von S. Nevis 1981; 1983; 1985a; 1985b; 1986a; 1986b; 1988; auch Latner 1982). Das heißt, damit Beziehung oder Gemeinschaft oder Sich-Einlassen stattfinden kann, muss es eine *Hingabe des Selbst* an den Kontakt, an die neue Organisation geben, ein Element des *Verlustes* (der reinen Perlsschen Autonomie), damit die neue Konfiguration entstehen kann (vgl. auch E.C. Nevis 1987). Diese Unterlassung in vielen Gestalttexten ist nicht zufällig. Sie ist vielmehr eine natürliche Konsequenz des Bestehens auf absoluter Autonomie durch Perls, die in dieser Hinsicht den Kern der Exzesse und Verzerrungen des *Human Potential Movement* und auch mancher Gestalttherapien darstellt. Dies ist das Paradox und die Ironie des »Ich-Jahrzehnts« der Siebziger- und Achtziger-Jahre, die so sehr dem Geiste Perls' entsprachen: Dass nämlich vollständige Befriedigung, vollständiger Kontakt, der das Selbst nährt und es bereichert, nicht ohne eine gewisse Aufgabe des rein autonomen Selbst erreicht werden kann, wenn man es eng sieht, nicht ohne ein Loslassen des Selbst-in-der-Isolation oder des Selbst-als-Impuls zugunsten direkter Hingabe an die *organisierten Strukturen des Grundes*, die zu behandeln sich Goodman und Perls in ihren Modellen scheuten. Aber diese Hingabe ist es, die durch die phobische Haltung von Perls gegenüber jeglicher Beeinträchtigung der persönlichen Autonomie blockiert wird. Goodman seinerseits bleibt letztlich unentschieden in dieser zentralen theoretischen und therapeutischen Frage.

Die Freudsche Analogie wäre hier natürlich die Anorgasmie, die Unfähigkeit *loszulassen*, so dass (in Goodmans Sprache) das Bedürfnis erfüllt werden und die neue Figur auftauchen könnte. Und tatsächlich weiß man ja, dass in diesem egotistischen Zeitalter, in dem die Verdrängungen aufgelöst, den Impulsen nachgegangen, die traditionellen Introjekte verworfen wurden, sexuelle Dysfunktion wieder überall im Ansteigen begriffen ist. Wieder ist es ein Verlust, dass Goodman mit seiner Gabe für kräftige sexuelle Metaphorik uns nicht mehr über die Bedeutung dieser Störung für unser überaus soziales Selbst lehren kann.

Anmerkung
[1] Laura Perls verstarb im Juli 1990; d.Ü.

4. Kapitel

Die Arbeit der *Cleveland School*

Die Veröffentlichung von *Gestalt Therapy: Excitement and Growth in the Human Personality* durch Perls, Hefferline und Goodman 1951 – besonders Goodmans theoretische Darstellung im zweiten Band – weckte bei Therapeuten und anderen, die nach Alternativen für die oft rigide psychoanalytische Praxis zu jener Zeit suchten, ein lebhaftes Interesse an dem neuen Modell. Aus der ursprünglichen Forschergruppe, die das Buch hervorgebracht hatte, entstand das *New York Institute for Gestalt Therapy* mit einer regelmäßigen Diskussionsgruppe als eine ihrer Hauptaktivitäten, an der interessierte Therapeuten und andere Besucher teilnehmen konnten. Unter diesen Besuchern waren irgendwann im Jahre 1952 mehrere junge Psychologen aus Cleveland, die nach Hause zurückkehrten, um dort eine eigene Forschungsgruppe zu gründen, die dann später Perls, Goodman und andere Mitglieder als Lehrer und Gasttherapeuten hinzuzogen. Diese neue Gruppe gründete wiederum im Jahr 1953 das *Gestalt Institute of Cleveland*, das zum einflussreichsten und fruchtbarsten Zentrum für Publikation und Ausbildung im Bereich der Gestalttherapie während der folgenden dreißig Jahre und mehr wurde und blieb. (Diese Vorherrschaft der Cleveland-Gruppe über die Jahre hinweg ging teilweise auf das Versäumnis der ursprünglichen New Yorker Gruppe zurück, in diesem Bereich weiter zu publizieren. Aus der Gründer-Gruppe im New Yorker Institut schrieb lediglich Goodman etwas mehr in diesem Bereich, bevor er viel zu früh im Jahr 1971 starb [vgl. Goodman 1977]; Perls konzentrierte sich für den Rest seines Lebens auf eine spezielle, eigenwillige Machart des angeleiteten Psychodramas sowie auf viele Vorlesungen und Demonstrationen, aber er schrieb sehr wenig unmittelbar Theoretisches; Laura Perls und Isadore From, die zuvor als Größen der Gestalttherapie erwähnt wurden und die in ihrer Lehre sehr einflussreich waren, sind nicht durch umfangreichere Veröffentlichungen in diesem Bereich deutlicher in Erscheinung getreten [Wysong und Rosenfeld 1982][1]).

Während die Cleveland-Gruppe also unter dem Einfluss der Lehre von mehreren ursprünglichen Mitgliedern des New Yorker Instituts einschließlich der beiden Perls' und Paul Goodman stand, wurde Isadore From rasch zu ihrem wichtigsten externen Lehrer, Supervisor und Gruppenleiter und darüber hinaus mehrere Jahre lang zum Einzeltherapeuten vieler Mitglieder der Cleveland-Gruppe. Fünf Jahre lang reiste From zweimal monatlich von New York nach Cleveland, um zu lehren und zu therapieren. Dann, nach einer Zäsur, nahm er diese Reisen erneut für fünf weitere Jahre einmal im Monat auf sich (From 1982). Es ist daher nicht überraschend, dass die Arbeit der Cleveland-Gruppe sehr stark von der Lehre Froms beeinflusst ist, die im großen und ganzen auf dem Modell von Goodman und Perls gründet, jedoch bestimmte charakteristische Veränderungen in der Akzentsetzung zeigt, wie nachfolgend erläutert wird. Auf dieser Basis (und mit einer charakteristischen Tendenz zur Perspektive Goodmans und Froms hin und weg von Perls') führte die Cleveland-Gruppe dann eine Reihe von wichtigen und fruchtbaren Erweiterungen, Anwendungen und Modifikationen der ursprünglichen Darstellung von 1951 durch; in diesem Prozess sprachen sie häufig viele Fragen der theoretischen Kritik an, wie sie in diesen Kapiteln entwickelt wird, ohne sie alle in systematischer Weise aufzugreifen. Diese Erweiterungen und Anwendungen werden im folgenden erörtert.

Der Zyklus des Erlebens

1947 skizzierte Perls das, was er (bezeichnenderweise) den »Stoffwechsel-Zyklus« nannte; dieser bestand aus sechs Phasen, die das »Erreichen organismischer Balance« beschrieben, das heißt das Erfüllen eines Bedürfnisses im Perlsschen Modell, immer konzipiert im Rahmen der prototypischen Aktivität des Essens (69). Die sechs Phasen waren

1. Ruhe – ein Zustand des Gleichgewichts (wie das frühe Modell Freuds gründet Perls' Modell, wie wir gesehen haben, im wesentlichen ebenfalls auf Spannungsreduktion);

2. ein »innerer oder äußerer Störfaktor« – womit wahrscheinlich entweder ein Bedürfnis oder irgendeine Bedrohung gemeint ist;

3. das »Schaffen einer Vorstellung oder Realität« – die Bedeutung hiervon ist unklar, aber damit scheint eine Reorganisation des Feldes für die Handlung gemeint zu sein, auch wenn dies natürlich nicht Perls' Terminologie wäre;

4. *»die Antwort«* – das heißt Kontakt mit dem Ziel zu erreichen (immer, wie wir oben gesehen haben, als »Kauen« definiert);
5. *Spannungsreduktion*, die keiner Erklärung bedarf, auch wenn sie theoretisch fragwürdig ist; und
6. *Rückkehr zur »organismischen Balance«* (45). Gesundheit wird dann mit organismischer Selbstregulation (46) gleichgesetzt, einer reibungslosen Funktionsweise des Zyklus, was vermutlich nichts anderes sein sollte, als zu essen, wenn man hungrig ist, nur das zu nehmen, was gut schmeckt, und aufzuhören, wenn man genug hat, ohne die Unterbrechung oder Störung durch unbequeme fremde Introjekte wie z.b. »Gewissen« (mit anderen Worten, es ist das gleiche Schema, das wir in dieser ganzen Analyse als zu vereinfacht kritisiert haben). Dysfunktion oder Neurose ist dann die Unterbrechung dieses reibungslosen Funktionierens, die an jedem Punkt des Zyklus in charakteristischer Weise erfolgen kann, wobei die verschiedenen Punkte der Unterbrechung mit den verschiedenen Widerständen gegen Kontakt korrespondieren oder neurotischen Typen entsprechen.

Wie zuvor ausführlich erörtert, besteht der besondere Einwand gegen dieses Modell oder diese Skizze eines Modells nicht so sehr darin, dass es falsch ist, sondern dass es einer Art theoretischer Tunnel-Vision unterworfen ist, einer einseitigen Konzentration auf den individuellen Impuls oder das isolierte Bedürfnis, die gegen das entscheidende Feld-Verständnis des Gestaltmodells selbst verstößt. In der Umschreibung von Goldsteins Kritik der früheren Arbeiten ist das Modell figurgebunden. Wenn sie nach Beispielen suchen, um diese Sequenz zu veranschaulichen, kommen Perls und auch andere Gestalt-Autoren scheinbar unweigerlich auf Störungen, die entweder trivial sind (wie ein Glas Wasser trinken, eine Fliege aus dem Gesicht verscheuchen) oder sehr biologisch (Stuhlgang ist wohl Perls' bevorzugtes Anschauungsbeispiel) oder beides. Gelegentlich können solche Illustrationen sexueller Natur sein, aber dies ist eher bei Freud oder Goodman der Fall, wahrscheinlich weil sich die Sexualität einer Reduktion auf das rein Physische widersetzt. Die Wirkung ist ein Bild des menschlichen Lebens, das impulsiv, episodisch, sozial isoliert ist und dem zeitliche Kontinuität und eine übergreifende Organisation fehlt. Anknüpfend an Perls' frühere professionelle Entwicklung ähnelt dieses Modell ironischerweise in nur leicht karikierter Form den Fällen von Kriegsverletzungen bei Goldstein (1940), die (manchmal) über eine intakte Fähigkeit verfügen, dem Drang zur Vervollständigung zu folgen, aber nicht die Fähigkeit haben, Probleme der *Organisation* von Zielen oder eigenen Impulsen zu handhaben, die sich dann einfach aneinanderreihen und nicht in einer dynamischen Beziehung zueinander stehen (so wie ein untergeordnetes Ziel beispielsweise zu einem übergreifenden Plan, dessen Teil es ist, in dynamischer Beziehung steht). Diese Organisationsfunktion schwingt vielleicht entfernt mit, aber sie wird gleich wieder in der dritten Phase von Perls, dem »Schaffen einer Vorstellung oder Realität«, über Bord geworfen – ein Vorgang, der, wie wir am Lewinschen Modell sahen, die Organisation des ganzen Feldes, innerer Bedürfnisse und äußerer Merkmale zu dynamisch aufeinander bezogenen, relativ stabilen Gestalten des *strukturierten Hintergrunds* für eine neue Figurbildung beinhaltet. Aber dieser Punkt wird nicht ausgeführt. Im Gegenteil, irgendwelche stabilen Prädispositionen oder Merkmale des persönlichen Grundes kämen für Perls, wenn nicht auch für Goodman, in die gefährliche Nähe von fixierten oder willkürlichen Verhaltens- oder Wertmaßstäben.

Jede Vorstellung von einer »Persönlichkeit« schien für Perls tatsächlich mit rigiden Strukturen des Grundes einherzugehen, die das ungehinderte Verfolgen des Impulses im Augenblick bedrohen würden, welches wiederum die Norm für gesunde Funktionsweise ist. Aber wie Lewin und Goldstein in ihren Modellen zeigen, *gibt es so etwas nicht* wie den isolierten Impuls ohne Bezug auf konsistente, stabile, organisierte Merkmale des subjektiven Grundes, demgegenüber der momentane Drang erlebt und verwirklicht wird. Bezugsrahmen sind umfassende, organisierte Ganzheiten der Bedeutung, übergreifende Ziele, Wertorientierungen, aber auch die »Landkarte« der Umwelt selbst mit der Einschätzung der Möglichkeiten und Frustrationen. Und wenn es so etwas gäbe (wie Goldstein im Hinblick auf seine Stirnlappen-Fälle zeigte), wäre es in der Tat weit entfernt von dem, was wir als gesund oder als gesunde bzw. effektive menschliche Funktionsweise anerkennen würden.

Diesem Modell fügt Goodman die grundlegende Dimension der *Bewusstheit* hinzu. Kontakt ist nicht lediglich eine Angelegenheit des Kauens, sondern gleichbedeutend mit dem Bewusstheitsprozess selbst (Perls u.a. 1951, 275), da Bewusstheit niemals etwas ist, das dem passiven Subjekt durch die Umwelt allein gegeben wird, sondern selbst ein Akt der Organisation. In gleicher Weise wird eine Kontaktstörung nicht nur oder nicht in erster Linie auf die Introjektion einer externen, »unverdauten« Autorität hin angesehen, sondern als ein Problem der Bedürfnisbefriedigung, das von einer Störung der Bewusstheit herrührt (290). Dies ist zweifellos ein reichhaltigeres und nützlicheres Bild der menschlichen Funktionsweise, als es das ursprüngliche Modell von Perls anbot. Und doch behält Goodman damit zweifellos – und aus Gründen, die in den vorherigen Kapiteln untersucht wurden – die episodische Qualität eines isolierten Impulses, *die die frühere Version trübte und begrenzte*, immer noch bei. Die entscheidende Frage der kumulativen Organisation der Erfahrung, des *strukturierten Grundes* in dynamischer Interaktion mit der auftauchenden Figur, bleibt immer noch weitgehend unberücksichtigt.

Die Autoren der *Cleveland School* erweiterten diese Analyse der *Figurbildung* auf der Grundlage des Goodmanschen Modells zu einem diagnostischen Modell eigener Güte und revidierten damit zumindest implizit die Definition gesunder Funktionsweise (Polster & Polster 1973, 28 ff.; Zinker 1977, Kap. 5). Dieses Modell, das als *Zyklus des Erlebens* bekannt ist, stattet die »Lebensgeschichte« eines speziellen Impulses oder eines Bedürfnisses (oder der Gestaltbildung) mit Stufen aus, die grob denjenigen von Perls ähneln, und auf die man sich selbst wiederum für Zwecke der Diagnose und Intervention konzentrieren kann. Schematisch wird das Modell in Figur 1 (S. 102) dargestellt.

Figur 1: Der Zyklus des Erlebens

Die genaue Terminologie für die verschiedenen Stadien variiert leicht von Autor zu Autor (Polster & Polster 1973; E. Nevis 1987; Zinker 1977. Katzeff [1977] unterscheidet eine siebte Phase, *accomplissement* im Sinne von Vollendung oder Befriedigung zwischen »Kontakt« und »Rückzug«); alle Variationen folgen jedoch diesem generellen Schema. Das gleiche Modell mit einer fortlaufenden Zeitlinie (aber immer noch dem individuellen, nacheinander geordneten, isolierten Impuls folgend) wird in Figur 2 gezeigt (Zinker 1977, 97).

Figur 2: Abfolge des Zyklus des Erlebens

Wie dem auch sei, die Vollendung des Zyklus ist der Augenblick oder die Phase des *Kontakts*, der hier verstanden wird als Lösung des Problems und/ oder aktuelles Engagement, seien sie physisch oder sonstwie, mit dem erwünschten Ziel oder der Ressource (das heißt entweder in Goodmans oder in Perls' Sinn, was nicht das gleiche sein muss, wie wir noch zeigen werden). Gesunde Funktionsweise ist wieder nicht mehr (aber auch nicht weniger) als die reibungslose Entfaltung dieses natürlichen zyklischen Prozesses – immer noch ohne Bezug darauf, wie diese Zyklen in dynamischer oder hierarchischer Weise zueinander passen (Polster & Polster 1973, 39-45).

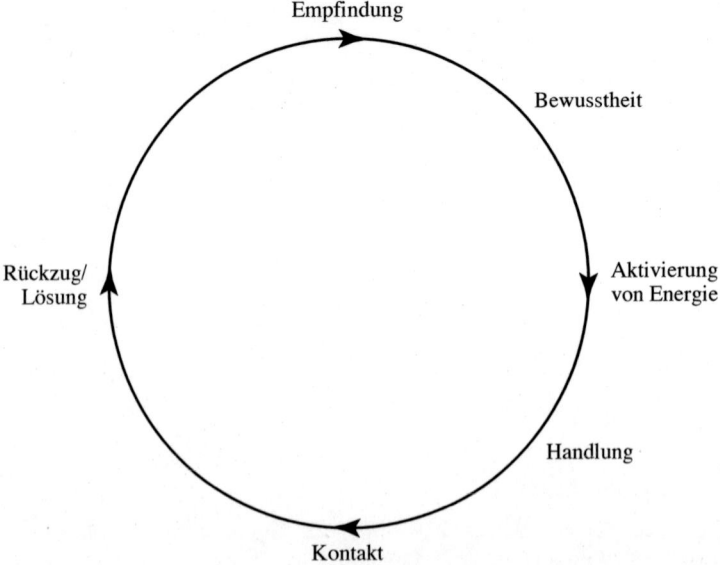

Figur 1: Der Zyklus des Erlebens

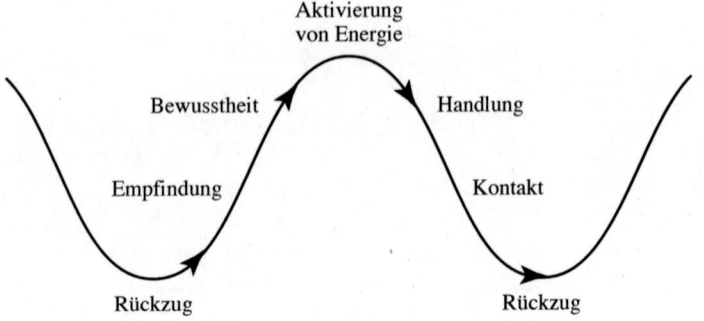

Figur 2: Ablauf des Zyklus des Erlebens

Goodman folgend (Perls u.a. 1951, 526) können Unterbrechungen oder Störungen des Zyklus dann in einer Typologie der Dysfunktionen, Symptome oder »Widerstands«-Stile klassifiziert werden, entsprechend dem speziellen *Punkt* im Zyklus, an dem die Unterbrechung oder Verzerrung typischerweise stattfindet. Auf diese Weise erzeugt eine Blockierung in der Empfindungs-/Wahrnehmungsphase des Zyklus (die Schwierigkeit, diese beiden als getrennte Phasen zu unterscheiden, geht auf die ungelöste Frage zurück, ob Perls' oder Lewins Auffassung von Bewusstheit verwendet wird) Dissoziation, Verdrängung, möglicherweise eine Konversionsneurose (das heißt eine klassische Hysterie) oder sogar eine Psychose (Zinker 1977, 99). Eine Blockierung oder Abweichung vom Zyklus auf dem Weg von der Bewusstheit zur Aktivierung der Energie entspricht der Introjektion – oder im Freudschen Modell dem zwanghaften, selbstbestrafenden Über-Ich (und daher der Depression, die in beiden Modellen als Folge einer Behinderung der aggressiven Energie, die dann retroflektierend gegen das Selbst gerichtet wird, betrachtet wird). In ähnlicher Weise könnte eine Unterbrechung zwischen Aktivierung und Handlung wieder Retroflexion sein, in der die bereits durch das Bedürfnis mobilisierte Energie von ihrem »natürlichen« Objekt abgeleitet und zurück gegen das Selbst gewendet wird (die Verwirrung bei der Definition des Begriffes Retroflexion, die im vorigen Kapitel kurz angesprochen wurde, wird ausführlicher in dem Abschnitt über die zwischenmenschliche Perspektive erörtert werden).

Trotzdem beinhaltet das Modell, ungeachtet der diagnostischen Typologie der Unterbrechungen der Gestaltbildung, die Ansicht, dass alle Störungen im Zyklus auf ein Bewusstheitsproblem zurückgeführt werden können, und zwar im (etwas eingeschränkten) Sinn der vollen Anerkennung und Aneignung des unmittelbaren *Bedürfnisses*, das den Zyklus in erster Linie in Gang setzte. Dies zeigt sich sehr deutlich bei der Behandlung der nächsten charakteristischen Unterbrechung des Zyklus zwischen Aktion und Kontakt. Wenn die Person ein Bedürfnis oder Ziel ins Auge fasst und genügend Energie mobilisieren kann, um die Handlung zu vollziehen, und dennoch sozusagen das Ziel verfehlt (das heißt, es misslingt ihr, das primär Gewünschte zu erreichen), dann war die Handlung selbst fast per Definition fehlgeleitet oder unangemessen geplant oder von Anfang an in ungenügender Weise mit Energie versorgt (wobei wir für einen Augenblick die Möglichkeit beiseite lassen, dass die Umwelt selbst dem Erreichen dieses besonderen Ziels zuviel Widerstand entgegensetzte). Aber das heißt soviel, als würde man sagen, das ursprüngliche Problem habe von Anfang an im Wege gestanden. Die Person könnte jedoch nicht ganz gewagt oder sich selbst gestattet haben, dem zu folgen, was sie wirklich wollte; oder das Feld nicht ganz hinsichtlich der Möglichkeiten und Widerstände überblickt haben; oder die Kraft ihrer eigenen Aktivität aus einer Unzahl von Gründen vermindert haben, so dass nur ein partielles Ergebnis erzielt wurde; oder sie mag einer Vielzahl von anderen Verzerrungen und Hemmnissen in der Art und Weise unterlegen sein, wie sie sich das Problem oder das Feld oder sich selbst *vorstellte*, was jeweils ganz bestimmte, charakteristische Dämpfungseffekte auf die kraftvolle und befriedigende Entfaltung des Zyklus hat, worum es dieser Ansicht nach bei der gesunden Funktionsweise allein geht (vgl. Perls u.a. 1951, 288-296 bzgl. der Qualität dieser Vorstellung von einem Gesundheitsideal, das sehr stark an die Überzeugung eines *leidenschaftlichen* Lebens gebunden ist).

Dieser Punkt weist auf eine Unklarheit im Modell des Zyklus des Erlebens selbst hin. Goodman verwendete die Begriffe »Kontakt« und »Bewusstheit« synonym, wenn nicht gar als vollständig austauschbar. Das heißt, Bewusstheit wurde selbst als kreatives Handhaben oder als kreative Organisation – »des Feldes« würden wir in Lewinscher Ausdrucksweise sagen – betrachtet (Perls u.a. 1951, 290). Dies ist eine problemlösende oder kreativ-künstlerische Konzeption des Wahrnehmungsmodells der Gestalt, die sicherlich im Sinne Goodmans und Lewins ist. Perls andererseits mit seinem viel stärker an Reich orientierten Ansatz, hätte den ursprünglichen Impuls (die »Bewusstheit« im Zyklus, den Zustand der Bedürftigkeit, jedoch viel physischer verstanden) viel eher als gegeben angesehen und sich auf einen aktuellen physischen Kontakt gemäß seiner eigenen oralen Metaphorik konzentriert. Aber welche der sehr verschiedenen Ansichten ist hier gemeint? Wenn es die letztere ist, sind wir dann nicht wieder bei einem Modell, das am besten dazu geeignet ist, relativ triviale, vor allem physische Impulse zu handhaben wie Durst oder Körperbeherrschung oder Einkaufen? Aber wenn es die erstere ist, wie kann dann die viel differenziertere Bewusstheit des Goodmanschen Typus erreicht werden? Gibt es einen eigenen Mini-Zyklus, dessen »Kontakt« die »Bewusstheit« für diesen neuen Zyklus liefert usw., in einer unendlichen, regressiven Reihe? Dies ist nicht nur eine rein akademische Angelegenheit, denn sie wirkt sich aus auf die Frage, wie komplex oder einfach der Fall ist, den das Modell des Zyklus des Erlebens am besten handhaben kann. So, wie es aussieht, scheint der Zyklus sich am natürlichsten für Beispiele der Art von Perls zu eignen, die eher physisch und einfach sind (und tatsächlich ist diese Art von Beispiel der Typus, den man am häufigsten in der Literatur findet). Aber dann wird wiederum Komplexitätsvorstellung Lewins geopfert – die Organisation des Feldes, Bewusstheit als Akt kreativer Organisation eigener Qualität, die zur kreativen Anpassung führt oder sie einschließt, worauf das Modell Goodmans hinzuweisen scheint. Auf diese Weise wird die Spannung zwischen den Tendenzen von Perls und Goodman in der Darstellung von 1951 in der Erweiterung durch die *Cleveland School* beibehalten und damit auch die Tendenz, die Figur von der Betrachtung eines organisierten Grundes zu isolieren.

Dieselbe Art von Schwierigkeit tritt bei der Einführung der »Empfindungs«-Phase zu Beginn eines jeden Zyklus auf. Indem sie bei der Empfindung beginnen, zeigen die Autoren der Cleveland-Gruppe einen Hang zur »Körper-Basis« von Perls/Reich für jede Bewusstheit und Handlung, von dem sie sich bei anderen Themen relativ stark distanzieren (E. Polster 1985; Melnick & S. Nevis 1986). Goodmans allgemeiner Tenor weist in die entgegengesetzte Richtung. Bei einem typischen Goodmanschen Problem kreativ-ästhetischer oder kognitiv-intellektueller Art kann ich also sehr wohl ganz in meinem Kopf an einer Lösung arbeiten, bis eine Art geistiger Spannung verringert oder gelöst ist, ohne jemals irgendeine physische Analogie dieser Spannung zu haben oder jedenfalls, ohne mir ihrer bewusst zu sein. Zwar sprechen wir analog von einem Problem, das an uns »nagt« oder unsere Aufmerksamkeit »packt« oder ähnliches (und sogar der Begriff »Konzentration« ist letztlich eine physische Metapher), aber daraus folgt nicht, dass mein Zugehen und meine Lösung und Befriedigung bei einem »reinen« Problemlösungsfall durch *Empfindung* in ähnlicher Weise mit Energie aufgeladen wird wie meine Befriedigung von Durst oder Hunger oder auch von einem wütenden oder sexuellen Drang. Es ist also nicht ganz klar, wie das Zyklus-Modell selbst von den einfacheren und physischen auf die komplexeren und kognitiven Fälle hin verallgemeinert werden kann, von denen einfach angenommen wird, dass sie der gleichen Entwicklungslinie und Lösung folgen. Zinker beispielsweise (1977, vgl. bes. Kap. 5) behauptet, dass erstere die Bausteine der letzteren sind, aber er zeigt nicht, wie dies geschieht.

Ironischerweise verschwinden viele dieser Schwierigkeiten bei dem Zyklus des Erlebens als heuristisches Werkzeug, wenn es sich um eine Organisation oder ein System mit vielen Personen statt einer einzelnen Person handelt. Dies ist deshalb der Fall, weil die Stufen der Formulierung eines Problems einerseits und der Lösung oder des Kontakts andererseits bei einem System aus mehreren Personen oder einem nicht subjektiven System viel leichter und in überzeugenderer Weise voneinander unterscheidbar sind als bei einer einzelnen Person. Überdies unterliegt das Problem, wie man den »Kontakt«, der daraus folgt, definieren kann, auf der Organisationsebene oder Systemebene weniger den Querströmungen von Perls und Goodman, weil der Zustand der Zielerreichung im allgemeinen eine eindeutig nach außen gerichtete Aktion oder Leistung ist. Ironischerweise wurde das Modell des Zyklus des Erlebens für die Anwendung auf individuelle, subjektive Fälle geschaffen und wurde nur mit einer merkwürdigen Begrifflichkeit, besonders im Bereich der »Widerstände«, auf die Systemebene hin erweitert (Brown & Merry 1987; Merry & Brown 1986). Die theoretischen Gründe für diese Unbeholfenheit und der Vorschlag einer Revision, der auf eine Lösung des Problems der Anwendung des diagnostischen bzw. präskriptiven Gestaltmodells auf der Systemebene hinzielt, werden im fünften Kapitel aufgegriffen.

Das Gestaltexperiment

Wie wir gesehen haben, charakterisiert Goodman Therapie als »sicheren Notfall«, das heißt als einen Ort, an dem der Patient in einem allgemeinen Rahmen von Sicherheit und Vertrauen trotzdem herausgefordert wird, vertraute Muster der Bewusstheit und des Verhaltens zu zerstören und eine neue Organisation des Selbst hervorzubringen und nicht nur darüber zu reden, und dies alles unter der Maßgabe, dass er mit dem »realen« Therapeuten im Hier-und-Jetzt umgehen muss (Perls u.a. 1951, 293; 335). Von daher kommt die Charakterisierung der Gestalttherapie als »phänomenologischer Behaviorismus« (Kepner und Brien 1970); phänomenologisch insofern, als sie versucht, die Struktur des eigenen Erlebens des Klienten aufzuspüren; und behavioristisch, indem sie ein neues Verhalten durch den Klienten anstrebt, sei es innerhalb oder außerhalb der therapeutischen Sitzung, das aus der neuen Organisation der Bewusstheit hervorgeht (also einer notwendigen und zwangsläufig neuen kreativen Anpassung nach Goodmans Terminologie). Dies steht in direktem und absichtlichem Widerspruch zum traditionellen Modell Freuds, das sich auf die Analyse der Übertragung konzentriert; das heißt, dass es das gegenwärtige Verhalten des Klienten (besonders gegenüber dem Therapeuten) im Hinblick auf dessen Rolle in der Organisation vergangener, nicht gegenwärtiger Ereignisse versteht. Im Gegensatz dazu nimmt der Therapeut jetzt eher die Rolle des teilnehmenden Beobachters ein, wobei er die gegenwärtige Interaktion unter Bezugnahme auf die Vergangenheit als Kommentar zur Gegenwart auf ihre eigene Struktur hin analysiert (Fagan 1970; E. Polster 1966; 1986). Dies ist die Umkehrung der Übertragungsanalyse, die im vorhergehenden Kapitel erörtert wurde. Darin liegt auch die Bedeutung der Gegenwartszentriertheit oder der Konzentration auf das Hier-und-Jetzt in der Gestalttherapie: Nicht dass Vergangenheit und Zukunft nicht relevant oder für die Diskussion nicht zulässig seien, sondern dass sie benutzt werden als Kommentar oder Klärungsmöglichkeit für die *gegenwärtige* Interaktion oder Organisation, die um ihrer selbst willen analysiert wird (E. Polster 1985).

Dieser Ansicht von einer Neuorganisation des Feldes und des Verhaltens in der Therapiesitzung entspringt die Idee des strukturierten Gestaltexperiments. Zinker (1977), der die Anwendung formaler Experimente in der Therapie am umfassendsten und brillantesten herausgearbeitet hat, beschreibt einen Prozess von etwa sieben oder mehr unterschiedlichen Schritten bei der Inszenierung dieser therapeutischen Mini-Dramen, die sehr eng mit dem Wort *Gestalt* verbunden sind: (1) Basisarbeit – vor allem eine Phase des Zuhörens, damit ein Thema gefunden wird, an dem man arbeiten kann; (2) Vertragsabschluss – eine eigene Phase, in der man mit dem Klienten eine Vereinbarung aushandelt, dass dieses Thema jetzt in dieser Weise aufgegriffen wird; (3) Einstufung – dies bezieht sich auf die Einstufung der experimentellen Aufgabe, indem sie schwieriger oder leichter gemacht wird (eine Erweiterung des Vertragsprozesses, den Zinker S. Nevis verdankt); (4) Bewusstheit/Energie/Unterstützung – (ein Zusammenziehen mehrerer Stufen bei Zinker). Dies bedeutet die Erforschung der Bereitschaftshaltung des Klienten, während er sich darauf vorbereitet, den neuen, vorgeschlagenen Schritt zu gehen; (5) Inszenierung – die neue Aktion selbst, die in etwas unmittelbar Zwischenmenschlichem bestehen kann wie z.B. darin, dass der Klient dem Therapeuten seine Gefühle im Zusammenhang mit etwas erzählt, was er getan hat, oder möglicherweise in etwas eher Psychodramatischem, dem Ausagieren einer Phantasie, dem Gespräch mit einer abwesenden Person oder einem vorgestellten Teil seiner selbst, einer inneren Stimme usw.; (6) Abschlussgespräch – der Austausch über die neue Erfahrung, wie sie sich anfühlte, was sie in Erinnerung rief, wie sie in Verbindung mit anderen Erfahrungen oder Gefühlen in der Vergangenheit oder Gegenwart steht usw. (Zinker 1977, Kap. 6). Dieses Schema folgt natürlich den Stufen des Zyklus des Erlebens und müsste daher der gleichen Kritik unterworfen werden, nämlich dass der Ansatz leicht zu »figurgebunden« in jenem Sinn wird, wie es in vorhergehenden Kapiteln erörtert wurde. Das Schema konzentriert sich offensichtlich auf die Kontaktfigur des Augenblicks, damit man einen »realen« Prozess hat, den man analysieren und handhaben kann, und zwar in der Hoffnung, dass man einen Prototyp oder generalisierbaren Fall für den Kontaktstil des Klienten zu fassen bekommt – aber immer noch auf Kosten einer bestimmten Impulsivität, einer Gleichgültigkeit gegenüber oder relativen Vermeidung der Frage nach verlässlich organisierten Merkmalen des Grundes, die über die Situation und die Zeit hinausreichen (Merkmale also, die zu einer Gestaltdefinition von Persönlichkeit oder Charakter oder eines anderen Begriffs wie Gewissen führen würden, der in Perls' Sichtweise einen besonders schlechten Beigeschmack hat; Perls 1947; 1973).

Gleichzeitig besteht das Markenzeichen eines Zinkerschen Experiments nach den oben skizzierten Stadien in der außerordentlich starken Betonung der Interaktion zwischen Therapeut und Klient (oder in einer Gruppensituation, auch der zwischen Klient und anderen Gruppenmitgliedern; 1977, Kap. 7). In den Händen von Perls wurde diese Interaktion im Experiment auf ein absolutes Minimum reduziert (Perls 1969a, 1969b, 1973). Dort wurde die Beteiligung des Klienten bei der Wahl der Gestaltung der Einstufung des neuen Verhaltens oder der zu erprobenden Aufgabe im wesentlichen auf ein schlichtes »Ja« oder »Nein« eingeschränkt: Perls wies an, und der Klient konnte zustimmen oder auch nicht (in diesem Fall wendete sich Perls einem fügsameren Teilnehmer zu, nicht ohne eine therapeutisch herabsetzende Bemerkung über die unkooperative Person von sich zu geben). Das heißt, bei Perls ging die Aktivität in der Therapie vom Experiment an sich, wie Zinker es definiert, weg (das heißt weg von etwas, das gemeinsam *ad hoc* aus der unmittelbaren Situation heraus konstruiert wird) und war eher das, was Zinker eine Übung nennt (1977, Kap. 6) – das heißt etwas Vorstrukturiertes, das der Therapeut einbringt. Im Extremfall konnte dies eine absurde Länge erreichen, beispielsweise wenn Perls eine ganze Gruppe aufforderte, sein Gestalt-Credo, ein bekanntes »Gedicht«, in dem der Sprecher einer rigiden und gesetzlosen Autonomie Treue schwört, zu intonieren, oder wenn er einen Klienten dazu aufforderte, jeder seiner Aussagen die Phrase »hier und jetzt« voranzustellen (Perls 1973; From 1982).

In jedem Fall stellt sich sowohl bei dem interaktiven Experiment Zinkers als auch bei Perls' Übung die Frage, ob der Therapeut nicht mit all diesen weitgehenden Strukturierungen und Anweisungen tatsächlich wieder »die Couch einführt« (nach Polsters gelungener Formulierung; E. Polster 1985).

Das heißt, Freuds große Entdeckung, auf die er beiläufig stieß, aber die er in brillanter Weise als großes Potential erkannte, war, dass der Schlüssel zur Veränderung in der Psychotherapie, die Dimension, die den interpretativen Prozess zum Leben erweckte, in der *gegenwärtigen Beziehung* (wie immer sie verstanden wurde) zwischen Therapeut und Klient lag. Zwar verwies er die emotionale Bedeutung des Austauschs in die Vergangenheit und spielte die Bedeutung gegenwärtiger Gefühle herab, indem er diese Beziehung lediglich als Übertragung charakterisierte. Dennoch wurde die Tür mit diesem Modell nicht nur für effektive Therapie geöffnet, sondern auch für die weitere Entwicklung und die Betonung der Analyse gegenwärtiger Interaktion, gegenwärtiger Organisation, als Fokus der Therapie. Wie oben ausgeführt, ist diese Betonung der Kern des Gestaltansatzes, der sich, wie wir sahen, auf Lewins Diktum bezieht, dass die *Ursache und Bedeutung* des gegenwärtigen Verhaltens in der gegenwärtigen Dynamik und nicht als unvermittelte Ursache angesehen werden darf, wobei die Vergangenheit als Bezugsrahmen gilt (vgl. Lewin 1935, bes. Kap. 3 u. 4 bezüglich der Diskussion dieses nicht anerkannten Beitrags, ohne den man sich schwer getan hätte, das Gestaltmodell zu erklären). Gleichzeitig liegt die Konzentration auf der Interaktion im Hier-und-Jetzt zwischen Klient und Therapeut auch im gegenwärtigen Trend traditioneller neofreudianischer Therapie, außer in sehr altmodischen Zentren; dies rührt zweifellos teilweise vom Einfluss der Gestalttherapie her und von der Konkurrenz mit ihr und anderen gegenwartszentrierten Therapien, aber teilweise auch von der gleichzeitigen Entwicklung der Objektbeziehungstheorie, die der Vergangenheit zwar in etwas direkterer Weise ursächliches Gewicht geben mag, aber im Hinblick auf die Verwendung der gegenwärtigen Interaktion in der Therapie zu einem ganz ähnlichen Ergebnis gekommen ist (vgl. z.B. Winnicott 1986).

Es bedeutet also, »die Couch wieder einzuführen«, wenn man sich zurückwendet und sich extensiv auf vom Therapeuten angeleitete Experimente und Übungen verlässt, denn sie haben gewöhnlich einen externen Fokus im Sinne einer dritten Partei (wenn es nicht ein rein intrapersonaler ist); das heißt, in der Beziehung zwischen Klient und Therapeut wird wieder eine Barriere errichtet oder eine Distanz hergestellt. Letztendlich ist diese Beziehung das unmittelbarste, »wirklichste« und authentischste gegenwärtige »Laboratorium«, das beide Parteien im Sinne Goodmans zur Verfügung haben, um die entscheidende Frage zu erforschen, wie der Klient seine subjektive Welt, seine Interaktionen und sein Leben organisiert. Auf Goodmans Sichtweise von Therapie als einem experimentellen oder sicheren Notfall aufzubauen, hieße mit anderen Worten, dass das aktuelle und gegenwärtige »Experiment«, das während der gesamten Therapie andauert, vor allem in der Tatsache besteht, dass der Klient *zur Therapie kommt*; es ist die Entscheidung oder Haltung, die der Klient auf der Basis nur sehr ungenauer Informationen und Garantien getroffen hat, um eine neue *Einstellung* gegenüber seinem Leben und seinen Problemen einzunehmen, sie als exemplarisches Material für die Untersuchung heranzuziehen, und zwar nicht nur im Sinne akuter Probleme als solcher, die nach einer unmittelbaren Lösung drängen (mit der ganzen Spannung, die in dem Aufschub dieser Lösung zugunsten der Erforschung liegt) – und all dies im Beisein einer anderen Person, einer relativ fremden, an die man ein beträchtliches Maß an Autorität abgetreten hat, vor allem hinsichtlich eigenen Unbehagens und eigener Dissonanzen angesichts schmerzhaften oder mit Scham belasteten Materials (da es in dem Prozess einzig und allein um die Verletzung von Erwartungen und die Zerstörung von gewohnten Bewusstseinsstrukturen geht).

In diesem Licht betrachtet scheint der Akt der Vertragsverhandlung für das Experiment, der so geduldig und respektvoll im Modell von Zinker nachgezeichnet wird, viel interessanter zu sein und potentiell viel wertvoller für die Erforschung und das Experimentieren als das offizielle, formale Experiment selbst. Das heißt, die ganze Art und Weise, wie der Klient Gegenseitigkeit, Macht, Verständnis oder Missverständnis, Selbstenthüllung, Hoffnung und Resignation, Selbstbehauptung und Einfluss und Zuneigung und Erotik und Arbeit und Spiel usw. *im Prozess der Vertragsverhandlung selbst* mit einer anderen Person unter den besonderen Bedingungen der Therapie organisiert und erlebt, ist ein reichhaltigeres Untersuchungsfeld als die Art und Weise, wie er das sogenannte Experiment selbst ausführt und erlebt. Aber all dies kann leicht vergessen werden, wenn beide Parteien ihre Aufmerksamkeit auf die »Aufgabe« lenken, sozusagen auf die »Couch«, die dazwischengeschoben wurde. Oder die vielmehr als Beispiel für beide Parteien eingeführt wurde, damit sie zur Erforschung der organisierenden Muster von einem von ihnen genutzt werden kann, was dann aber zur Blockierung oder Ablenkung für eben diese Erforschung werden kann.

In den Händen eines empfindsamen und auf natürliche Weise partnerschaftlichen Therapeuten wie Zinker werden diese Probleme, diese Transaktionen, sicherlich im Prozess immer wieder und vor allem auch in der Abschlussphase diskutiert (1977). Unglücklicherweise beachtet nicht jeder Gestalttherapeut, wie die Literatur allzu klar zeigt, die Bedeutung dieser Transaktionen selbst für den Prozess der Therapie als Experiment und als

Material für die Erforschung. Wie Karikaturen und Selbstironisierungen der Therapie (sei es eine Freudsche oder eine andere) eindeutig zeigen, ist es einfach,»Therapie zu machen«, solange man eine»Couch« der einen oder anderen Art hat – eine feste Struktur und Autorität, mit der man die verwirrenden zwischenmenschlichen Aspekte des Prozesses kontrollieren kann und durch die man immer wieder in die Lage versetzt wird zu wissen, was man als nächstes sagt. Auf diese Weise werden»Übungen« und sogar einfallsreiche und passende»Experimente« in den Händen von weniger Begabten leicht zu einem Ersatz für das dynamische theoretische Verständnis des Klienten, des Menschen im allgemeinen und der produktiven (und sicheren) Intervention für Veränderung. Daher trifft das Diktum zu, das Lewin zugeschrieben wird, dass»eine gute Theorie die beste Praxis« sei (Marrow 1968), weil uns eine gute Theorie sagt, was wir wann zu tun und zu unterlassen haben und warum. Wenn Therapie selbst ein Experiment ist, warum verfolgen und verhandeln und reflektieren wir sie nicht, während sie voranschreitet, ohne die Einführung anderer formaler Strukturen, deren Formalismus selbst uns von dem zwischenmenschlichen Fokus der Therapie ablenkt? Die andere Richtung zu wählen, das heißt, sich eindeutig auf die vom Therapeuten gelenkten Aktivitäten und die darin begründete formale Autorität zu verlassen, heißt, den Schutz zu beseitigen, den der Klient gegen schlechte oder destruktive Therapie hat (und gleichzeitig sein bestes Experiment für ungültig zu erklären): nämlich sein Recht darauf und die Unterstützung dafür, dass er sich auf einen partnerschaftlichen Prozess und partnerschaftliches Feedback einlässt, beeinflusst und widersteht, Vorschläge macht und sich beschwert, während dieser intime und empfindliche Prozess sich entfaltet – genau das, was ihm so oft in seiner eigenen, ursprünglichen, problematischen Erfahrung in intimer Abhängigkeit fehlte.

Und schließlich, wie bereits erwähnt, müssen wir fragen, ob diese aneinandergereihten Aktivitäten, dieses Inszenieren des»entscheidenden Experiments« der Stunde – selbst in den künstlerischen Händen eines kreativen Klinikers wie Zinker – nicht die episodischen, zusammenhanglosen, spontan-impulsiven Tendenzen verstärkt, die schon im Goodmanschen Modell angelegt sind und die wieder im Zyklus des Erlebens ausgedrückt werden, wenn diese (wie das leicht geschieht) vom Kontext stabiler und fortdauernder Lebensstrukturen losgelöst präsentiert werden. Das Ergebnis kann in der üblichen Gestaltsprache ein »Stück Arbeit« sein, das eben auch nicht mehr ist als Stückwerk.»Dem Klienten da begegnen, wo er ist« – sicherlich ein vernünftiger Vorschlag und ein willkommener Gegenpol zu dem Prokrustesbett psychodynamischer Exzesse –, wird dann nicht zu einem »wo er ist« in irgendeinem Entwicklungsprozess, wie er theoretisch vom Therapeuten verstanden wird, oder einem »wo er ist« in der Entfaltung seines eigenen Lebens und seiner Probleme, sondern nur eben das: »wo er ist«, im Augenblick, ohne direkte Berücksichtigung dessen, wo er in der letzten Sitzung oder im letzten Monat war oder wohin er sich bewegt, seiner Ziele, seines Bestrebens, seiner Werte, Verpflichtungen und anderer strukturierter Merkmale seines persönlichen Grundes. Das Ergebnis kann Stückwerk in ständiger Neuauflage sein. Wie Goldsteins Arbeit zeigte, ist der Drang zur bedeutungsvollen Organisation des Verhaltens auf einer höheren Ebene als dem unmittelbaren »Zyklus« ein natürliches und wesentliches Zeichen für Gesundheit; wenn dieser Drang frustriert oder nicht ermöglicht wird, setzt sich im Gestaltansatz eine Tendenz zur Vervollständigung durch, will sagen, zu wiederholten Versuchen, immer wieder das gleiche zu lösen (ganz entsprechend der Erklärung von Goodman für den sogenannten »Wiederholungszwang«, wie im vorhergehenden Kapitel erörtert).

»Woran sollen wir heute arbeiten?« ist eine häufig zitierte Frage des Gestalttherapeuten an den Gestaltklienten (Zinker 1977). Bei übermäßig kontrollierten Klienten in übermäßig kontrollierten Zeiten mag die Verbindung zwischen diesen »Stücken an Arbeit« durch »organismische Selbstregulation« tatsächlich funktioniert haben. Heute kann es dagegen oft der Fall sein, dass diese »Arbeiten« – die isolierten Zyklen von der Impulsbildung zur Befriedigung – gar nicht das Problem sind. Das Problem kann vielmehr in den fehlenden Verbindungen zwischen den einzelnen »Arbeiten« liegen, also der Bildung bedeutsamer Ganzheiten, des Zwecks, des Engagements und der Bedeutung und damit der Befriedigung und Freude in einem aufeinander aufbauenden und nicht nur episodischen Sinn. In diesem Fall bestünde die Gestaltintervention der Wahl darin, dass man von formal strukturierten Experimenten, Übungen und dergleichen ganz absieht und sich stattdessen auf den fortdauernden Prozess des Engagements in der Therapie selbst konzentriert, also das »Dranbleiben« (womit Perls' infantiler »Klammerbiss« rehabilitiert wäre[2]; Perls 1947, Teil II, Kap. I) – und dass die sich allmählich aufbauende Befriedigung die Kosten, die Verluste und die neuen Freiheiten, die aus dem dauerhaften Engagement hervorgehen, sowie anhaltendes, leidenschaftliches Interesse die Früchte jenes einen Experiments sein können, dem sich der Klient bis dahin niemals ausgesetzt hatte.

Die interpersonale Perspektive

Im Werk von Perls von 1947 bis zu seinen posthum veröffentlichten Arbeiten im Jahr 1973 wird alles Interpersonale ständig im Vergleich zu allem »Autonomen« abgewertet. Andere Menschen, Beziehungen, die Familie und die Gemeinschaft werden alle erst einmal in die unpersönliche Kategorie »Umwelt« abgeschoben und dann konsequent im »Fortschritt« von »Unterstützungen durch die Umwelt hin zu Selbstunterstützungen« zurückgelassen, was Perls mit dem Wachstum vom Kleinkind zur Reife oder Gesundheit gleichsetzt (vgl. irgendeines von Perls' Werken, besonders 1973). Goodmans eigene, sehr tiefgreifende Ambivalenz gegenüber der Beziehung zwischen sozialem Zusammenhalt und individueller Entwicklung wurde ausführlich im dritten Kapitel erörtert. Im allgemeinen kann man sagen, dass er, obwohl seine theoretische Formulierung keine direkte Herausforderung für Perls in diesem Punkt darstellt (wie es beispielsweise für Lewins Arbeiten gilt), doch deutlich der anderen Sichtweise zuneigt. Unter den neurotischen Spaltungen, die Goodman mit dem Gestaltansatz aufzugreifen und zu heilen hofft, ist beispielsweise die falsche Dichotomie von »persönlichen und sozialen« Dimensionen (womit er ganz Perls folgt), die Goodman zufolge zur »formalen und symbolischen statt zur wirklich gemeinschaftlichen Befriedigung« führt, selbst bei jenen »interpersonalen Therapeuten« (vermutlich den Anhängern Sullivans), die diese angenommenen Pole von einer anderen theoretischen Basis her zu integrieren versuchten (Perls u.a. 1951, 285).

Ohne irgend etwas davon auf einer theoretischen Ebene in Frage zu stellen, führte Isadore From trotzdem unter seinen Cleveland-Schülern eine bedeutsame Neuakzentuierung des Modells ein und verbreitete sie; dabei nahm er eine eindeutig positive Einschätzung der interpersonalen Dimension vor. Ein gutes Beispiel für diese Akzentverschiebung ist Froms Zugang zu Träumen, ohne dass er die problematischen Bereiche im Modell selbst aufgreift. Während Perls den Traum als reine Projektion behandelte und den Klienten in einer Art formal gesteuertem Psychodrama oder Gespräch anwies, »alle Teile des Traums zu spielen« (1969a; 1969b), geht From einen anderen Weg. Indem er sich auf das interpersonale Potential von Perls' eigenem Widerstandsmodell bezieht, nimmt From den Traum zumindest hypothetisch als eine Retroflexion (From 1978). Das heißt, er betrachtet den Traum, besonders einen Traum, der dann. wenn er unmittelbar vor oder nach einer Therapiesitzung stattfand, vorsichtshalber als einen Ausdruck für das, was der Träumende *zu sich selbst* sagt und was er nicht *zum Therapeuten* sagen konnte. Diese kreative Neuformulierung, die tatsächlich eine neue Idee ist, die weit über die ganz ähnlichen Ansätze von Perls und Freud hinausgeht, hat dann die Wirkung, dass die Aufmerksamkeit zurück zur Therapeut-Klient-Beziehung verlagert wird, die das gehaltreichste Forschungslabor und Experiment für den Prozess des Klienten darstellt – ganz entsprechend der Argumentationslinie der Kritik im vorherigen Abschnitt.

Die *Cleveland School* ist in der From/Goodman-Akzentuierung und in Abgrenzung zu Perls' Solipsismus so weit gegangen, dass schließlich die Prozesse der Introspektion, Meditation und Einsamkeit (ganz abgesehen von Masturbation, die im vorherigen Kapitel erörtert wurde) letztlich zu etwas Schlechtem wurden. Ein Beispiel dieser Ambivalenz hinsichtlich der Einschätzung dieser und ähnlicher zuvor erwähnter Erfahrungen ist die Erörterung des »Widerstands« der Retroflexion durch die *Cleveland School*. Retroflexion war bei Perls eindeutig die Rückwendung normaler Kontaktprozesse »gegen das Selbst« – das heißt dentale Aggression – die in angemessener und nicht-neurotischer Weise nach außen gerichtet wird (tatsächlich ist, wie wir gesehen haben, das »Kauen« der Umwelt die einzige Form der Verbindung mit dieser, die Perls als gesund zulassen kann; Perls 1947, Teil II, Kap. III u. XIII). Aber was geschieht dann mit der »Selbstunterstützung« – diesem Sorgen für sich selbst, statt dies von anderen zu erwarten – die Perls mit Gesundheit gleichsetzte, die aber dem Modell des *Austauschs* mit der Umwelt (einschließlich der sozialen Umwelt) zufolge als ein Kurzschließen normaler, gesunder Prozesse auftauchen kann? Welches ist der neurotische »Widerstand gegen Kontakt«: das Versäumnis, die persönliche Grenze aggressiv zu überschreiten und dabei die nach außen gerichtete Energie statt dessen gegen das Selbst umzulenken; oder das Versäumnis, nach einem Überschreiten dieser Grenze durch die andere Person in liebevoller, nahrhafter, vielleicht auch erotischer Weise zu *suchen* (in Perls' Metaphorik sozusagen »sich selbst aufzuessen« – beispielsweise, indem man in der Phantasie lebt)? Wie soll man Masturbation als eine metaphorische Angelegenheit einschätzen, die ja per Definition eine erotische Erfahrung mit dem Selbst statt mit anderen Menschen ist? (Wie bereits erwähnt, versäumt es Goodman aus offensichtlichen Gründen, das Problem zu klären, indem er versucht, dies als reine Retroflexion vom Perlsschen Typus zu klassifizieren, wobei er der Aktivität ein aggressives Motiv unterstellt.)

Die Lösung des Cleveland-Modells für die ungelöste Spaltung Goodmans und Perls' in diesem wie auch in anderen Fällen besteht darin, dass sie einen doppelten Weg gehen. Die letztere Art der auf das Selbst gerichteten Aktivität des Nährens und Erfreuens des Selbst wird auch als Retroflexion klassifiziert, aber als Retroflexion eines sekundären »Goodmanschen« Typus. Das heißt, im ersten Typus oder der Retroflexion-I haben wir den Fall, dass man versäumt, seinen eigenen transaktionalen Drang auszudrücken (sei es ein aggressiver wie bei Perls oder ein liebevoller o.ä.), und ihn konsequenterweise gegen sich selbst richtet. Selbstbestrafung, Selbstkritik, Selbstverachtung sind Beispiele dafür, aber auch Sorge für sich selbst, *wenn* diese eine Rückwendung (Retroflexion) eines ursprünglichen Sorgeimpulses gegenüber einer anderen Person ist. Im zweiten Typus oder der Retroflexion-II haben wir den umgekehrten Fall. Hier wird der Wunsch, *versorgt zu werden* – genährt, angeregt, angesprochen, gestreichelt oder anderweitig unterstützt und erfreut zu werden –, der von einer anderen Person erkannt und erfüllt werden *sollte*, stattdessen von einem selbst für sich selbst erfüllt (vgl. Polster & Polster 1973, 82 ff.; auch Zinker 1977, 103). Mit anderen Worten, wir haben Perls jetzt verlassen und sind in das andere Extrem gegangen. Während bei Perls Unabhängigkeit und Kontakt als orale Aggression das Ideal waren und Retroflexion eines der vielen möglichen Versäumnisse darstellte (tatsächlich verstanden als mögliche Konsequenz der ursprünglichen Kontaktunterbrechung durch Introjektion), ist jetzt Kontakt als Austausch das Ideal, und jeder Rückzug auf das Selbst (z.B. Introspektion im Goodmanschen Sinn wie oben erwähnt) ist *auch* ein Versagen. Von einer übertriebenen Unabhängigkeit sind wir jetzt am entsprechenden Gegenpol angekommen, nämlich dem von Misstrauen oder Entwertung jeder Geste, die die interpersonale Grenze *nicht* überschreitet und eine andere Person mit einbezieht. Im theoretischen Extrem wäre dies eine Bewegung von der zwanghaften Isolation (Perls) zur zwanghaften Geselligkeit (Goodman; in der Praxis wird dieses Extrem von den Autoren beträchtlich abgeschwächt; vgl z.B. Polster & Polster 1973; Zinker 1977; L. Perls 1982).

Gleichzeitig und neben diesem unklaren theoretischen Bereich haben die Autoren der Cleveland-Gruppe dazu beigetragen, sowohl die Konzentration auf die einzelne Person im Modell von Goodman und Perls als auch ihr eigenes Zyklus-Modell zu überwinden. Besonders Zinker und S. Nevis haben das Zyklus-Schema zu einem interaktiven Zyklus hin erweitert, indem die Motivationsrhythmen zweier Personen verglichen werden, um Punkte der Übereinstimmung und Nicht-Übereinstimmung identifizieren zu können (Zinker und S. Nevis 1981; E.C. Nevis 1987). Diese Autoren haben auch die Auffassung von einem geteilten »Mittelgrund« zwischen den Parteien bei einem Paar oder einer anderen Dyade erforscht. Obwohl ihr Verständnis des Begriffs »Grund« ein wenig von der Auffassung abweicht, die in dieser Kritik entwickelt wird, lenkt dies dennoch das Modell »Figur des Kontakts« in die Richtung einer Beachtung der *Struktur des Hintergrunds*, wofür wir uns in der ganzen bisherigen Argumentation eingesetzt haben. Wenn zwei Menschen bestimmte Bereiche haben, auf die sie im Falle eines Konflikts oder einer Meinungsverschiedenheit zurückgreifen können (der »Mittelgrund« im Sinne von Zinker und S. Nevis bezieht sich auf konfliktfreie Bereiche zwischen zwei Menschen), dann weist dies auf die Existenz und die Analyse dauerhafter Strukturen im Feld hin, die über die Frage des augenblicklichen Bedürfnisses oder die Figur hinausgehen (vgl. auch Zinker u. S. Nevis 1985; 1986).

Gruppendynamik

In den Gruppen von Perls gab es, was kaum erstaunlich ist, keine Gruppendynamik – oder vielmehr, es gab sicher eine, aber sie wurde unterdrückt und als nicht relevant für die fortlaufende »Arbeit« angesehen (Perls 1969b). Tatsächlich hatte Perls die Gewohnheit, Gruppenmitglieder abzukanzeln, die versuchten, ihre Reaktionen oder Kommentare (oder ihre Herausforderungen) zu dieser Eins-zu-Eins Arbeit mit dem momentanen Klienten einzubringen (1969b; 1973). Im Anschluss an From (und zumindest implizit auch an Goodman) wurde dies in der *Cleveland School* umgedreht. Zinker (1977) veranschaulicht diese Aufmerksamkeitsverschiebung, wenn er die »Prinzipien des Gestalt-Gruppenprozesses« formuliert, die die »Gruppenerfahrung«, »Gruppenbewusstheit«, den »aktiven Kontakt zwischen den Teilnehmern« und »die Verwendung interaktiver Experimente unter Anleitung des Gruppenleiters zwischen den Teilnehmern« hervorheben (161). Dies bringt die »Gestalt-Gruppen« (in der Version von Cleveland) eindeutig auf Distanz zu Perls' Modell (und auch zum traditionellen psychodynamischen Modell, auf dem Perls' Modell aufbaut, wobei nur die gesteuerte Interpretation durch die gesteuerte Aktivität ersetzt wird) und rückt sie in größere Nähe zu einer Encountergruppe oder einer Gruppentherapie, die sich ganz auf den Gruppenprozess verlässt – wobei nur die strukturierten Experimente und Übungen hinzugefügt werden (vgl. Yalom, Bond, Bloch, Zimmerman & Friedman 1977).

Zweifellos ist dies eine nützliche und produktive Verschiebung der Aufmerksamkeit und entspricht einem effektiven Ansatz der Gruppenarbeit (Polster & Polster 1973; Zinker 1977). Das einzige Problem bei diesem Ansatz im Sinne der hier verfolgten Argumentation besteht darin, dass er dem Modell von Goodman und Perls nicht nahtlos folgt und sich auch nicht ganz mit diesem verträgt (also der Analyse einer klaren Figur vor einem leeren Grund); er folgt auch nicht aus dem Modell des Zyklus des Erlebens, das die kreative Erweiterung der ursprünglichen Darstellung von Goodman und Perls ist. Wenn »Gruppenerfahrung« und »Gruppenbewusstheit« etwas bedeuten sollen, dann müssen diese Begriffe sich auf die gemeinsame Geschichte der Gruppe beziehen, das heißt auf das, was in Begriffen des Gruppenprozesses gewöhnlich die Normen, Werte, Verträge, Zustimmungen (einschließlich der gemeinsam akzeptierten Wahrnehmungen), Funktionen, Rollen, üblichen Vorgehensweisen usw. sind. Aber diese sind nach meiner Terminologie strukturierte Merkmale des Grundes, demgegenüber oder vor dem die besonderen Transaktionen und Probleme der einzelnen Teilnehmer die »Kontaktfiguren« des Augenblicks darstellen. Dem Gestaltmodell (und besonders Goodman) zufolge sollte man darauf bestehen, dass es überhaupt keinen Sinn ergibt, von einer besonderen Handlung oder Geste in der Gruppe zu sprechen oder ihr Bedeutung zu geben – sagen wir, einem aggressiven Einstieg – ohne Bezugnahme auf die relativ stabilen, überdauernden Merkmale oben aufgeführter Art. Eine feindselige Transaktion in einer Aufsichtsratssitzung von *General Motors* hat offensichtlich eine ganz andere Bedeutung und andere Folgen als zum Beispiel in einer Therapiegruppe (und in einer Cleveland-Gestaltgruppe eine andere Bedeutung als in einer Perlsschen Gestaltgruppe, wie man sie auch heute noch unter den Schülern von Perls finden kann; vgl. beispielsweise Simkin & Yontef 1984; auch Zinker 1977, 159). Das gleiche gilt für eine Geste der Zuneigung, der Macht, der Unterstützung oder was auch immer. In all diesen Fällen erhält die Figur (oder das Verhalten, also die Geste selbst) ihre Bedeutung in Beziehung zum strukturierten Grund, das heißt im Rahmen der Normen, Ziele, Werte usw. der Gruppe.

Der Fokus auf der *Interaktion*, den Zinker befürwortet, folgt aber auch nicht sehr eindeutig aus dem individuumzentrierten, »figurgebundenen« Modell. Das heißt, wenn die »klare Figur« das letzte und eigentliche Kriterium meiner eigenen Gesundheit ist, welchen Unterschied macht es für mich dann in persönlicher und in theoretischer Hinsicht, ob die anderen Personen in meiner »Umwelt« eine klare Figurbildung haben oder nicht, wenn sie doch, theoretisch gesprochen, für mich nur als Ressourcen da sind? Es erfordert die Berücksichtigung der gemeinsamen und fortdauernden Geschichte, der organisierten Strukturiertheit des Grundes und *die Einbeziehung dieser Elemente in die theoretische Definition einer gesunden Funktionsweise* im Sinne der hier vorgeschlagenen Argumentation, um die Verbindung herzustellen. Die Cleveland-Gruppe liegt ganz richtig und befindet sich sehr in Übereinstimmung mit der gestaltpsychologischen Theorie, wie sie hier dargestellt wurde, wenn sie diese Akzentverschiebung vom Perlsschen Modell weg vornimmt, das weit eher »frühe Psychoanalyse« als »späte Gestalt« war. Aber diese wichtige Verlagerung des Fokus kann theoretisch nicht vollständig legitimiert werden ohne Rückgriff auf die gründliche Kritik am »figurgebundenen« Modell, die wir hier zusammengetragen haben.

Arbeit mit Systemen

Mit der Erweiterung des Gestaltmodells auf die Arbeit mit Familien, Organisationen und Gemeinschaften betreten wir ein Feld, das für Perls' Denken ebenso fremd war wie für Freuds; wir betreten eine Region, die übersät ist mit den Trümmern fehlgeschlagener Versuche, aus verschiedenen theoretischen Perspektiven vom Individuum auf das soziale System hin zu generalisieren (wobei das psychodynamische Modell vermutlich für die meisten Trümmer verantwortlich ist; vgl. z.B. Bion 1958). Für Goodman dagegen wäre die Idee, ein psychotherapeutisches Modell auf Probleme der sozialen, Gemeinde- oder gar Weltebene anzuwenden, nicht unstimmig gewesen (vgl. z.B. 1947; 1960; 1962). Dennoch gerät der Versuch, diesen Sprung vom Modell Goodmans und Perls' aus zu wagen, in die gleichen Schwierigkeiten wie die Generalisierung auf interaktive Fälle oder kleine Gruppen hin: nämlich zu den (jetzt schon) vertrauten Problemen, die mit der Konzentration auf die Figur einhergehen, wo doch institutionelle Formen, wie fließend oder informell sie auch immer sein mögen, per Definition organisierte, strukturelle Merkmale des *Grundes* sind.

Ein Ansatz bei dem Versuch, das vorgegebene Modell auf Probleme der Systemebene ohne bedeutsame Revision der theoretischen Annahmen selbst anzuwenden, ist das von Brown und Merry (1987; vgl. auch Merry & Brown 1986) in ihrer Erörterung der »neurotischen Stile« von Organisationen. Im Grunde führt dies dazu, dass die bekannte Liste der »Widerstände gegen Kontakt« herangezogen wird, um Analogien für jeden dieser »neurotischen Mechanismen« auf der Organisationsebene herzustellen. Das Ergebnis ist ein Katalog oder eine Typologie verschiedener theoretischer Dysfunktionen, die jeweils verschiedene unterschiedliche Organisationen oder Praktiken, seien diese typisch oder nur für bestimmte Zeiten und Orte gültig, charakterisieren können. Diese Perspektive bringt einen interessanten und nützlichen neuen Akzent für diagnostische Fragestellungen, aber die Begrenzungen dieses Aspekts scheinen der hier vorliegenden Argumentation zufolge in der normativen Ausrichtung des überkommenen Widerstandsmodells zu liegen. Das heißt, da nicht jeder »Kontakt« für jede Organisation (oder übrigens auch nicht für jedes Individuum) in gleicher Weise nahrhaft oder erwünscht sein kann, ist nicht ganz klar, wann die »Wahl« eines bestimmten Kontaktes ein dysfunktionaler Widerstand ist und wann nicht.

Eine Organisation hat, allgemein gesagt, einen bestimmten Existenzzweck, der in den einzelnen Fällen mehr oder weniger klar formuliert ist und der sich in gewisser Weise von dem eines Individuums unterscheidet; dies ist im Bereich der Organisationsberatung bekannt als »zentraler Auftrag« (in beiden Fällen kann das Fehlen eines bewussten Zwecks langfristig für die Gesundheit abträglich sein oder sogar tödlich). Die Aktivität, die gewählten Kontakte und sogar die erwünschten oder unerwünschten »Widerstände« einer bestimmten Organisation zu einer bestimmten Zeit und in einer bestimmten Situation scheinen aus den Zwecken und Werten dieser Organisation hervorzugehen und nicht aus einer vorher feststehenden Tabelle von Widerständen oder aus einem Modell für idealen Kontakt. Es ist daher nicht ganz klar, wie man diese Diagnosen der »Organisations-Widerstände« oder der »neurotischen Mechanismen« nutzen soll, nachdem sie einmal festgelegt wurden. Beispielsweise kann eine bestimmte Organisation in einer höchst autoritären Weise und sogar nach aggressiven Konkurrenzgesichtspunkten gegenüber anderen Firmen geführt werden – das heißt mit einem hohen Grad an Introjektion, innerer Konfluenz, Projektion und wahrscheinlich auch Retroflexion (in Form von Selbstunterstützung und Selbstkritik). Tatsächlich soll der größere Teil der japanischen Ökonomie nach eben solchen »neurotischen« Prinzipien geführt werden und allem Anschein nach sogar ziemlich erfolgreich. Aber die Einschätzung dieses Stiles erfolgt sicherlich in erster Linie im Rahmen der Ziele und der Produktivität dieser Firma und nicht im Rahmen irgendeines klinischen Ideals. Selbst wenn man den Fall nach »humanistischen« Vorstellungen betrachtet, kann man herausfinden, dass einzelne Mitglieder in diesem »neurotischen«

System ganz glücklich leben und arbeiten, ohne notwendigerweise selbst neurotisch zu sein – oder zumindest ist ihr Grad an Befriedung mehr auf ihre Einschätzung der Organisationshierarchie und ihren eigenen Platz darin bezogen sowie auf das Belohnungssystem der Organisation als auf ihre Ansichten darüber, wie »unneurotisch« eine Organisation sein sollte. Probleme dieser Art mit der Theorie der »Widerstände« im Modell von 1951 als ganzem werden im folgenden Abschnitt dieses Kapitels weiter betrachtet und dann später im nächsten Kapitel direkt aufgegriffen werden, wo behauptet wird, dass die gleichen Einwände, wie sie hier im Fall von Organisationen vorgebracht werden, auch für das ursprünglich individualistische Modell der »Widerstände« gelten und dass sie der Revision bedürfen, damit ihr vollständiges Potential als diagnostisches und normatives Werkzeug genutzt werden kann.

Ein zweiter Gestaltansatz für Organisationsprobleme besteht darin, dass das Modell einfach der Reihe nach auf verschiedene prominente Individuen innerhalb der betreffenden Organisation angewendet wird. Dies ist beispielsweise der Kern der Arbeit von Herman und Korenich (1977) und auch von vielen psychodynamischen Arbeiten über Organisationsprobleme. Sicherlich gibt es, je nach den Vertragsbedingungen, einen Ort für diese Art von Zentrierung auf individuelle Beratung in der Arbeit mit Systemen; aber es ist auch klar, dass dieses Vorgehen viele Probleme auf der Systemebene nicht behandelt. Tatsächlich scheint dieser Ansatz manchmal zu leugnen, dass es außer individuellen Persönlichkeiten überhaupt Probleme auf der Systemebene, das heißt Organisationsdynamiken, gibt.

Die nützlichsten und einfallsreichsten Erweiterungen der Anwendung des Gestaltmodells in der Literatur auf Organisationen und Systeme sind jene von E.C. Nevis (1983; 1987). Nevis' Stoßrichtung geht dahin, das Gestaltkonzept der Grenzen, der Beziehungen zwischen den Teilen und dem Ganzen und das Modell des Zyklus des Erlebens für die Erforschung der Strukturen und Prozesse des Lebens einer Organisation zu verwenden. Der beste Weg, ein System zu untersuchen, besteht einem weit verbreiteten Kernsatz zufolge, der Lewin zugeschrieben wird, darin, es zu verändern und dann zu sehen, was geschieht (zitiert in Burke 1980). Wie Nevis deutlich macht, ist die erste Veränderung oder Intervention im Organisationsfeld unter dem Gesichtspunkt des Gestaltmodells von der Perspektive des Beraters aus der Eintritt des Beraters selbst in das System (und man beachte die Parallele zu meiner Auffassung vom therapeutischen Kontrakt und der Therapiesitzung selbst als dem eigentlichen Experiment). Die Untersuchung dieses Kontaktes zwischen der etablierten Konfiguration und der neuen Umweltfigur (das heißt dem Berater) wird dann zum Prototyp für die Untersuchung anderer Kontaktmomente im Leben der Organisation und des Kontaktstils der Organisation, besonders wie er sich in den Konfigurationen an der Grenze ausdrückt. Hier haben wir endlich ein Modell der Gestaltanwendung, das, ohne dass es einige der Problembereiche direkt behandelt, wie sie in dieser Analyse diskutiert werden, dennoch bei der Ausnutzung des eigentlichen Potentials des Gestaltansatzes über diese früheren theoretischen Begrenzungen hinausgeht. Von hier aus konzentriert sich, allgemein gesagt, die Arbeit des Beraters auf die Bewusstheitsphase des systemeigenen »Zyklus« und bringt dadurch die existierenden, wahrscheinlich dysfunktionalen kreativen Anpassungen aus dem Gleichgewicht oder zerstört sie, zumindest potentiell, zugunsten anderer, umfassenderer Konfigurationen, die eine bessere Auflösung des Feldes im Rahmen der Systemziele darstellen. Während also Nevis das Problem von einem ganz anderen Punkt her anpackt als diese Kritik (von den Bedingungen und Konsequenzen der Interventionen statt von den theoretischen Widersprüchen des Modells her) gelangt er zu ganz ähnlichen Ergebnissen wie unsere kritische Analyse der »Widerstandstheorie«, besonders wenn sie auf Organisationen angewendet wird, wie wir in den folgenden Kapiteln ausführen werden.

Die Erweiterung des Perlsschen Widerstandsmodells

Wie im zweiten Kapitel erörtert, ist die Liste der »Widerstände gegen Kontakt« theoretisch endlos. Perls bezieht sich, wie wir gesehen haben, auf mindestens zweiundzwanzig Vermeidungen des Kontakts (1947; 65), bevor er sich auf seine Liste von vier hauptsächlichen Mechanismen des »Nicht-Kauens« konzentriert: Verdrängung, Introjektion, Retroflexion, Projektion (220). Im ersten Band von *Gestalt Therapy* wird Desensibilisierung noch extra hinzugefügt (191); demgegenüber lautet Goodmans Liste im zweiten Band: Projektion, Introjektion, Retroflexion, Konfluenz (seine Furcht vor der todbringenden Hand des sozialen Konformismus) und Egotismus (526) – aber an anderen Stellen listet er viele weitere auf (vgl. 511 ff.). E. Polster (1973) ergänzt die Liste durch Deflexion, aber er lässt Goodmans Egotismus weg (wie fast jeder andere Autor in diesem Bereich, soweit ich es sehen kann; eine seltene und wohlüberlegte Ausnahme macht Latner, 1982). Spätestens seit 1973 gilt dann E. Polsters Liste als standardisierter Kanon, als

»offizieller« Gestaltkatalog der Kontaktunterbrechungen, -vermeidungen oder -einschränkungen.

Aber ist das Unterbrechen, Vermeiden und Einschränken des Kontakts immer und notwendigerweise etwas Schlechtes? Ist es nicht vielmehr sowohl für den einzelnen als auch für das größere System wichtig, einige Verbindungen abzubrechen, andere zu vermeiden und wieder andere zu verringern oder vorzuziehen, wenn auch nur im Interesse des Zeitmanagements? Die *Cleveland School* war generell durch diese Unklarheit im Modell von Goodman und Perls irritiert, da es davon auszugehen schien, dass Kontakt über die persönliche Grenze hinweg ein vorzuziehender oder idealer Zustand sei oder dass alles, was nicht eine kontaktvolle Transaktion ist, wenigstens einen Teil des Zyklus darstellen solle, der in solch einem Augenblick seinen Höhepunkt findet, und dass alles andere Neurose sei. Ein Teil des Motivs für die Entwicklung des Modells des Erlebenszyklus war sicherlich in erster Linie, dass das verlorene Element *Zeit* in das Modell von Goodman eingeführt werden sollte, also das Bedürfnis, erst die Grundlagen zu legen und dann den vollständigen, befriedigenden Kontaktmoment darauf aufzubauen; außerdem sollte der Zyklus des Erlebens eine Phase der Ruhe oder des Rückzugs, welche die verschiedenen »Kontakte« unterbricht, in theoretischer Form legitimieren.

Zusätzlich neigen die Schriften der *Cleveland School* dazu, die positiven Aspekte der verschiedenen irritierenden »Widerstände« hervorzuheben, die per Definition negative oder behindernde Mechanismen im Lebensfluss zu sein scheinen. So hebt besonders Zinker (1977) den künstlerischen, kreativen Aspekt der Projektion hervor, also die positive Fähigkeit, einen Teil des Selbst vom anderen abzutrennen (das künstlerische Produkt) oder sich mit einem empathischen Sprung in die Welt einer anderen Person hineinzuversetzen und sich vorzustellen, dass man selbst diese Person sei (8 ff.). In gleicher Weise kann man sich bei jedem Widerstand positive Seiten vorstellen: Introjektion – die Fähigkeit, beispielsweise für eine Prüfung zu pauken, sich etwas vernünftig zu merken oder eine neue Idee auszuprobieren; Konfluenz – die Fähigkeit, den Unterschied zu unterdrücken und sich in kooperativer Weise zu bewegen wie zum Beispiel beim Tanzen, beim Sex oder bei vielen praktischen Aspekten des Gruppenlebens; Deflexion – die Fähigkeit, einem ermüdenden Konflikt oder einer anderen Begegnung auszuweichen oder sie zu verschieben, seinen eigenen Kriegsschauplatz zu wählen, eine Provokation zu ignorieren; und Retroflexion – wie zuvor erörtert die Fähigkeit, für sich selbst zu sorgen, etwas, das im Modell von Goodman und in der Erweiterung durch die *Cleveland School* ambivalent ist. Auf diese vielfältige Weise erhalten die alten »schlimmen« Widerstände plötzlich einen neuen Glanz als positive Umgangsformen in einigen Situationen oder sogar als eindeutig kreative Fähigkeiten, ohne die die Person in vielen Lebensbereichen gehandicapt wäre (man stelle sich einen Angestellten vor, der niemals introjizieren könnte, einen Liebhaber ohne ein Element von Konfluenz, ja sogar einen Preiskämpfer, der, sagen wir, niemals Schlägen ausweichen könnte, sondern sie alle mit dem Kopf voran von »Mann-zu-Mann« nehmen müsste [Perls u.a. 1951, 293]).

Das Problem dabei ist natürlich, dass die Widerstände, nachdem wir das Bild von ihnen ergänzt haben, überhaupt nicht mehr so etwas sind wie »Vermeidungen des Kontakts« im negativen Sinn. Oder zumindest haben wir unser klares, autonomes Kriterium dafür verloren, wann wir es mit einem »guten« und oder mit einem »schlechten« Widerstand zu tun haben. Was Goodman im Hinblick auf die sich vervielfältigenden Einheiten der Freudschen Geistesgeographie sagte, gilt auch hier: Statt eines unklaren Konzepts haben wir jetzt zwei unklare Konzepte (Perls u.a. 1951, 301). Denn wie sollen wir dem Modell zufolge wissen, wann ein entsprechendes Introjekt eine kreative oder notwendige Umgangsform und wann es ein abtötender, das Leben behindernder Widerstand gegen Kontakt ist? In Perls' Modell wussten wir wenigstens Bescheid (Introjektionen beispielsweise waren alle schlecht, außer vielleicht im Fall von Gruppenmitgliedern, die Perls' Anweisungen introjizierten). Und wenn wir nicht Bescheid wissen, wie sollen wir dann die Widerstände benutzen, um einzelne Personen oder Systeme zu analysieren oder gar zu diagnostizieren bzw. zu evaluieren? Auf diese schwierigen, aber möglicherweise klärenden Fragen wollen wir unsere Aufmerksamkeit im nächsten Kapitel richten.

Anmerkungen

[1] Vgl. jedoch Perls, Laura: Leben an der Grenze. EHP, Köln 1989; d.Ü.

[2] Der Autor spielt hier sprachlich mit dem Unterschied von hanging in (Dranbleiben) und Perls' hanging-on bite (Klammerbiss); d. Ü.

5. Kapitel

Ein neues Verständnis von Widerstand

Nach einer brillant einfachen Formulierung Goodmans lebt der Organismus, indem er seinen Unterschied zur Umwelt aufrechterhält (Perls u.a. 1951). Wir könnten ganz im Sinne Goodmans (wenn nicht sogar Perls') hinzufügen, dass er lebt, indem er seinen Unterschied aufrechterhält *und* indem er diesen Unterschied an der Grenze abschwächt, damit er einen Teil der »ungleichen« Umwelt, der »ähnlich« genug ist, findet und assimiliert, oder der ähnlich genug gemacht werden kann, um als Nahrung zu dienen (und dabei verändert er sich im Prozess). Nahrung ist nach Aristoteles (wie Goodman zitiert, 270), das, was unähnlich oder neu ist, was aber ähnlich oder harmonisch werden kann, das heißt, es verliert seinen Unterschied. Dies sind die zwei Pole des Überlebens und Wachstums des Organismus: Widerstand und Akkomodation oder, im Gestaltbegriff, Konfluenz. Beide Pole sind wesentlich für das Leben, das heißt für *Kontakt* im Sinne einer strukturierten Begegnung zwischen dem Organismus und der Umwelt (»an der Grenze«, wie Goodman sagen würde). Das gilt, ganz gleich, ob der jeweilige »Organismus« eine individuelle Person oder ein organisiertes System von Personen, also eine »Organisation«, ein Paar, eine Familie, eine Gruppe, eine Gesellschaft ist. Diese Prinzipien gelten überall: wenn nicht, wären wir überhaupt nicht in der Lage, von der Identität eines Organismus zu sprechen. Ohne *Organisation*, das heißt ohne *Grenze* (der Figur gegenüber dem Grund, dem »Ich« gegenüber dem »Nicht-Ich«), würde er überhaupt nicht als getrennte Einheit existieren, und wir wären nicht in der Lage, ihn zu sehen. Ohne »Widerstand« in diesem Sinn würde die Einheit schlicht mit dem Feld verschmelzen. In gleicher Weise gilt, dass dieses System oder die Einheit ohne ein Element der Konfluenz an der Grenze, ohne Minderung dieses Widerstands, bald untergehen und sich dann auflösen, das heißt wieder mit dem Feld eins werden würde.

Es ist daher sinnlos, von Kontakt zu sprechen ohne Bezug auf Widerstand *und* Konfluenz, die die beiden Pole des Kontakts sind, die natürliche, dynamische Spannung des Andersseins oder der Existenz, deren fortdauernde Lösung die kreative Anpassung ist, von der Goodman spricht. Es kann kein System, keinen Organismus geben, der länger als für einen Augenblick in diesem Sinn aus dem Kontakt mit der Umwelt tritt. Die eigentliche Definition des Organismus ist die *Grenze im Feld*. Diese Grenze trennt den Organismus vom Umwelt-Feld *und* verbindet sie beide zugleich, wie Goodman behauptet (Perls u.a. 1951, 269 f.). Das heißt, sie ist nicht so sehr der Punkt oder der Bereich des Kontakts, sondern vielmehr der Kontakt selbst, welche Form auch immer, welchen Typ oder Stil der Begegnung er in diesem Augenblick auch annehmen mag. Ohne fortdauernden Austausch hört der Organismus schnell auf zu existieren. Damit ein Austausch stattfinden kann – irgendein Austausch wie Atmen, Essen, Lernen, Manipulieren und sogar visuelles Wahrnehmen –, muss der Widerstand reduziert werden, aber nicht zu sehr, weil sonst Desintegration folgt. Ähnlichkeit oder Konfluenz muss übrigens auch zugelassen oder geschaffen werden – aber nicht zuviel, und zwar aus den gleichen Gründen. Diese Prozesse oder Funktionen *sind* die Kontaktprozesse und Kontaktfunktionen, die strukturierte Begegnung, die Beziehung mit der Umwelt. Zu behaupten, Kontakt sei das eine und Widerstand gegen Kontakt das andere, und dann hinzuzufügen, dass Konfluenz ein besonderer Fall dieses Widerstands sei (besonders des Widerstands ungenügenden Widerstandes), heißt, die Begriffe hoffnungslos durcheinanderzubringen. Die grundlegenden Annahmen des Gestaltansatzes – die Allgemeingültigkeit der Figur-Grund-Beziehung, der Grenzen, des Organismus-Umwelt-Feldes – lassen dies nicht zu. Goodmans eigenes Unbehagen bei dieser Rede von Widerstand in seinem eigenen Modell ist offensichtlich (vgl. z.B. Perls u.a. 1951, Band II, Kap. XV): Sie (die Rede) widerspricht dem gesamten Anliegen des Modells, das er so sprachgewandt im ersten Teil des gleichen Bandes konstruiert.

Natürlich kann der Organismus »außer Kontakt« oder unachtsam und empfindungslos gegenüber bestimmten *Teilen* der Umwelt sein (oder, wenn man dies noch weiter führt, mit Teilen oder Susbsystemen seiner selbst). Merkmale der Umwelt (oder des Selbst) können übrigens auch »außerhalb der Bewusstheit« liegen, und wie Goodman (manchmal) sagt, ist Kontakt Bewusstheit, eine strukturierte Wahrnehmung der Umwelt oder Begegnung mit der Umwelt (oder Bewusstheit plus bewusstes Verhalten [Perls u.a. 1951, 270]). Neurose (wieder in Goodmans Formulierung) ist kreative

Anpassung (das heißt Kontakt) »eines Feldes, in dem es Verdrängungen gibt« (522). Aber wenn wir Verdrängung sagen, meinen wir offensichtlich mehr als nur so etwas wie »außer Kontakt« oder »nicht in Berührung«: Wir meinen Bewusstheit oder potentielle Bewusstheit, die in dynamischer Weise vom Kontakt, vom nutzbaren Feld ferngehalten wird. Wenn diese Dinge für die Person einfach weit weg oder vergessen oder unbekannt sind oder kurzzeitig übersehen werden, könnten wir von Ignoranz oder einer inadäquaten Datenbasis sprechen, jedoch kaum von Verdrängung. Aber etwas auf dynamische Weise »festzuhalten«, *ist* wiederum eine Art von Kontakt – in diesem Fall eine abgespaltene oder rigide, eingeschränkte Art von Kontakt (und gleichzeitig ein Merkmal des strukturierten *Grundes* für aufeinander folgende oder begleitende Kontakte).

Und wie wird dieses Merkmal, dieses »verdrängte Material« »außerhalb der Bewusstheit« gehalten? Grundsätzlich muss dies entweder durch einen zu rigiden *Widerstand* (eine undurchdringbare Grenze, die keinen Kontaktpunkt zulässt) oder durch zu gründliche *Konfluenz* erfolgen (das heißt ein Verwischen des Unterschieds zwischen diesem Merkmal und dem Selbst oder diesem Merkmal und der übrigen Umwelt, so dass man es nicht »sehen« kann). Oder umgekehrt, das verdrängte Material wird von der Bewusstheit ferngehalten, entweder durch *zu wenig Widerstand* an der Grenze (das heißt durch Verschmelzung) oder durch *zu wenig Konfluenz* (das heißt durch rigiden Ausschluss oder übermäßigen Widerstand). Wie immer wir es betrachten, es wird deutlich, dass der dynamische, polare Prozess von Widerstand und Konfluenz an der Grenze nicht etwas Subversives oder dem Kontakt Entgegengesetztes, sondern dass es der Kontaktprozess selbst ist. Und dass die besondere »Mischung« oder der Rhythmus dieser Pole den besonderen Stil oder die besondere Eigenart dieser Transaktion, dieses Bewusstheitsmusters, dieses Kontaktes ausmacht. Und schließlich, dass Verzerrung oder Dysfunktion in diesem Prozess (in diesem Fall Verdrängung, was ein spezieller Fall eines eingefrorenen oder unbrauchbaren Kontakts ist), nicht auf die *Einführung* von Widerstand (noch viel weniger von »einem Widerstand« wie Konfluenz) in einem ansonsten reinen und unverwässerten Kontaktprozess zurückgeht, sondern es sich vielmehr um die Unterentwicklung des funktionalen Pols der Kontaktdynamik und die entsprechende Überentwicklung des anderen handelt. Der Definition von Grenzen, von Organismus-im-Feld zufolge, ist immer irgendeine Mischung beider notwendig, damit Kontakt überhaupt Gestalt annehmen und bemerkt werden kann.

Um es noch einmal zu sagen: Was ich hier behaupte, ist, dass es so etwas wie Kontakt in irgendeiner idealen, platonischen, reinen und theoretischen Form, der dann in der Realität unglücklicherweise beschmutzt wird durch Widerstände wie Konfluenz, Projektion, Introjektion, Deflexion und all die anderen – überhaupt nicht gibt. Stattdessen *ist* die Ausübung all dieser Modi, all dieser Variablen an der Grenze, die wir »Kontaktfunktionen« nennen werden, Kontakt, der dann entsprechend der besonderen Mischung solcher Modi oder Funktionen beschrieben, analysiert und möglicherweise sogar kategorisiert werden kann – der aber ohne all diese überhaupt nicht existiert. Man nehme allen Widerstand und alle Konfluenz weg und auch all die anderen Widerstände (wie weiter unten argumentiert werden wird), dann ist das, was übrig bleibt, alles andere als Kontakt, sei es in reiner oder sonst einer Form, sondern lediglich völlige Verschmelzung oder möglicherweise ein toter Körper, dem der Verfall droht, der letztlich vollständig und zum ersten Mal wirklich außer Kontakt ist.

Dies widerspricht nun offensichtlich dem meisten, was bisher über die Widerstände in der Literatur zum Gestaltmodell geschrieben worden ist, oder es erscheint hier zumindest ganz neu organisiert. Und doch, wie zu Beginn des Kapitels erklärt wurde, ist diese Sichtweise die natürliche und logische Konsequenz des Modells, wenn man es von den verschiedenen, meist psychodynamischen Beimischungen befreit und es in kreativer und logischer Weise zu Ende führt. Die »Widerstände« waren (wie im zweiten Kapitel erläutert) eine direkte Übernahme oder Introjektion der psychodynamischen Theorie durch Perls. Die einzige Veränderung bei dieser Übernahme bestand darin, dass die »Abwehrmechanismen«, während sie in Freuds früherem Modell vor allem Abwehr gegen den Therapeuten waren, sie in Perls' Formulierung zu »Widerständen gegen Kontakt« verallgemeinert wurden (Perls 1947, 65). Und selbst dies folgte ganz eng dem, was Anna Freud 1937 in ihrer eindeutigen Kodifizierung der Abwehrmechanismen für die psychoanalytische Theorie festlegte (Anna Freud hätte auch keine Schwierigkeiten mit Perls' Modifizierung ihres Modells gehabt, solange der Kontakt, dem widerstanden wird, als Kontakt mit verdrängtem, libidinösen und aggressiven Material aus dem Es verstanden wurde. Und da für Perls, wie wir gesehen haben, Widerstand gegen Kontakt per Definition Widerstand gegen die eigenen oralen und destruktiven Impulse war, würde dieser kleine Unterschied zwischen ihnen auch fast verschwinden).

Goodman übernahm dann (mit einigem Unbehagen, wie oben angemerkt) wiederum das Widerstandsmodell von Perls – man könnte auch behaupten, dass er es introjizierte und dabei versäumte, gründlich zu kauen, da die Begriffe von Perls' bzw. Freuds Widerstandsmodell eigentlich nicht mit den grundlegenden Modifizierungen vereinbar sind, die Goodman bereits im zweiten Band der gemeinsamen Arbeit gegenüber Perls' »Übergangsversion« des Gestaltansatzes gemacht hatte (vgl. Perls 1947; 1969a). Aber indem Goodman die Betonung in der Definition von Kontakt vom Kauen zur Bewusstheit oder zumindest zum bewussten Verhalten hin verlagerte, verschob er dementsprechend auch zumindest indirekt die Bedeutung von Widerstand ein wenig, nämlich von »Widerstand gegen Kontakt« zu »Widerstand gegen Bewusstheit«. Wenn er nur konsequenter dabei geblieben wäre, würde die letzte Formulierung viel besser mit den grundlegenden Annahmen seines eigenen Modells übereinstimmen, da die irreführende Auffassung, dass man »in« oder »außerhalb« des Kontakts sein könne, dann durch die Betrachtung der Organisation und des Stils bestimmter Kontaktmomente und des Grundes, in dem sie sich ereignen, hätte ersetzt werden können. All die Widerstände würden dann letztlich zu Variationen der *Verdrängung* werden (ganz wie in Freuds Modell) statt zu *Introjektionen*, die für Perls der Kernwiderstand sind, aus dem alle anderen hervorgehen. Verdrängung jedoch muss, wie oben ausgeführt, als ein Sonderfall dynamischen Kontakts angesehen werden; und das übrige Modell, der Katalog der Widerstandstypen, kann dann nicht *im Gegensatz* zu Kontakt stehen, wie es Goodman beschrieb, sondern auch sie müssen als Typen oder Modi des Kontakts selbst angesehen werden.

Aber was ist dann mit den anderen Widerständen neben der Konfluenz und mit dem Widerstand selbst, die, wie ich behauptet habe, die grundlegenden Bedingungen oder Dimensionen von Kontakt sind und nicht Vermeidungen an sich? Was ist insbesondere mit Projektion, Introjektion, Retroflexion, Egotismus (Goodman) und Deflexion (Polster)? Das gleiche Argument, das für Konfluenz und für Widerstand vorgetragen wurde, gilt auch hier. Das heißt, wenn es ganz unmöglich ist, sich Kontakt vorzustellen, der nicht zumindest teilweise durch Spielformen der funktionalen Modi des Widerstands und der Konfluenz geschieht, ist es fast ebenso schwierig, sich Kontaktprozesse, Transaktions- und Organisationsakte an der Grenze vorzustellen, die nicht auch Spielformen der anderen funktionalen Modi sind, die wir bis jetzt als Widerstände kennengelernt haben.

Nehmen wir beispielsweise Introjektion – das unkritische Einverleiben von Material, ohne es zu zerkleinern und zu zerlegen, so wie Perls und Goodman die psychodynamischen Abwehrmechanismen unserer Auffassung nach übernommen haben, ohne sie jemals wirklich zu ihrem eigenen Modell zu machen. Es gibt nicht nur positive, funktionale und sogar notwendige Aspekte der Introjektion (z.B. beim Lernen), wie im vorhergehenden Kapitel über die *Cleveland School* erwähnt; es ist auch schwierig, irgendeinen Prozess des Aufnehmens zu beschreiben, der nicht zumindest ein Element oder eine Phase der Introjektion enthält. Bestimmte Spinnen und Insekten haben zwar die Fähigkeit, ihre Nahrung mit einem Weichmacher zu besprühen oder diesen zu injizieren, so dass sie vorverdaut ist, bevor sie sie fressen; aber sonst muss dem »Zerstören« zu einem gewissen Grad ein »Einnehmen« vorausgehen. Eine starre Verweigerung, dies zu tun, würde das Erlernen jeder neuen Idee oder Fähigkeit viel schwieriger, wenn nicht gar unmöglich machen. Man kann natürlich leicht sehen, wo zuviel Introjektion dysfunktional und zu einer Verzerrung des Kontaktprozesses (oder besser zu einem Kontaktprozess einer bestimmten verzerrten Art) im Sinne der Ziele des Organismus werden könnte; aber das gleiche gilt für zu wenig Introjektion, was zwanghaftes Kauen von allem bedeuten würde, wie beim zwanghaften Argumentieren oder gar bei der Furcht vor dem Ersticken oder bei der »Besessenheit von bösen Geistern«. Es ist nicht leicht, sich irgendeinen Kontakt, irgendeine Organisation bzw. Transaktion an der Grenze vorzustellen, die nicht ein vorübergehendes oder lang andauerndes Element der Introjektion einschließt. Mit anderen Worten, wir haben es hier wieder nicht so sehr mit einem *Widerstand* gegen Kontakt im Sinne einer Verweigerung oder eines Abbruchs zu tun, sondern mit noch einer anderen *Funktion* oder einem anderen *Modus* des Kontakts, einer anderen Dimension oder einem anderen Kanal des Kontaktprozesses. Es ist also sozusagen eine andere Art der Organisation der Begegnung, die gemäß der Ziele der Person oder des Systems zu dieser Zeit, und gemäß der »Wahrheit der Situation« (um Goodmans Aussage über die Angemessenheit in der Therapie zu wiederholen) mehr oder weniger nützlich sein mag. Man nehme die Introjektion (und den Widerstand und die Konfluenz) weg, und das, was man dann bekommt, ist kein reiner oder idealer Kontakt, sondern überhaupt kein Kontakt.

Die gleiche Argumentationslinie kann dann für die anderen Widerstände der üblichen Liste angewandt werden: Retroflexion, Projektion und Goodmans Egotismus bzw. Polsters Deflexion. Wie kann es irgendeinen Kontakt, irgendeine absichtsvolle Begegnung oder eine Auflösung des Feldes ohne ein Element der Selbstunterstützung und möglicherweise der Unterdrückung einer nach außen gerichteten Geste zugunsten einer anderen

(Retroflexion) überhaupt geben; ohne etwas vorwegzunehmen oder sich vorzustellen, wo eine andere Person ist, so dass man sie für die Begegnung finden kann (Projektion); ohne ein Bewahren der Grenzen des Ego bzw. des Selbst, sogar im Augenblick der kontaktvollen Vereinigung (Egotismus); ohne eine Verschiebung oder Behinderung oder Dämpfung von etwas, von einigen Kontaktmöglichkeiten zugunsten anderer, um sich im Augenblick auf einige wenige zu konzentrieren (Deflexion)? Hier sehen wir, wie recht die *Cleveland School* hatte, als sie die gesunden, positiven Aspekte der verschiedenen Widerstände betonte (Zinker 1977; Polster & Polster 1973). Alles, was hier deren Verlagerung der Akzentsetzung hinzugefügt werden soll, ist, dass die Revision nicht konsequent genug betrieben wurde. Weit davon entfernt, »Widerstände gegen den Kontaktprozess zu sein, die trotzdem manchmal und in Maßen, unter unklaren Bedingungen, möglicherweise eine positive Seite haben« – *sind* all diese Bedingungen zusammengenommen der Kontakt, sind »Wege der Begegnung an der Grenze«. Um es noch einmal zu sagen, es gibt keinen anderen Kontakt, der von diesen verschiedenen Modi oder Funktionen absehen könnte und der nicht aus ihnen bestehen würde. Es ergibt nicht mehr Sinn, beispielsweise von Introjektion als von einem Widerstand gegen Kontakt per Definition zu sprechen, als es machen würde, wenn man ihre polare Funktion – das Kauen, um Perls' eigene Polarität zu verwenden – notwendigerweise und per Definition als Widerstand gegen Kontakt bezeichnete. Entweder man ist daran gewöhnt, der besonderen Kontaktfigur des Augenblicks zu »widerstehen« (in dem etwas abgewandelten Sinn von Verzerrung oder Abschwächung), oder man vergrößert oder erhöht sie, je nach den Zielen und dem Stil des jeweils speziellen Organismus-Umwelt-Feldes zu einem bestimmten Zeitpunkt. Aber es ist wiederum schwierig, sich Kontakt vorzustellen, der nicht ein Element von beiden beinhaltet.

Stattdessen würden wir sagen, dass Kontakt, der dadurch charakterisiert ist (besonders wenn dies habituell geschieht), dass er sich im wesentlichen auf die Introjektions-*Funktion* (oder eigentlich die Kau-Funktion) verlässt, Kontakt einer besonderen Art ist, der für bestimmte Ziele und Prozesse gut und für andere schlecht geeignet ist. Aber jeder Kontakt ist notwendigerweise durch die Verwendung und Mischung besonderer Kontakt-*Funktionen* in diesem Sinne des Wortes charakterisiert und nicht durch andere (auf jeden Fall nicht im gleichen Maß). Praktisch alles, jeder Akt oder jede Art des Austausches kann ein Widerstand gegen den Kontaktprozess oder eine Verzerrung desselben sein – oder eine Erleichterung eben dieses Prozesses, je nachdem, wie die Beziehung der Modi oder Funktionen zu den *Zielen* der jeweiligen Begegnung ist. Aber dann müssen wir jene Ziele und jene Organisationsformen für eine Einschätzung des Kontakts heranziehen, und nicht eine bestimmte Liste mit nur einer Seite der naturgemäß bipolaren Funktionen (bipolar, weil jede Funktion, jeder Modus ein Extrem hat, und diesem Extrem steht ein gegensätzliches Extrem gegenüber; auch und vor allem wegen der natürlicherweise bipolaren Natur des Kontakt-»Problems«, das schlicht das der organisierten Einheit ist, die von der Umwelt abgegrenzt *und* an sie gebunden ist und die immer in der bipolaren Spannung leben muss).

Es entbehrt nicht einer gewissen Ironie, dass Goodman bei seinem Streben nach autonomen Kriterien nicht sehen konnte, wie die Adaption des Modells von Freud und Perls (jene Introjektion, wie ich sie genannt habe) wieder die Tür für eben die Art klinischer Etikettierung, für die verdinglichten Charaktertypen und die extrinsischen Standards der menschlichen Persönlichkeit öffnete, die er zu vermeiden hoffte (vgl. Perls u.a. 1951, 523 ff.; und bezüglich eines Beispiels für die klinische Benennung im alten Stil der Terminologie von Perls und Goodman vgl. Crocker 1981). Dieses Streben, diese Hoffnung, die in der Frage mündet, ob eine Ethik, ein Wertesystem aus den Bedingungen der menschlichen Natur selbst abgeleitet werden könne, ist etwas, dass, wie wir behaupten, immer noch eingelöst werden kann. Aber wenn es eine Antwort gibt, wird sie in der Revision des figurgebundenen Modells von Goodman und Perls liegen, das an die Prozesse im realen Lebenszusammenhang angepasst werden muss, die *hinter* der Figurbindung des Augenblicks liegen (und die in der Auswahl bestimmter Kontaktfunktionen – nicht Widerstände – und der Vernachlässigung anderer, je nach der Verfügbarkeit des Stils, der Situation, des Ziels *und der Werte* bestehen).

Das heißt, wenn die Natur des Organismus definiert werden kann, dann kann dies zur Fähigkeit beitragen, bestimmte Kontaktfunktionen gegenüber anderen für spezielle Zwecke oder Ziele vorzuziehen, mit anderen Worten, es kann zu einer Verhaltensethik führen, die auf einer psychologischen Beschreibung gründet. Aber solch eine Ethik und solche klinischen Kriterien können nicht von willkürlichen normativen Listen neurotischer Widerstände ohne Bezugnahme auf jene Prozesse, jene Kontaktziele, abgeleitet werden.

Hier können wir also die theoretische Verbindung zwischen unserer Kritik des Widerstandsmodells, wie es traditionell aufgefasst wird, und den vorgeschlagenen Revisionen des figurgebundenen Modells der Gestaltbildung, wie es im ersten bis dritten Kapitel entwickelt wurde, erkennen. Nehmen wir als Beispiel die Deflexion. Zuvor hatten wir argumentiert, dass für jeden Kontakt, für jede Organisation, die man erreichen will, andere, möglicherweise konkurrierende Bedürfnisse, Erfordernisse, Figuren oder Arten, das Feld zu organisieren, irgendwie, zumindest zeitweise, abgelenkt (deflektiert) werden müssen. Andere »Kontakte«, die sich anbieten oder uns bedrohen, müssen irgendwie abgelenkt, unterdrückt, selektiv übergangen, eingegrenzt, abgeschwächt, verdrängt usw. werden, so dass dieser besondere Kontakt, dieses Bedürfnis oder diese bevorzugte Organisation gegenüber anderen in den Vordergrund treten (und sich entsprechend dem *Cleveland-Modell* des Zyklus des Erlebens entfalten) kann. Wenn ich beispielsweise heiraten will, kann es sein, dass ich meine Bedürfnisse nach bestimmten anderen Beziehungserfahrungen, und zwar keineswegs nur sexuellen, ablenken oder anderweitig kontrollieren muss. Das gilt übrigens auch, wenn ich eine sexuelle Erfahrung haben möchte, denn dann muss ich andere, ablenkende, interessante Figuren oder Interessen blockieren oder ablenken. Wenn ich eine Karriere verfolge, gehe ich allen möglichen anderen Interessen nicht nach usw. All dies kann »auf natürliche Weise« geschehen, ohne dass ich mir dessen sehr bewusst bin, oder es kann viele Gedanken und schwierige Entscheidungen erfordern. Aber auf jeden Fall geschieht es auf die eine oder andere bestimmte Weise. Kein Kontakt kann je erfolgen, keine Organisation je verwirklicht werden ohne diese entscheidende Funktion der Deflexion all der übrigen und unendlich vielen möglichen Kontakte und organisatorischen Entscheidungen in diesem Augenblick.

Aber die Konzentration und ihr Gegenteil, die *Selektion* einer Figur gegenüber anderen, konkurrierenden Notwendigkeiten und Interessen, läuft darauf hinaus, dass *außerhalb der Figurbildung selbst* (und zu ihrer Unterstützung, weil sonst keine Figur gebildet werden könnte) überhaupt keine wirklich relevanten Prozesse stattfinden könnten. Ohne diese Überlegung wird das Konzept von Figur und Grund als solches bedeutungslos. Aber diese Prozesse sind per Definition *Merkmale und Aktivitäten des Grundes*, die, wie wir in dieser Analyse gesehen haben, zu einem immer geschäftigeren und strukturierteren Ort werden und keineswegs zu einem »leeren« Feld, das Goodman als Merkmal von Gesundheit ansah (Perls u.a. 1951, 299). Wenn eine bestimmte Auswahl, bestimmte Präferenzen, von der Person *habituell* gegenüber anderen vorgezogen werden (was natürlich der Fall sein muss, sonst wäre das Leben tatsächlich die Traum-Serie des quasi lobotomisierten Einzelgängers, der aus der wörtlichen Interpretation von Goodman und Perls hervorgeht), dann sind diese Entscheidungen, diese Selektionen, *strukturelle Merkmale* des persönlichen Grundes. Diese müssen in jeder Gestaltanalyse genauso wie oder sogar noch stärker als die Figurbildung selbst berücksichtigt werden, wenn auch nur deshalb, weil diese *Strukuren des Grundes die Bedingungen* der Figurbildung darstellen, also die bedingenden und determinierenden Faktoren dieser Art erreichter Figur in verschiedenen Situationen sind. Noch einmal: Das Bestehen darauf, dass die Figur gegenüber dem Grund als isolierter Forschungsgegenstand herangezogen wird, bringt all die Probleme und Verzerrungen in der Theorie mit sich – einschließlich der episodischen Natur des Modells von Perls im besonderen und der Möglichkeit eines Konzepts von Widerständen gegen Kontakt im allgemeinen im traditionellen Sinn von Goodman und Perls.

Die bisherige Argumentation soll nun in schematischer Form aufgelistet werden. Dem Kontakt- und Widerstandsmodell von Perls und Goodman zufolge ergibt sich folgendes Bild:

KONTAKT	vs.	»WIDERSTÄNDE«
		Introjektion[1]
		Projektion
		Retroflexion
		Konfluenz
		Egotismus (Goodman)
		Deflexion (Polster)

In der vorgeschlagenen Revision dagegen würde das Schema folgendermaßen aussehen:

KONTAKT
(vs. Isolation, Anomie, Nicht-Existenz oder vollständige Verschmelzung)

Widerstand/Differenzierung	vs.	Konfluenz
Projektion	vs.	Zurückhaltung, Nüchternheit
Introjektion	vs.	Kauen, Zerstören
Retroflexion	vs.	Austausch, Begegnung
Egotismus	vs.	Verschmelzen, Nachgeben
Deflexion	vs.	Fokussierung, Konzentration

In der revidierten Tabelle wird deutlich, dass die sogenannten Widerstände als *Dimensionen oder Funktionen des Kontaktprozesses* neu definiert werden und dass der Kontaktprozess wiederum in umfassender Weise als *Organisation der Person im Feld* neu verstanden wird (eine Definition, die sowohl die Betonung von Perls auf Veränderung als auch die kreative Anpassung in der Formulierung Goodmans mit oder ohne vollständige Bewusstheit umfasst). Alle diese Kontaktfunktionen oder Modi (wie auch viele andere) können dann den guten Kontaktprozess sowohl erleichtern als auch behindern, je nach der Entwicklung (oder Über- oder Unterentwicklung) des besonderen Modus, der Entwicklung seiner polaren Ergänzung, der Leichtigkeit der Bewegung zwischen den Polen und den Funktionen – und den besonderen Zielen, die das System im allgemeinen und den jeweiligen Kontakt im besonderen organisieren.

Wie wir bei Perls, Goodman und Anna Freud gesehen haben, gibt es nichts Heiliges an irgendeiner besonderen Liste von Widerständen in der traditionellen Auffassung – oder Funktionen in dieser Neudefinition hier. Anzahl und Art der Kontaktfunktionen, die für die Betrachtung eines Falles relevant sind, werden nicht von einer Standard-Liste abgeleitet (auch wenn eine Standard-Liste ein ganz sinnvoller Ausgangspunkt ist, da die organismischen Bedürfnisse endlich sind), sondern von der Betrachtung der besonderen Funktionen, die ein Organismus bzw. eine Organisation braucht, um bestimmte Ziele in einem vorgegebenen Feld zu erreichen. In der Praxis kann man davon ausgehen, dass die bedeutsamen Funktionen von Organisationen stärker variieren als diejenigen von Einzelpersonen oder sogar von Familien, und zwar wegen der stärker variierenden Lebenszwecke oder zentralen Aufgaben von organisierten Mehrpersonensystemen. Aber auch im Hinblick auf individuelle oder Familiensysteme ist es wichtig, sich der großen Vielfalt der Kontaktprozesse (oder der »Abwehrstile«, um die ältere, psychoanalytische Redeweise zu verwenden, von der die Terminologie von Perls und Goodman direkt abgeleitet ist) unter einzelnen Personen oder Familien in unterschiedlichen Gesellschaften, unterschiedlichen sozialen Klassen oder Milieus oder schlicht unterschiedlichen Phasen im Leben zu erinnern. Zumindest in unserer Gesellschaft wird es daher als angemessen und sogar wesentlich für eine gesunde Entwicklung eines Kindes angesehen, dass es im Kontakt ein hohes Maß an Konfluenz während etwa des ersten Lebensjahres zeigt (ein guter Esser, ein Kind, das bindungsfähig ist und sich in die Arme schmiegt), aber im Gegensatz dazu ein entsprechend hohes Maß an Differenzierung und Widerstand im Kontakt (nicht Widerstand »gegen« Kontakt, wie jeder

Elternteil eines Zweijährigen weiß) im zweiten und dritten Lebensjahr. In ähnlicher Weise (und am anderen Ende des Lebenszyklus) behaupten sowohl Jung (1939) als auch Erikson (1951), dass der Modus oder das Ausmaß an *Egotismus*, an *Behauptung des abgegrenzten Selbst*, das in jüngeren Jahren angemessen und funktional ist, im Alter weniger wird, wenn die Hauptaufgabe oder das wichtigste Ziel der Person darin besteht, Harmonie oder Sinn in einem außerpersönlichen Kontext zu finden. Auch hier wieder werden die Kontaktdimensionen oder Kontaktfunktionen, die angemessen und wichtig für die Analyse, die Diagnose und die Interventionen sind, von den besonderen Zielen und Werten (das heißt durch besondere, institutionalisierte Präferenzen und Tendenzen im persönlichen Grund) des jeweiligen Organismus zu dieser Zeit bestimmt – sowie wesentlich von der Berücksichtigung der Ziele und Werte des Intervenierenden, des *change agent* selbst.

Selbst unter dem ziemlich autoritären, psychodynamischen System konnte man eine bestimmte Flexibilität der Konzeption der Abwehrmechanismen, je nach den einzelnen Fällen, beobachten. So kodiert Anna Freud (1937) den offiziellen Kanon von neun Abwehrmechanismen – Regression, Verdrängung, Reaktionsbildung, Isolation, Ungeschehenmachen, Projektion, Introjektion, »Sich-gegen-das-Selbst-Wenden« (wahrscheinlich so etwas wie Masochismus) und das Gegenteil (43) – ergänzt aber dann an verschiedenen Stellen im Text Sublimation, Fixierung, Somatisierung (Konversion), Phobie als solche, Identifikation mit dem Aggressor, »altruistische Hingabe« (offensichtlich eine Eigendiagnose von ihr), verächtliche Herabsetzung, Transformation des Affekts, Verschiebung, Verdichtung, Vergessen, »Charakterpanzerung« (Reichs Körperpanzer, der Perls faszinierte), Unterdrückung des Affekts, Verleugnung (was eher ein umfassenderer Begriff zu sein scheint, der all die anderen besonderen Fälle einschließt) und Zwanghaftigkeit (die an anderer Stelle gewöhnlich als neurotischer *Typus* mit einer eigenen, charakteristischen Vielfalt von Abwehrmechanismen betrachtet wurde). Der eigentliche Umfang und die Vielfalt des Katalogs zusammen mit Anna Freuds Anerkennung der wesentlichen Rolle der Abwehrmechanismen in einem gesunden Leben (173 ff.) weisen eindeutig auf eine Revision des gesamten Konzepts der Abwehr oder des Widerstands entlang der hier aufgegriffenen Argumentationslinie hin: nämlich als eine Überprüfung all dieser Vermeidungsmechanismen, als *Wege, der Welt zu begegnen*, als Komponenten einer organisierten Funktionsweise im Guten *oder* Schlechten und nicht lediglich als Blockierungen eben dieser Funktionsweise (oder als Ablenkungen einer primären Energie oder eines Drangs

wie bei Freud und Perls). Anna Freud hindert sich jedoch natürlich durch
den Bezugsrahmen der Libido-Theorie daran, die Schlussfolgerungen aus
ihrer eigenen Neuformulierung zu ziehen, da das zentrale Problem des
Organismus dieser Theorie zufolge nicht als Organisation des Selbst-im-
Umfeld definiert wird, sondern als die risikoreiche Handhabung von möglicherweise überwältigenden, inneren Trieben.

Während Perls Aggression als grundlegend gesunde Funktion neu
definiert und für die Bedeutung der Organismus-Umwelt-Beziehung Lip-
penbekenntnisse abgibt, behält er doch die psychodynamische Auffassung
von Widerständen als Wegen der Zurückweisung oder Vermeidung dieser
Beziehung, statt als Ausdrucksformen oder Strukturen dieser Beziehung,
dieser Organisation bei. Und wie Anna Freud bleibt auch er dann mindestens in einer konzeptuellen Unklarheit befangen hinsichtlich der Art, wie
sich diese Vermeidungen selbst ohne irgendeine theoretische Begrenzung
herausschälen und all den möglichen Funktionen und Aktivitäten potentiell
gleichwertig werden, die man sich für einen Organismus vorstellen kann
(vielleicht mit der einzigen Ausnahme des Kauens bei Perls). Und wie den
Freuds ist es auch ihm nicht möglich, theoretisch zu erklären, wann irgendeine dieser Funktionen den Punkt der Neurose erreicht und wann sie eine
gesunde Kompensation oder zumindest einen Kompromiss darstellt. Aber
diese theoretischen Merkwürdigkeiten scheinen darauf hinzuweisen, dass
etwas am grundlegenden Konzept, wie schon erläutert wurde, nicht stimmt.
Weder Perls noch Anna Freud können, während sie sich dafür entscheiden,
eine besondere Liste dieser konzeptuell störenden Funktionen aufzustellen,
irgendeinen Grund dafür nennen, dass sie da aufhören und nicht *ad infinitum*
weitermachen.

Zur Veranschaulichung enthält die folgende Tabelle auf der linken Seite
eine *unvollständige* Liste der verschiedenen Aktivitäten oder Handlungs-
modi, die Perls 1947 als »Vermeidungen« oder »Widerstände« erwähnte.

Skotom (blinder Fleck)	Klare Sicht? Fokussierung?
Selektivität	Willkür? Impulsivität?
Hemmung	»Zurschaustellung«
Verdrängung	Ausdruck
Flucht	Annäherung
Überkompensation	Nachgeben? Unterkompensation?
Panzer	Durchlässigkeit
Zwang	freie Assoziationen?

permanente Projektion	Nüchternheit?
Halluzinationen	Realismus
Klagen	Akzeptanz
Intellektualisierung	Emotionalität? Aktion?
Fehlkoordination	Anmut
Verschiebung	Sich den Dingen stellen?
Sublimation	Leidenschaft? Sachlichkeit?
»viele Charakterzüge«	Flexibilität
Symptome	Stoizismus?
Gefühle der Schuld und Angst	Indifferenz? Psychopathie?
Projektionen	Verantwortungsübernahme?
Fixierung	Labilität
Unentschiedenheit	Verpflichtung, Fixierung
Retroflexion	Ausdruck, Abhängigkeit
Vernichtung	Akzeptanz, Nahrungsaufnahme
übermäßiges Wachstum	zu geringes Wachstum
Veränderungen und Verzerrungen	Stetigkeit, Sachlichkeit
Introjektion	Kauen
Konfluenz	Differenzierung, Widerstand

Die rechte Säule listet mögliche Pole oder gegensätzliche Funktionen gegenüber Perls' Begriffen von Widerstand auf. »Mögliche Pole«, weil diese Begriffe eine beträchtliche Vielfalt von Gegensätzen haben können, je nachdem, wie sie in einem gegebenen Kontext verstanden werden. Noch einmal: Wir behaupten hier, dass in jedem Fall *jeder* Begriff, jeder Pol (oder andere Pole) der Widerstand sein kann, während sie ebenso alle unter verschiedenen Bedingungen und für verschiedene Zwecke wesentlich für eben den Kontakt sein können, für den Perls sie als Blockierungen ansieht. In einigen Fällen (beispielsweise bei Selektivität oder Konfluenz bzw. Differenzierung) ist es unmöglich, sich überhaupt irgendeinen Kontakt, irgendeine Begegnung oder einen Austausch vorzustellen, der nicht irgendeine Einbeziehung dieser Funktion einschließt. Jeder dieser Begriffe kann in gleicher Weise als Widerstand gegen Kontakt betrachtet werden, als Kanal für Kontakt, als Kontaktstil, Kontaktmöglichkeit, Verzerrung oder Blockierung des Kontakts usw., je nach dem zu großen oder zu geringen Maß dieser Funktionen, der Flexibilität, der Spannbreite auf dem bipolaren Kontinuum in jedem einzelnen Fall und den *Zielen* des jeweiligen Kontakts unter den bestimmten Bedingungen des Feldes.

Aber was bedeutet diese neue Sichtweise der Widerstände und des Kontakts sowie der funktionalen Beziehungen zwischen ihnen für Diagnose und Intervention auf individueller Ebene und auf Systemebene? Zunächst einmal wird die Erklärungskraft des traditionellen Gestaltansatzes durch diese andere Sichtweise von Widerstand nicht etwa geopfert, sondern vergrößert. Sogar in der psychoanalytischen Arbeit spricht man seit Anna Freuds Zeiten üblicherweise von der »Analyse der Widerstände« zusammen mit der »Analyse der Übertragung« oder den »Launen der Instinkte« als dem Wesentlichen in der Therapie. Nach unserer Argumentation war dies bereits für sich genommen ein Schritt in die richtige Richtung – ein Schritt hin zu einer Prozess-Therapie wie Gestalt oder möglicherweise auch der Objektbeziehungstheorie gemäß der hier entwickelten Argumentationslinie. Das heißt, wenn man von den Abwehrmechanismen oder dem Abwehrstil eines Patienten spricht, versucht man zumindest, darüber zu reden, wie er die gegenwärtige Begegnung organisiert, wie er sein eigenes Selbst-Umwelt-Feld für einen bedeutungsvollen Austausch in der Gegenwart und nach den gegenwärtigen Dynamiken strukturiert.

Wenn in ähnlicher Weise Zinker (1977) und die Polsters (1973) davon sprechen, dass sie »mit den Widerständen arbeiten« oder »mit dem Widerstand gehen«, dann erforschen sie, unserer Terminologie zufolge, den »Kontaktstil« des Patienten und nicht notwendigerweise das, was der Patient »statt des Kontakts« tut, wie das vorhergehende Modell nahelegen würde. (Unserer Argumentation zufolge gibt es so etwas tatsächlich nicht; die Person ist immer irgendwie in Kontakt. Die Frage heißt immer: »Welcher Art ist dieser Kontakt?« und: »Ist er den Zielen des Patienten und den Bedingungen im Feld angemessen?«) Mit anderen Worten, wenn die hier entwickelte theoretische Revision gültig und praktikabel ist – besonders die Überlegung eines *strukturierten Grundes* und die damit verbundene Verschiebung von den Widerständen zu den Kontaktfunktionen (deren bevorzugte und habituelle Modi Beispiele für Strukturen im Grund sind) –, dann sollte es uns nicht überraschen, wenn wir herausfinden, dass erfahrene und begabte Praktiker schon in dieser Weise arbeiten. Im Gegenteil, wenn das hier entwickelte Modell so lebensnah und so kongruent mit den grundlegenden Begriffen und Konzepten der Gestalttheorie ist, wie wir behaupteten, dann wäre es wirklich überraschend, wenn erfolgreiche Praktiker, Therapeuten und Berater *nicht* schon in praktischer Übereinstimmung mit diesen Überlegungen stünden. Die Frage ist, ob die theoretische Grundlage des Modells die Arbeit am effektivsten und erfolgreichsten unterstützt – oder ob diese »bestmögliche Arbeit« nicht in einigen Bereichen gegen einige oder trotz mancher Konzepte der vorherrschenden Theorie getan werden muss. Unsere Behauptung ist, dass die bestmögliche Arbeit nach dem Gestaltmodell – sowohl im Hinblick auf die Widerstände als auch auf die Figur-Grund-Prozesse – eher in Übereinstimmung mit diesem revidierten Modell steht und besser dadurch erklärt wird als in Bezug auf die ursprüngliche Darstellung von Perls und Goodman in diesen Bereichen (vgl. in diesem Zusammenhang z.B. E. Polster 1985 als einen Ausdruck meisterhafter Gestalttherapie).

Gleichzeitig werden durch diese Revision bestimmte Widersprüche oder undurchsichtige Bereiche des überkommenen Modells geklärt. Ein Beispiel ist der funktionale Kontaktprozess der Retroflexion, wie er im vorhergehenden Kapitel erörtert wurde. Das traditionelle Modell schien einen idealisierten Kontakt zu verherrlichen, wobei die Widerstände, die sich diesem vollständigen, idealen Zustand in den Weg stellten, gleichzeitig diskriminiert wurden. Das Problem bestand dann darin, wie man allgemeine Aktivitäten, mit denen die Person die Kontaktgrenze zur Umwelt nicht überschritt oder sich auf sie einließ, sondern innerhalb der Grenzen ihres eigenen personalen Systems blieb, betrachten und klassifizieren sollte. In einigen dieser Fälle ging das »Versagen« des »Kontakts an der Grenze« sicherlich auf eine Hemmung des Ausdrucks zurück, auf die Furcht oder Unfähigkeit, Aggressionen, Wünsche (sexueller oder anderer Art), Machtgedanken usw. auszudrücken. Dies ist im Grunde die Art von abgebrochenen Gesten, die Perls im Sinn hatte, als er den Begriff prägte. Aber was ist mit der anderen Art des »Verbleibens innerhalb der persönlichen Grenzen«, bei der es der Person »nicht gelingt«, etwas in der Umwelt zu *suchen* (Nahrung, Anregung, Klärung, Information usw.), bei der sie stattdessen aus den Ressourcen in sich selbst schöpft? Bei Perls war genau diese »Neurose« oder dieser »Widerstand« (Retroflexion-II, wie im vorhergehenden Kapitel genannt) tatsächlich die Definition von Gesundheit, die mit extremer Selbstgenügsamkeit gleichgesetzt wurde (die zweifellos mehr aus dem Bereich von Perls' eigener Geschichte stammte als von irgendwelchen Schlussfolgerungen aus dem gestaltpsychologischen Modell). Bei Goodman, um das zu wiederholen, wird diese Sichtweise der Retroflexion im Grunde beibehalten, wenn auch mit einer Ambivalenz hinsichtlich der absoluten Gesundheit des isolierten Perlsschen autonomen Menschen, dessen Verbindung mit der Umwelt sich nur zwischen expressiver Kraft und aggressivem Aufnehmen bewegte (Perls u.a. 1951, 532 ff.). Manchmal lässt

Goodman diese Formulierung stehen; dann wieder scheint er sie fast in ihr Gegenteil zu verkehren, wie wir oben sahen (vgl. wiederum z.B. Perls u.a. 1951, 532).

Mit der *Cleveland School* und unter dem bedeutenden Einfluss Froms steigert sich dann diese Ambivalenz (oder die zögernde Haltung gegenüber der Gesundheitslehre von Perls) bis zu dem Punkt, wo frei gewählte Einsamkeit, Introspektion, Reflexion oder Meditation suspekt zu werden scheinen, wie dies im vierten Kapitel erörtert wurde (und vgl. Perls u.a. 1951, 178: »Auf lange Sicht ist jeder interpersonale Kontakt besser als Retroflexion« – aber Perls' eigene Definition von Gesundheit *ist* Retroflexion!). Diesem Extrem wird von der nachdenklichen Stimme Cynthia Harris' vom *Cleveland Institute* widersprochen (zitiert in Zinker 1977, 103), die darauf hinweist, dass »Retroflexion das Kennzeichen einer zivilisierten Gesellschaft ist«, weil sie soziale Ordnung statt ungezügelter, individueller Impulsivität ermöglicht. Diese Ansicht kommt wiederum der von Freud nahe, dem pessimistischen Freud von *Das Unbehagen in der Kultur* (1930) – nämlich, dass der Preis der Kultur im Opfer der »grundlegenden Triebnatur« des Menschen besteht oder bestenfalls in einer verzögerten, verschobenen oder sublimierten Befriedigung. Die »grundlegende Triebnatur des Menschen«, falls es überhaupt sinnvoll ist, solch einen Ausdruck zu verwenden, besteht jedoch unter dem revidierten Gestaltmodell, das hier eingeführt und entwickelt wurde, nicht im isolierten libidinösen oder aggressiven Drang, sondern in der *Organisation selbst*, also der Fähigkeit und Notwendigkeit, bedeutsame Ganzheiten auf immer höheren und immer umfassenderen Ebenen zu bilden (vgl. noch einmal Goldstein 1939; 1940). Eine Gestalt, ein Bedürfnis, einen Kontakt zugunsten eines anderen, der eine höhere Ordnung oder Notwendigkeit hat, zu verschieben oder unterzuordnen, ist nicht eine Blockierung oder Unterbrechung des »guten Kontakts« oder des gesunden Prozesses, sondern ist das Wesen des organisierten Kontaktprozesses selbst. Etwas anderes zu behaupten heißt, das Gestaltmodell zu einer Art Serie gleichrangiger Triebe zu vereinfachen, wozu eben das Modell von Goodman und Perls wörtlich genommen neigt, wie wir dargelegt haben. Daher ist der Retroflexionsprozess der Behinderung eines Dranges zugunsten eines anderen oder des Handelns für sich selbst statt mit anderen in einem bestimmten Augenblick also nicht ein *Widerstand gegen Kontakt*, sondern er *ist* der Kontakt oder ein funktionaler Modus oder ein Aspekt des Kontakts zum jeweiligen Augenblick unter den gegebenen Bedingungen.

All diese Unklarheit wird weitgehend beseitigt, wenn man die Überzeugung aufgibt, dass Kontakt eines sei und beispielsweise Retroflexion etwas anderes, dem Entgegengesetztes. Eine externe Grenze (sei sie interpersonal oder einfach durch die Umwelt gesetzt) zu überschreiten oder sie zu berühren und nicht zu überschreiten (Retroflexion), wird einfach zu zwei möglichen Kontaktmodi oder besser zwei Polen der Modulation der Kontaktfunktion des *Austauschs* (wobei Kontakt wiederum umfassend definiert wird als die Organisation des Selbst im Feld). Die Operation dieser Funktion wird wiederum in ihrer Beziehung zu den Zielen der Person bezüglich der Bedingungen des Feldes eingeschätzt. Der Grad oder die Ausübung eines retroflexiven Stils kann daher von einem Verkäufer anders eingeschätzt werden als von einem Gelehrten, Arzt oder Mönch – und doch können wir es mit der gesunden Ausübung all dieser Aktivitäten durch gesunde Menschen mit unterschiedlichen Arten und Graden an Retroflexion zu tun haben, die der jeweiligen Situation angemessen sind. Dies steht im Widerspruch zu obigem Zitat von Perls und Goodman, das zu behaupten scheint, dass eine Lebensentscheidung, sagen wir für das Zölibat, von Natur aus weniger akzeptabel und gesund ist als eine andere Entscheidung. Nur würde das wieder die Art von extrinsischen Standards für die Erforschung persönlicher Prozesse einführen, die vor allem Goodman am psychodynamischen Ansatz so rundweg kritisierte, und die er auf jeden Fall in seinem eigenen Modell vermeiden wollte.

Das gleiche kann dann natürlich für jeden anderen Widerstand gesagt werden, oder übrigens auch für die Vermeidungen oder Funktionen (oder Paare von Funktionen) in der langen, von Perls übernommenen Liste. Jedenfalls hat sich, wie ich im vierten Kapitel erörterte, die *Cleveland School* sehr viel Mühe gegeben, die kreativen, adaptiven und sogar notwendigen Aspekte dieser Widerstände gegen Kontakt ganz richtig hervorzuheben – und sie lässt uns dann in einem theoretischen Dilemma zurück, wann ein Widerstand ein Widerstand ist und wann nicht. Goodman versuchte, wie wir gesehen haben, dieser Schwierigkeit zu entgehen, indem er den Widerstand, wie immer kreativ oder wünschenswert er auch sein mag, mit den »Verdrängungen im Feld« verknüpfte (Perls u.a. 1951, 522). Diese Freudsche Argumentationsweise geht zwar vom einfachen Kauen zum komplexer organisierten Konzept der Bewusstheit über, beantwortet aber immer noch nicht den Einwand, dass es überhaupt keinen Kontakt – kein Kauen, kein bewusstes Verhalten und keine Organisation des Selbst im Feld – geben kann, der nicht aus eben diesen funktionalen Prozessen besteht, die als Widerstände bezeichnet wurden.

Zusammengefasst behaupte ich also, dass es so etwas wie Widerstand gegen Kontakt überhaupt nicht gibt. Es kann Widerstände gegen Bewusstheit geben, aber diese sind selbst, wie beispielsweise oben in der Erörterung der Verdrängung dargestellt, eine Form von Kontakt. Was es gibt, sind verschiedene und unendlich vielfältige Wege der *Organisation des Selbst im Feld*, das heißt vielfältige Kontakte, die aus der Modulation all der verschiedenen polaren *Modi* oder *Funktionen* von Kontakt bestehen, die als bedeutsam (auch möglicherweise als zerstörerisch) für die Zwecke und das jeweilige Feld angesehen werden können. Und dementsprechend gibt es diesen Modi zufolge, unter diesen Zwecken, in diesem Feld verschiedene Grade und Arten erfolgreichen Kontakts oder Ergebnisse des Kontakts oder Typen möglichen Kontakts. Mit anderen Worten, die verschiedenen *Organisationen*, die hervorgebracht werden, können immer noch von der Person selbst oder einem *change agent* oder einem anderen Beobachter im Hinblick darauf eingeschätzt werden, welches diese Ziele des Kontakts selbst sind, oder möglicherweise auch, wie sie sein sollten. Und dies wiederum sollte gelten, ganz gleich, ob das jeweilige Subjekt nun eine Einzelperson oder ein organisiertes System von Personen irgendwelcher Art ist: ein Paar, eine Familie, eine Gruppe, ein Arbeitskontext, eine Gesellschaft. In allen Fällen erfolgt die Einschätzung der Funktionsweise des Kontakts nach all diesen verschiedenen und variierenden Modi unter Berücksichtigung der Ziele des Systems (und wiederum der Interaktion dieses Systems, dieser Ziele mit den begrenzenden oder ermöglichenden Bedingungen im Feld).

Je größer das System, desto mehr scheinen die Ziele von Fall zu Fall zu variieren. Alle Systeme können gemeinsame Ziele des Überlebens und der Selbsterhaltung haben, und diese Gemeinsamkeit scheint bestimmte universelle Notwendigkeiten der Kontaktfunktion zu bestimmen. Aber innerhalb dieses Rahmens kann die Vielfalt der Ziele und Stile und daher der Einschätzung angemessenen Verhaltens und angemessener Funktion zwischen, sagen wir, einem Automechaniker, einer Kommunalregierung, einer Beratungsfirma, einem sozialen Verein, einem Club und einer Kurklinik sehr groß sein. Alle müssen sie einen funktionalen Widerstand und funktionale Konfluenz haben. Anderenfalls würden sie bald aufhören, als definierte Einheiten mit Grenzen zu existieren. Aber darüber hinaus werden ihre Kontaktstile, das heißt ihre besondere Mischung oder Landkarte der Kontaktfunktionen, die für ihre besonderen Ziele angemessen oder »gesund« ist, notwendiger- und vernünftigerweise stark variieren, genauso wie ihre Ziele und Kontexte. Zu versuchen, Organisationen nach einer standardisierten Liste von Widerständen gegen Kontakt zu diagnostizieren (wie Brown und Merry 1987), hieße meiner Auffassung nach, einen unnötigen und sogar verwirrenden Schritt in den diagnostischen Prozess einzuführen, einen Schritt der Bewertung in einer deskriptiven Phase des diagnostischen Prozesses und überdies einen, der wieder ungeschehen gemacht werden muss, damit die geplanten Interventionen fortgeführt werden können. Das heißt, wenn man die Organisation nach ihren Widerständen charakterisiert hat (was natürlich schon eine Bewertung ist, die eine dysfunktionale Abweichung von irgendeinem idealen Kontaktzustand beinhaltet), dann muss eben dieser diagnostische Prozess quasi zurückgefahren werden, damit man schließlich sagen kann, dass einige Widerstände funktional oder sogar notwendig, zumindest aber akzeptabel oder unvermeidlich seien, je nach der Art der Aktivität, so dass die Aufgaben erfüllt werden können. Dies entspricht der oben nach Zinker zitierten Feststellung von Harris (die sehr im Geist von Freud gehalten ist, da sie davon ausgeht, dass die Abwehrmechanismen unvermeidliche, wenn auch tragische Kompromisse mit der eigenen, wahren Natur sind), dass Retroflexion das Kennzeichen von Kultur ist. Ich würde vielmehr behaupten, dass sie das Kennzeichen unserer Existenz, der Selbsterhaltung als unabhängiger Einheit ist und nicht wie Goodmans und Perls' Formulierung nahelegt, dass es einen idealen, natürlichen Kontakt gibt, der *nicht* von retroflexiven (oder deflexiven, konfluenten, differenzierenden usw.) Elementen befleckt und kompromittiert ist. Zurück zur Diagnose von Organisationen: Warum sollte man sie überhaupt und an erster Stelle in extrinsisch bestimmten Begriffen des Widerstands beschreiben, wenn man dann doch eine Kehrtwendung macht und die wertende Charakterisierung zurücknimmt (und dies, wie ich behaupte, auch noch etwas halbherzig)? Warum sollte man nicht von einer Beschreibung nach funktionalen Überlegungen ausgehen und dann einschätzen, welche Funktionen zur Erreichung der Ziele der Organisation beitragen und welche nur unnötige Kosten oder Blockierungen dieses Kontakts mit sich bringen und welche Funktionen (Widerstände) vielleicht völlig fehlen, die für eine bessere Funktionsweise benötigt würden? Am Ende machen Merry und Brown und andere erfolgreiche Berater ohnehin genau dies (vgl. wiederum z.B. E.C. Nevis 1987, 64) – ganz so, wie zuvor behauptet, dass nämlich erfahrene Therapeuten, die unter dem Gestaltparadigma arbeiten, Widerstand und Grund bereits entsprechend der hier ausgeführten Argumentationslinie quasi gegen den Strich der etablierten Theorie behandeln. Eine gute Theorie muss (um auf Lewin zurückzukommen) vor allem ein wirksamer Leitfaden für unser Handeln sein, sonst ist sie keine erfolgreiche Beschreibung der Strukturen und Prozesse. Mein Argument hier geht also nicht dahin, dass erfolgreiche Praktiker in der Einzeltherapie oder der Organisationsberatung ihre Art zu arbeiten verändern sollten, um dieser theoretischen Revision zu entsprechen, sondern vielmehr dahin, dass erfolgreiche *change agents* bereits in dieser Weise arbeiten und dass die Theorie einer Revision im Sinne der inneren Kongruenz bedarf, damit sie der Praxis entspricht (siehe wieder E.C. Nevis 1987 mit seiner Beschreibung von Beratungsarbeit, die, wenn auch aus einem etwas anderen Blickpunkt, in hohem Maß mit den hier vorgeschlagenen Revisionen übereinstimmt).

Alles, was ich über den institutionellen Fall oder den Fall mit mehreren Personen gesagt habe, sollte auch für das individuelle »System« gelten. Das Ziel des Individuums, wie Goodman schlüssigerweise vorschlägt, indem er Goldstein folgt und Maslow vorwegnimmt (Perls u.a. 1951, 270), ist *Wachstum*. Dies folgt vor allem auf Grund der Annahmen der Gestaltkonzeption über Kontext und Grenze: Kontakt an der Grenze geschieht per Definition mit etwas »anderem« als dem Selbst, etwas, das absorbiert oder assimiliert oder vereinnahmt werden kann (sei es wörtlich oder im kognitiven Sinn als Information). Aber diese Assimilation kann niemals ein bloß passiver, additiver Prozess sein. Es ist vielmehr die kreative Anpassung des Organismus an die neuen Bedingungen, das neue Material (und *vice versa*), also das, was ich die (Re-) Organisation des Selbst im Feld als meine Definition von Kontakt genannt habe. Hier wieder richtet sich mein Einwand gegen Goodman, gegen seine aus dem verständlichen Reformeifer hervorgehende Tendenz, einen Pol, eine Dimension des gesamten Kontakts zu Lasten des anderen zu betonen. Im Geiste alles bisher Gesagten heißt das meiner Überzeugung nach, dass das *Ziel* des Organismus, der Zweck des Kontaktes, die Balance oder die Integration von *Wachstum* (oder Veränderung) und *Erhaltung* (das heißt die fortdauernden Strukturen des Grundes) ist. Beide Pole sind wesentlich, damit Kontakt stattfinden und aufrechterhalten werden kann. Es kann kein Wachstum ohne Erhaltung geben, weil es nichts gäbe, worauf etwas wachsen könnte; Veränderung ohne ein bedeutsames Element der Erhaltung könnte sich als reiner Verlust und keineswegs als Wachstum herausstellen (leider gibt es eine Vielzahl von Analogien in Fällen fehlgelaufener Psychotherapien). Es kann auch keine Erhaltung geben ohne Wachstum, ohne Assimilation und Akkommodation sowie Reorganisation in Bezug auf das neue Material, denn ohne diesen »Fütterungs«-Prozess stirbt der Organismus sehr rasch (und hier können wir auch sehen, wie intuitiv recht Perls bei seinem wenn auch theoretisch unvollständigen Versuch hatte, die Metaphern von Figur und Grund mit dem Prozess der Nahrungsaufnahme als deskriptive Bilder organischer Funktionsweise zu verknüpfen). Erhaltung und Wachstum sind grundlegende, natürliche Pole oder polare Dimensionen von Kontakt – genauso wie Widerstand/ Differenzierung und Konfluenz oder Deflexion/Selektivität und etwas, das wir Offenheit nennen können. Nur den einen Pol (Wachstum) zu betonen, ohne dem anderen (Erhaltung) entsprechendes Gewicht zu verleihen wie Goodman, heißt, den Kontakt selbst zu verzerren, indem man ihn nur mit Veränderung gleichsetzt und dann den Prozess von Kontakt/Veränderung idealisiert, während Widerstand gegen Kontakt/Veränderung abgewertet wird mit all den daraus folgenden Verzerrungen im Modell, die im Rest dieses Kapitels erörtert werden.

Wenn ein Individuum nicht wachsen und sich verändern kann, ist das Ergebnis mit Sicherheit, wie Goodman in seiner Darstellung argumentiert, Rigidität, Leidenschaftslosigkeit, affektive Verödung, Eintönigkeit, Anomie, lebender Tod oder der Tod selbst, die endlose Wiederholung von isolierten Gesten, die sowohl ihren Zusammenhang als auch ihre Bedeutung verloren haben. Aber das gleiche gilt, wenn das Individuum bei der Veränderung nicht auch erhalten, das Neue in dauerhaften bedeutungsvollen Strukturen (des Grundes) organisieren kann, dann kommt dabei der »Kontaktfreak« heraus, der ironischerweise genau die gleichen Symptome, die gleiche Anomie, die gleiche Wiederholung endloser isolierter Akte zeigt, nur mit dem Unterschied, dass die ritualisierte Geste hier im starren Beharren auf scheinbarer Neuartigkeit besteht, statt auf scheinbarer Gleichheit. Neuartigkeit und Gleichheit können Goodman zufolge zur gleichen Aneinanderreihung isolierter Elemente führen, wenn sie nicht in dauerhaften Strukturen des Grundes organisiert und integriert werden, die der Figur Sinn geben, also in eine *konservative* Struktur (das heißt eine Struktur mit einer überdauernden Organisation), die sich trotzdem durch die Übernahme neuen Materials verändern kann, aber ohne einen Bruch in der Kontinuität der Identität. Und, um es noch einmal zu betonen, diese Prinzipien gelten in gleicher Weise für Einzelpersonen wie für soziale Personen oder Fälle.

Mit anderen Worten; wir gelangen nun zu einem Modell »organismischer« Funktionsweise, das, was auch immer es zu leisten vermag, sowohl für Einzelpersonen als auch für soziale Systeme in diagnostischer und präskriptiver Weise angewendet werden kann. Wenn wir einmal für einen Augenblick die Frage beiseite lassen, was es genau zu leisten vermag, können wir doch zumindest sagen, dass solch ein »duales« oder ebenenüber-greifendes Modell ein äußerst interessantes und nützliches Werkzeug ist. Wie im vierten Kapitel erwähnt, hat sich die Überschreitung dieser Grenze zwischen der individuellen und der systemischen Perspektive als besonders schwierige Aufgabe für verschiedene klinische Modelle herausgestellt, die nach oben hin zu generalisieren versuchten (wobei uns vor allem das psychodynamische Modell einfällt, während sich die verschiedenen sozial-psychologischen Modelle, die uns viel Interessantes über die soziale Rolle, die Mitgliedschaft, das Gruppenverhalten, die Einstellungsbildung und über Attribuierungsphänomene sagen, nicht direkt mit Fragen beschäftigen, die wir im Hinblick auf die *Organisation des Selbst* oder die persönliche Dyna-mik im bekannten Sinn stellen wollen).

Und doch gibt es so viele Fälle, bei denen die Möglichkeit, die Einzel-person und das soziale System (das Paar, die Familie, die Organisation usw.) *mit derselben Terminologie* zu beschreiben und zu diagnostizieren, etwas sehr Wünschenswertes wäre, wenn nicht die Schwierigkeit vor allem darin bestünde, kontextuelle Ansätze auf individuelle Probleme anzuwenden. Der problematische Manager *in der problematischen Organisation*, das Problemkind in der problematischen Klasse, der identifizierte Patient in der Problemfamilie, sogar der Problembürger in der Problemgesellschaft – all dies sind sozusagen Fälle an der Grenze zwischen Beratung und Therapie, oder es sind Fälle, die wegen des Fehlens einer gemeinsamen Sprache für die verschiedenen Ebenen künstlich auf die eine oder andere Seite der viel zu rigiden Grenze zwischen diesen Ebenen gezogen werden (was jeweils die Folge des Fehlens einer gemeinsamen Terminologie ist).

Dieses Modell, das aus der Kombination einer Neubetrachtung des strukturierten Grundes mit einer revidierten Konzeption von Widerstand hervorgeht, wie es in den vorherigen Kapiteln entwickelt wurde, könnte der Anfang einer Kartierung oder funktionalen Auflistung aller relevan-ten (bipolaren) Kontaktfunktionen des jeweils zu erforschenden Systems sein (sei es individuell oder sozial); die Absicht bestünde zunächst darin, eine Beschreibung des funktionalen Kontakt*stiles* vorzunehmen, also der subjektiven Topographie oder des strukturierten Grundes, in denen die Kontaktfiguren (oder -ziele) erzeugt, mit Energie versorgt und erreicht wer-den, um dann in die fortdauernde Funktionsweise und die Ziele auf einem höheren Niveau integriert (oder nicht integriert) zu werden. Die relevanten Kontaktfunktionen werden wiederum, zumindest im Fall von Organisatio-nen, von den Zielen bzw. Aktivitäten des Systems selbst vorgegeben, und zwar gemeinsam mit einer Berücksichtigung der Umweltmerkmale, also der verfügbaren Ressourcen, der Zwänge, Beschränkungen usw. (Im Fall einer Einzelperson gibt es diesem Ansatz zufolge keinen Einwand dagegen, wenn man mit einer »standardisierten« Liste relevanter, persönlicher Kontaktfunktionen beginnt, so wie sie von Goodman, Perls, den Polsters, Zinker und anderen Autoren dieses Bereichs vorgegeben werden, *solange* die Auflistungen jeweils beide Pole dieser Kontakt*modi* der Widerstände/ Differenzierungen *und auch* der Konfluenz, des Wachstums *und auch* der Erhaltung, der Retroflexion *und auch* des Ausdrucks bzw. der Abhängigkeit einschließen.) Wie sich dieses »topologische« oder funktionale Modell der Kartierung dann in der Praxis auswirkt und welche Arten von Diagnose und Präskriptionen durch diesen Ansatz ermöglicht werden, wird in den Fallstudien der folgenden Kapitel gezeigt.

Schließlich sollte hervorgehoben werden, dass dieser Ansatz für Diagnose und Veränderung, der die *fortdauernden Strukturen und funktionalen Muster der Organisation* betont, keineswegs das bewährte Cleveland-Modell der Diagnose systemischer Funktionsweise unter Bezugnahme auf den Zyklus des Erlebens ersetzen oder diesem entgegenstehen soll. Im Gegenteil, die beiden Ansätze sind keineswegs widersprüchlich, sondern sie ergänzen sich und bilden dadurch ein weiteres Beispiel für bipolare Dimensionen im Kontakt. Das Zyklusmodell ist als diagnostisches und präskriptives Werkzeug der Zugang zur Systemanalyse über eine Momentaufnahme (und wiederum sowohl auf der individuellen als auch auf der Gruppenebene), also die Anatomie eines isolierten Impulses als exemplarischer Untersuchungsfall ohne eine weiterreichende Zeitdimension, aber offensichtlich in der Hoffnung, charakteristische Dysfunktionen oder Stärken herauszufinden, die über die Situationen und über die Zeit hinaus gültig sind. Meine Kritik dieses Modells, das sich allzu leicht für eine episodische Sicht der Funktionsweise oder nur aneinandergereihter Impulse hergibt, trifft nur bei der ausschließlichen Verwendung dieses erklärungskräftigen diagnostischen Werkzeugs ohne Bezugnahme auf fortdauernde Strukturen des Grundes zu. In dieser Weise würden das Werkzeug und das Modell in der zuvor diskutierten Weise figurgebunden werden. Aber die Nützlichkeit des Cleveland-Modells würde unserer Argumentation zufolge nicht verringert oder außer Kraft gesetzt, sondern erhöht werden, wenn man die fehlende polare Funktion der Diagnose im eher traditionellen Sinne wieder einführt, gemäß der hier vorgeschlagenen Analyse jener *stabilen Merkmale des Grundes bei den Kontaktfunktionen*, die im Leben der Person oder des

Systems institutionalisiert und über lange Zeit hin in dynamischer und hierarchischer Weise organisiert werden.

In den abschließenden Kapiteln wollen wir uns einer konkreteren Anwendung all dieser Argumente und dieses revidierten Modells anhand zweier Arten von Fällen zuwenden. Besonders werden wir versuchen, die Beziehung und Interaktion zwischen diesen beiden polaren Ansätzen in der Praxis aufzuspüren und damit auch die praktischen Entscheidungspunkte innerhalb dieser und zwischen ihnen. Dadurch erhalten wir die Möglichkeit, uns mit Hilfe dieses Modells, wie versprochen, flexibel und konstrukiv zwischen den verschiedenen Ebenen eines menschlichen Problems in einem sozialen Kontext zu bewegen.

Anmerkung

[1] Im ursprünglichen Modell von Perls wäre »Introjektion« die Überschrift und die übrigen Begriffe wären untergeordnete Varianten.

6. Kapitel

Die Struktur des Grundes: Zwei klinische Fälle

Der Fall von Josh oder Skylla und Charybdis

Als sich der Held Odysseus nach dem Fiasko des Trojanischen Krieges – einem verzwickten Familiendrama, das ihn bereits seine Jugend und die meisten seiner Freunde gekostet hatte und jetzt drei Generationen seines eigenen Hausstandes bedrohte – auf seinen langen Heimweg begab, erschien ihm eine Göttin im Traum, um ihn vor weiteren, zukünftigen Gefahren zu warnen. Sie sagte voraus, dass sein Weg durch einen engen Kanal zwischen zwei Landzungen, die beide von Ungeheuern bewacht wurden, führen würde. In den hohen Klippen auf der einen Seite lauerte die Hexe Skylla, bereit, aus ihrem Schlupfwinkel herabzustürzen und ihre Beute zu schnappen, sechs auf einmal, je einen für jeden ihrer schrecklichen Rachen vom Deck eines jeden Schiffes, das zu nah an ihr Ufer kam. Schlimmer noch aber war, dass auf der anderen Seite mit offenem Schlund der Strudel Charybdis lag, der alles in sich aufsog, was in seine Reichweite kam, Männer und Schiffe und überhaupt alles. Steuere dein Schiff in Richtung auf Skylla, so riet die Göttin, rudere kräftig und nimm deine Strafe an. Es ist besser, du verlierst sechs oder sogar zwölf und machst weiter, stark eingeschränkt zwar, aber immer noch am Leben, als für immer in den Strudel der letzten selbstmörderischen Auflösung zu versinken.

Josh selbst zog als erster diese Parallele zwischen seinem eigenen Leben und der antiken Geschichte – jenem drohenden Bild zweier gefährlicher Figuren, verdammt, wie immer man sich entscheidet; jeder erlebt irgendwann in seinem Leben solch eine Situation, wenn auch meist in einer Form, auf die weniger drastische Metaphern zutreffen als die aussichtslose Wahl zwischen Pest und Cholera. Das Besondere für Josh bestand darin, dass sie nicht nur Figur war – sie war auch Grund. Diese Haltung, diese Art des Zugehens auf die Welt war, um den bekannten Gestaltausdruck zu verwenden, Joshs Existenz. Der Weg auf der Landkarte seines Lebens führte, um die Analogie des Wanderers fortzusetzen, durch jenen engen Raum zwischen zwei Katastrophen – und dann blieb das Bild mit Hilfe einer freizügigen Alkohol-»Lösung« dauerhaft eingefroren.

Skylla war für Josh die quälende, selbstzerstörerische Schuld, die er erlebte, wann immer er etwas für sich selbst forderte, wie bescheiden und angemessen die Selbstbehauptung auch sein mochte (der Gegenpol zu den unangemessenen, kontaktlosen Ansprüchen war natürlich eine andere Sache, wie zum Beispiel die Gewohnheit, drei von vier Wochenenden in einem sinnlos betrunkenen Zustand mit zwischenzeitlichen Saufgelagen zu verbringen). Sogar die Tatsache, dass man ihm zuhörte, war für Josh eine mögliche Katastrophe, da dies bestenfalls Zeit und Aufmerksamkeit und möglicherweise sogar sympathische Zuwendung bedeutete, die jemand anderem vorenthalten wurde (wobei er meinte, dass es selbstverständlich jemand Wertvolleres als er wäre). Im schlimmsten Fall nahmen die Ängste von Josh eine dunkle, magische Qualität an, als würde die Beschwerde, die er heute äußerte, dieser offensichtliche Hinweis auf den Vulkan an Schmerz und Kummer und Zorn, den er in sich trug, auf magische Weise rückwirkend seine gebrechliche Mutter zerstören, die sich sein ganzes Leben lang bemüht hatte zu stützen und zu beschützen.

Die Wurzeln dieser Seite seines Dilemmas waren nicht schwer im Grund von Joshs persönlicher Geschichte aufzuspüren. Als ältester von vier nah aufeinander folgenden Geschwistern wuchs Josh als hauptsächlicher Versorger für eine Familie von finanziell gut gesicherten, aber emotional verhungernden Kindern einschließlich zweier erwachsener Kinder auf: Sein Vater war Alkoholiker und arbeitssüchtig, wahrscheinlich schizoid, ständig als sehr erfolgreicher Vertreter unterwegs, oder wenn er zu Hause war, dann saß er in Joshs Vorstellung unweigerlich betrunken auf dem Sofa vor dem Fernseher, und von diesem Kommandoposten aus bellte er wilde Befehle, die niemand beachtete, am wenigsten die Dienstmädchen, die kamen und gingen, meistens aber gingen, während der endlosen, gleichbleibenden Jahre von Joshs Kindheit. Seine Mutter, eine gebrechliche, narzisstische, depressive Frau, war wahrscheinlich von einer ganzen Reihe verschreibungspflichtiger Tabletten abhängig; sie war häufig wegen des einen oder anderen Leidens in der Klinik, oder wenn sie zu Hause war, dann lag sie gewöhnlich in ihrem Zimmer in einem anderen Teil des Hauses ohne

Licht und mit heruntergelassenen Fensterläden. Dieses Muster verschlimmerte sich nach der Geburt jedes Kindes, vor allem nach der des zweiten Sohnes, bei dem eine schwere Entwicklungsstörung diagnostiziert wurde. Im Alter von sechs Jahren hatte Josh das Gefühl, und das traf zweifellos auch in hohem Maße zu, dass er für den ganzen Haushalt verantwortlich war; manchmal war er sogar tatsächlich mit drei jüngeren Geschwistern allein im Haus, wobei seine drei Jahre alte Schwester die einzige unsichere Hilfe war. Nach dem Muster, das wir im vierten Kapitel als Retroflexion-II kennzeichneten, versuchte Josh die stabile Elternfunktion und den unterstützenden Grund für die anderen Kinder zu gewährleisten, indem er selbst dieser Elternteil und dieser Grund war, was er beides selbst so verzweifelt gebraucht hätte. Dies sollte er Jahre später in seinem Arbeitsleben wiederholen, indem er seine Untergebenen bis an den Punkt der Infantilisierung bemutterte, und dies mit zweifelhaften Ergebnissen.

Ein Teil der vielfältigen Kosten dieser Organisation des Selbst, dieses Kontaktverhaltens oder dieser Struktur, war damals und später die zuvor erwähnte Flutwelle an Panik und Schuld, die ihn bedrohte, wann immer er das Recht auf etwas direkt Nahrhaftes für sich selbst durchzusetzen oder in Anspruch nehmen wollte. (Die Flasche, an der er in regelmäßigen Abständen so gierig sog, war wieder eine andere Angelegenheit. Jede Organisation des Selbst ist nach unserem Verständnis per Definition überdeterminiert, und ein Element dieser Überdetermination wurde für Josh durch das Traumbild einer verwirrten und verzweifelten Mutter geliefert, die die Gifte im Haushalt von den Händen der Kinder fernhielt, indem sie sie alle selber trank. Und tatsächlich ist seltsamer- und erstaunlicherweise keiner der Geschwister von Josh zu einem Abhängigen geworden; alle, einschließlich des »zurückgebliebenen« Bruders, hatten eine Arbeit, waren verheiratet und offensichtlich stabile, unabhängige Menschen. Und dennoch versuchte Josh immer noch, das ganze Gift aufzusaugen!) In der Therapie nahm dieser Terror der Schuld-Hexe die Form eines rigiden Festhaltens an vorbeugender Selbstgeißelung an. Ich müsse versprechen, so forderte Josh in der ersten Sitzung, mich immer und ausschließlich auf seine Mängel und Macken zu konzentrieren, ähnlich den vielen »Alkoholberatern«, wie er sie nannte, die er in der Vergangenheit konsultiert hatte. Alles andere wäre Drückebergerei. Er, und nur er allein, sei verantwortlich für seine Trinkgewohnheiten, sein Versagen bei dem Versuch, mehr für seine Frau und seine Kinder zu tun, sowie für seine generelle Verantwortungslosigkeit – was nur einmal mehr zeigt, wie alles, sogar die Karikatur einer Gestaltautonomie als Widerstand im traditionellen Sinn gegen die eigentliche Verantwortung und gegen Veränderung genutzt werden kann! Ganz sicher war Josh autonom: Inmitten seiner Familie, zwischen seiner sehr kompetenten (und in hohem Maße »ermöglichenden« oder co-abhängigen) Ehefrau und drei sehr aktiven, kleinen Kindern lebte er allein. Und ich müsse mich mit der Therapie sehr beeilen! Wie der sprichwörtliche Zustand der Natur, so war auch richtige Therapie nach Joshs Ansicht »eklig, brutal und kurz«. Nur so konnte er die Ausgabe von Geld rechtfertigen, das natürlich viel besser für ein viel wertvolleres Objekt hätte ausgegeben werden können. Und was noch wichtiger war, nur so konnte er *den Kontakt zwischen uns organisieren*, der die Skylla der Schuld aufzuwecken drohte, die ständig über seinem Kopf schwebte.

Ein interessanter und möglicherweise implosiver Gestaltansatz für Joshs Engpass könnte natürlich um die Arbeit mit seiner überwältigenden Schuld-Figur herum gestaltet werden, indem man in sie eindränge, sie erforschte und sie zum Gegenstand von Experimenten machte, sei es formal oder in natürlicherer Form in einem Gespräch. Josh könnte sein Bewusstsein von sich selbst als Opfer schärfen, und von da könnte er Kontakt mit Josh als Skylla, dem hexenhaften Introjekt aufnehmen, das er immer mit sich trug und dessen Schatten er erlebte. Und von da aus könnte sich eine neue Aktivierung seiner Energie, eine neue kreative Anpassung bilden und zum Fließen kommen. Wenn ich mich entschied, diesen Weg mit Josh nicht gleich zu gehen, dann vor allem deshalb, weil ich das Gefühl hatte, dass die Figur für ihn ausgelaugt war. Wie konnte man einen neuen Anfang, ein neues, drängendes Empfinden für Realität in dieser zwanghaft bestrafenden Figur finden, die er wie ein scharfes, wenn auch starres Relief dreißig und mehr Jahre lang gelebt hatte. Zinker, Fantz, Perls selbst und vielleicht auch andere hätten es geschafft; ich war mir überhaupt nicht sicher, ob ich Josh bei der Suche nach dem Weg unterstützen konnte. Vor allem konnte ich angesichts seines offensichtlichen Talents, jede neue Einsicht, jede potentielle Unterstützung in seiner eigentümlichen, retroflexiven, isolierten und allzu autonomen Weise für weitere Selbstbestrafung zu benutzen, keinen Weg zu neuer Frische, zu etwas Neuem mit und für Josh aufspüren.

Das Neue für Josh, so schien mir, war die Tatsache selbst, dass er *mit mir* da im Raum war – ein Kontaktproblem, das er sich bereits vehement in der vertrauten Weise seines eigenen organisierten Grundes zu strukturieren bemühte, das heißt im Bezugsrahmen seiner Landkarte (und seiner Phrasensammlung), die er »Alkoholberatung« nannte, ein sich wiederholendes

Skript, nach welchem er nichts von mir wollte und ich nichts von ihm wollte (außer dem Ritual der Selbstgeißelung), und die ganze Beziehung würde durch diese begrenzte und stilisierte Sprache der Bestrafung und Schuldzuweisung kanalisiert werden, ganz gleich ob es Zorn war, ein gebrochenes Herz, Verständnis, Missverständnis, Humor, Liebe, Erotik und was immer sonst noch aufkommen mochte. Aber ich war kein »Alkoholberater«. Aus welchem Grund auch immer – wegen der Kontaktforderungen seiner heranwachsenden Kinder, der Drohung seiner Frau, ihn zu verlassen, der wundgescheuerten Rigidität seiner kreativen Anpassung oder Organisation des Selbst – er war zu jemand anderem gekommen, wahrscheinlich auf der Suche nach etwas Neuem. Ich holte tief Luft und sagte Josh, dass ich auf seine Bedingungen nicht eingehen könne. Zunächst einmal sagte ich ihm, dass ich keine Vorstellung davon hätte, was ein Alkoholberater sei; ich würde nur Menschen, nicht Flaschen beraten, und nebenbei bemerkt scheine es doch absurd für ihn zu sein, seine Zeit und sein Geld darauf zu verwenden, dass ich ihn darin beriete, wo er offensichtlich viel mehr über das Trinken wüsste als ich. Zweitens könnte ich seiner Auffassung über Autonomie nicht zustimmen. Ich sei niemals jener mythischen Person begegnet, die er beschreibe, die völlig und ausschließlich für sich selbst verantwortlich sei, sagte ich, und ich könne mir nicht vorstellen, wie solch ein Typ aussehen würde. Meiner Ansicht nach seien die Menschen wechselseitig verantwortlich füreinander und auch für sich selbst, auch wenn es bestimmte Dinge gebe, die jeder von uns letztlich nur allein entscheiden könne (wobei die individuelle Figur der Entscheidung der hier verwendeten Sprache zufolge aus dem gemeinsamen Unterstützungsgrund hervorging). In diesem Fall würde das bedeuten, dass, wenn ich ihn kennenlernen und mir etwas aus ihm machen würde und mir zu Ohren käme, dass Leute ihn in der Gegenwart oder Vergangenheit verletzt hätten, ich keineswegs im voraus versprechen könne, dass ich niemals wütend werden oder diese Leute nicht beschuldigen würde, wie immer unangenehm dies auch für ihn sein mochte. Josh schaute mich an wie einen Marsmenschen, aber bei der Passage über die Beratung hinsichtlich seines Alkoholkonsums grinste er breit. Das entspannte mich ein wenig. Meiner persönlichen Organisation des Selbst im Kontakt zufolge fühle ich mich befreit, wenn der gemeinsame Grund die Möglichkeit einschließt, sich gegenseitig aufzuziehen. In schwierigen Zeiten der Beziehung gibt es dann die gemeinsame Grundstruktur der Begegnung im Humor, zumindest manchmal als Möglichkeit in jenen Augenblicken, wenn andere Organisationsformen des Kontakts misslingen.

Der zweite Grund, weshalb ich nicht mit der Figur der Schuld ging, die Josh mir so eindringlich anbot, war neben der Frage der Neuheit mein Empfinden von Anfang an, dass es eine zweite dauerhafte Figur gebe, eine Grundstruktur (da eine Figur, die längere Zeit überdauert, zu einer Struktur des Grundes wird), die in Größe und Gewichtigkeit der ersten gleichkam, aber im Schatten, im Hintergrund lauerte und von keinem von uns klar erkannt oder ausgesprochen wurde. Wie Josh es später so lebhaft ausdrücken sollte, war dies Charybdis, die Unterströmung, der Wächter am gegenüberliegenden Ufer, der mit anderem Namen Scham hieß. Wenn Selbstbehauptung, Selbstdarstellung oder (nicht auf das Selbst bezogene) Schande lähmende Anfälle von Schuld in Josh erweckten, lieferten sie ihn dem gegenteiligen Extrem aus, also der Selbstverleugnung, Isolation und Stummheit, was einer früheren und sogar verzweifelteren Position in Form einer Flut von Schuld entsprach. Und wie uns die Entwicklungsmodelle nahelegen, ist früher auch gleichbedeutend mit schlimmer im Sinne einer grundlegenderen Organisation, die potentiell noch destruktiver ist. Tatsächlich lehren uns die Selbst-Psychologen, im Auge zu behalten, dass Scham nicht Schuld ist, die bei den meisten Selbstmorden wirksam ist – die in unserer Sprache den Grund organisiert, aus dem heraus sich der Selbstmord als Figur von der Bewusstheit zur Aktivierung und zur Handlung hin bewegen kann (vgl. z.B. Morrison 1987). Schuld ist letztlich ein sehr starkes Gefühl, wenn auch ein negatives, und eines, das sehr intensiv mit anderen Menschen verbunden ist: Man hat per Definition jemandem etwas getan oder hat etwas unterlassen. Scham ist dagegen schwach, äußerst privat – mit einem Wort beschämend; und dies so sehr, dass sie, wie Nathanson deutlich macht (1987), bis vor kurzem in der klinischen Literatur wenig behandelt wurde. Man kann seine Schuld verkünden (ganze kulturelle Stile wurden darauf aufgebaut); man schämt sich seiner Scham. Schuld kann gesühnt werden, sei es direkt oder indirekt; Scham bringt einen dazu, sich zu verstecken – wobei Selbstmord die letzte Figur des Versteckens ist. »Geh der Schuld nach«, war der lakonische Rat eines älteren Psychotherapeuten, den ich informell konsultierte, als Josh und ich gemeinsam begannen, die Strukturen seines Grundes zu verstehen. Ich betete darum, dass sie und die Götter und meine eigene klinische Intuition recht behalten würden und steuerte mit Josh auf das Klippenufer zu und versuchte, während der Stürme und (Selbst-)Verwüstungen, die dann folgten, bei ihm zu bleiben.

Dies wurde zu unserem ersten therapeutischen Experiment innerhalb des Kontextes des umfassenderen experimentellen Grundes, dass wir zwei

Menschen überhaupt zusammen im Raum waren. Wochenlang hörte ich mit schwerem Herzen Joshs Geschichte zu, als sie aus ihm herausströmte, wies seine häufigen, manchmal verzweifelten Versuche zurück, das Gespräch auf das sicher strukturierte Gleis seiner üblichen Ergüsse ganz anderer Art zu lenken, oder ignorierte sie, wenn er nämlich berichtete, wie er an den Wochenenden allein zu Hause in seiner Kellerhöhle saß, mit der Flasche in der Hand – ich lachte, wenn Josh lachte, weinte, wenn er weinte, war wütend und zornig, wenn Josh jene Gefühle in seinem eigenen Grund verleugnete oder sie nicht aufspüren konnte, ließ meinen Kiefer absichtlich vor Schock oder Entsetzen über die Dinge fallen, die Josh niemals in Frage gestellt hatte, konnte ihn durch die Tränen auf unseren Gesichtern hindurch gelegentlich sogar ein wenig necken, etwa wegen seiner undurchschaubaren Verrenkungen, die er unternahm, um zu vermeiden, dass sein eigenes Kind-Ich in die Sphäre seiner universellen, menschlichen Leidenschaft und Sorge eingeschlossen wurde. Josh war politisch interessiert und aktiv in Wohltätigkeitsprojekten, sozialen Aktionen, Bruderschaften und Rettungsmaßnahmen für Kinder engagiert. Nur ein einziges Kind schien in der ganzen Welt so außerordentlich unwürdig zu sein, dass es aus der ansonsten grenzenlosen Großzügigkeit seines Herzens ausgeschlossen wurde. Darüber pflegte Josh dann reumütig zu lachen und wieder zu weinen.

Diese Katharsis-Phasen wurden während der ganzen Anfangsperiode innerhalb und außerhalb der Sitzungen durch den wiederkehrenden Zyklus der Selbstverurteilung und Beschuldigung unterbrochen, durch den Josh wegen seiner Nachsichtigkeit, maßlosen Selbstbezogenheit und fatalen Selbstüberhöhung des eigenen Flehens um Sympathie, die seiner Auffassung nach manipulativ waren, und wegen seiner immer wieder auftauchenden Gefühle von Schuld gehen musste. Und wieder bremste ich mich dabei, diese Figuren der Bestrafung und des Zorns aufzugreifen und durchzuarbeiten, sowohl, um die frische Figur des Kontakts zwischen uns voranzutreiben, als auch weiter an dem Grund zu bauen, der Charybdis aufwecken sollte. Als Josh sich selbst beschimpfte, dass er die Therapiestunde mit einem Bad in Selbstmitleid verschwendete, protestierte ich heftig dagegen, dass er mich ausschloss. Schließlich wäre ich auch noch da und zumindest ebenso verantwortlich dafür wie er, dass die Sitzung vergeudet wurde. Wenn über Schuld verhandelt werden sollte, dann bestand ich darauf, meinen Teil daran zu bekommen; alles andere, so sagte ich ihm, wäre zutiefst beleidigend und ich würde es ablehnen. Als Josh lachte und mir die gelbe Karte zeigte, weil ich Sophisterei benutzte, um ihn in einem logischen Netz zu fangen, sagte ich ihm, dass das einzige Netz darin bestehe, dass er mir angesichts der Tatsache, dass ich es nicht ertragen würde, übergangen zu werden, etwas antue. Als er, wenn auch sehr vorsichtig, wagte zu behaupten, dass das ein ganz klein wenig egozentrisch klinge, sagte ich ihm, dass ich, anders als beim Alkohol, bei diesem Thema etwas Bescheid wissen könne und ihm jederzeit einige Hinweise geben könnte. Dann folgten neue Anfälle von Selbstbeschuldigungen, weil er es gewagt hatte, mich nach all meiner Sorge für ihn und all meiner langmütigen Geduld leise zu kritisieren (und ging ich fehl in der Annahme, das erste Grollen der Charybdis mit dem Auftauchen einer Charakterisierung seiner selbst nicht nur als schuldig, sondern tatsächlich als toxisch gehört zu haben? Kein Wunder, dass er das Gefühl hatte, das Beste, was er für seine Kinder tun könne, sei, von ihnen fernzubleiben – wieder eine Kette von Figuren, deren logisches Extrem der Selbstmord ist).

Und so ging es weiter. Um diese Zeit herum hatte Josh einen Traum – einen der ersten, den er sich zu erinnern und mitzubringen gestattete, während er allmählich einige der rigiden Grenzen seines eigenen, persönlichen Grundes zerstörte, um die Möglichkeit der Gegenwart eines anderen Menschen auf intimem Terrain zuzulassen. In seinem Traum ging er mit seiner kleinen Tochter spazieren, zuerst in einer Sportkarre und dann mit einem Rückengestell, die beide deutlich mit dem bekannten Logo von »Gerry Co.« gekennzeichnet waren. Der Fahrer in einem vorbeifahrenden Wagen schleuderte herum, um einem Fußgänger auszuweichen, und drohte dabei, Josh und das Kleinkind auf dem Bürgersteig anzufahren. »Hup doch!« schrie Josh wild, während er gleichzeitig darüber nachdachte, wie seltsam es war, dass er versuchte, sich selbst zu warnen. Das tat der Fahrer auch, und Josh sprang zurück, so dass sie in Sicherheit waren. Das Horn jedoch blieb stecken und blies immer weiter, immer lauter, bis die Häuser und Gebäude in der Umgebung zusammenzubrechen begannen. Schließlich blieb nicht ein Stein auf dem anderen – »wie Armageddon«, kommentierte Josh bei seiner Wiedergabe –, und er und sein Kind blieben allein stehen, umgeben von einem Meer von Trümmern. Er wachte völlig gerädert auf, überlegte, ob er schon vor dem Frühstück zu trinken anfangen sollte, erinnerte sich dann aber, dass er eine Therapiestunde hatte und entschied sich, diese zuerst zu versuchen. Wenn er dann immer noch zittern sollte, konnte er sich krank melden, zu Hause bleiben und den ganzen Tag trinken.

Nun sagt man, dass Freudsche Patienten Freudsche Träume haben und Jungsche Patienten über Animas und Archetypen träumen usw. Was immer auch davon zu halten sein mag, meine Klienten träumen viele Wortspiele und Anagramme – oder zumindest scheint es mir so zu sein. Zunächst einmal teilte ich Josh mit (und ich bezog mich dabei auf die einfallsreiche Formulierung von Isadore From, der in seiner typischen Bescheidenheit versucht, das Verdienst an Rank weiterzugeben; vgl. Wysong & Rosenfeld 1982, 38), dass der Traum, den er sehr lebhaft erinnerte und den er so ziel-bewusst einbrachte, unter anderem *eine Botschaft für mich oder für uns enthalten müsse, über unsere gemeinsame Arbeit oder auch einen irgendwie gearteten Kommentar über den Grund der Beziehung zwischen uns.* Was für einen Sinn gäbe er dem Etikett auf dem Babysitz, fragte ich ihn? »Was – Gerryco?« fragte Josh, und er zog es zum ersten Mal zusammen, als er es laut aussprach; und dann, sichtlich erschüttert: »Du meinst – Jericho?« »Fühlt es sich so an?« fragte ich, aber es war eigentlich keine Frage. »Aber ich blase nicht in mein eigenes Horn«, erwiderte Josh langsam. »Nein, das tust Du nicht«, stimmte ich zu. »Aber vielleicht gibt es einen rücksichts-losen Fahrer in diesem Raum, den wir es für Dich haben tun lassen.«

Der Traum hat als ein weiteres Beispiel überdeterminierter Organisation viele Ebenen. Persönliche und soziale, innere und äußere Welten finden sich, wie uns Goodman lehrte, unter den vielen falschen Dichotomien und sind Niederschläge eines falschen Verständnisses von Bewusstheit, das die Gestaltperspektive aufgreifen und heilen kann. Wenn es auch nach der traditionellen Gestaltsicht sicherlich wahr ist, dass der »Träumer alle Teile selbst spielt«, was bedeutet, dass die Organisation der inneren Welt in der Umwelt im Traum abgebildet wird, dann ist es gleichfalls wahr, dass die äußere soziale Welt, die Menschen und die Beziehungen und die Gefühle zu ihnen in der inneren Welt des gleichen Traumes abgebildet werden. In Joshs Fall hatte ich wieder den Eindruck, dass es lebendiger und im Hinblick auf die wahrscheinlich bevorstehenden Stürme dringender wäre, von der Beziehung als dem vernachlässigteren, *prägnanteren* Pol (in Wertheimers Sinn von *Prägnanz* – vgl. erstes Kapitel) dieses einheitlichen, organisierten Bewusstheitsfeldes her zu arbeiten. Wenn die Wände für diesen Joshua zusammenstürzten und neue Kontaktmöglichkeiten eröffneten, dann gab es auch den möglicherweise gefährlichen Verlust notwendiger Strukturen des Grundes, ohne den, unserer Argumentation in diesen Kapiteln zufol-ge, kein Kontakt möglich ist. Dies waren also höchstwahrscheinlich die Kosten meiner eigenen Entscheidung für eine drängende, »heiße«, betont interpersonale Kontaktstrategie mit Joshua: nämlich dass der Prozess, der in gewisser Hinsicht von mir gesteuert wurde, für Josh außer Kontrolle geraten könnte und ihn allein in einem leeren Feld, übersät mit den Scherben seiner früheren Kontaktstrukturen, lassen würde – oder noch schlimmer als allein, dass er wieder durch das Traumbaby in die Position eines Sorgenden ohne Ressourcen gedrängt wurde. Ich konnte ganz im Sinne der Homöopathie keinen anderen Weg aus diesem Engpass heraus erkennen, außer mehr von der gleichen Medizin zu geben (und gerechterweise sollten wir daran denken, dass das gleiche, nämlich eine Destrukturierung des Grundes, die außer Kontrolle gerät, auch leicht bei einem intrapersonaleren Ansatz geschehen könnte): Mit anderen Worten, Charybdis musste von ihrem Podest, auf dem sie zu Hause mit Josh allein in den Stunden nach Mitternacht saß, herab in die Sitzung und in unsere Beziehung gebracht werden.

Josh fragte, ob ich glaubte, dass dies ein guter Traum sei. Der beste, erklärte ich: klar, poetisch, schön. Wie wäre es, und dies sei meine einzige Anmerkung, wenn er den Fahrer des Wagens das nächste Mal veranlassen würde, bei ihm zu bleiben, nachdem alles zusammengefallen war. Es war nicht das erste Mal, dass Josh mich mit einer besonderen Mischung von Skepsis und Ungläubigkeit ansah, als wenn er sagen wollte, dass er, auch wenn er unglücklich war, doch wenigstens nicht verrückt sei, was immer noch besser war als andersherum.

In der Zwischenzeit wurden Joshs Anfälle von Scham (behandelt und möglicherweise verschlimmert durch Alkohol) während dunkler Nachtwachen intensiver – oder vielleicht erwähnte er sie auch nur häufiger. Mein Vorschlag, dass er sich überlegen könne, ob er mich nicht einmal während einer dieser Verzweiflungsanfälle anrufen könne, löste einen vorhersehbaren Wutausbruch und ein vorbeugendes Schuldeingeständnis (mit beträchtlich mehr Freiheit des Ausdrucks als vor einigen Monaten) aus. »Verstehst du denn *überhaupt* nichts?« fragte er in Rage. »Wie naiv kannst du eigentlich *noch* sein? Verstehst du nicht, dass ich *Alkoholiker* bin. Wenn ich mich so fühle, dann trinke ich, und wenn ich betrunken bin, dann würdest du mit einer Flasche reden und nicht mit einer Person. Deshalb würde ich dich um vier Uhr morgens wegen nichts und wieder nichts anrufen.«

Ich sagte, dass wir das Ergebnis dieses Experiments nicht kennen würden, solange wir es nicht versucht hätten, und dass alles, was er um vier Uhr morgens bekommen würde, der Anrufbeantworter wäre, den er gern benutzen könnte, aber dass er mich um zehn oder elf oder sogar um Mitternacht erreichen könnte und dass er die Gelegenheit benutzen könnte, mir Dinge zu sagen, die er auf dem Herzen hatte und die zu dieser Stunde in seinem Kopf herumgingen und die am Morgen schwerer zu fühlen oder zu sagen wären. Wenn Alkohol auf diese Weise dazu dienen könne, den langfristigen

Kontakt und die Erforschung der Beziehung zwischen uns zu unterstützen, dann sollten wir auf alle Fälle davon Gebrauch machen, teilte ich ihm mit. Dann folgte die übliche zornige Lektion darüber, dass ich nichts von Alkoholismus oder Alkoholberatung verstünde, was immer ich auch sonst wissen mochte, und dass ich offensichtlich bis in die Zehenspitzen hinein unbelehrbar sei. Nach diesem besonderen Ausbruch kam Josh zur nächsten Sitzung, um mir zu erzählen, dass ihm plötzlich bewusst wurde, dass er zum ersten Mal versäumt hatte, sich für seinen Ausbruch bei mir zu entschuldigen, und, was noch wichtiger sei, er habe nicht einmal daran gedacht, sich in der Zwischenzeit deshalb schuldig zu fühlen. Sein Kommentar überraschte mich; ob es richtig war oder nicht, ich versuchte dieses Mal Josh gegenüber zu verbergen, dass meine Augen plötzlich feucht wurden wegen dieses kleinen, unvorstellbaren Sieges, weil ich fürchtete, an seiner neuen, völlig angemessenen Autonomie teilhaben zu wollen. »Das ist das, was Du willst, nicht wahr?« bemerkte Josh ruhig nach einem tiefen Blick. »Sagen wir einmal, es ermuntert mich zu weiteren Kämpfen«, erwiderte ich. Und wir erlebten gemeinsam einen intensiven Augenblick.

Nebenbei gesagt machte sich unsere wiederholten und lauten Auseinandersetzungen immer wieder an dem Wort »Alkoholiker« fest, was aus einer Gestaltperspektive ein außerordentlich verzwickter Begriff ist. Sofern sich »Alkoholismus« auf eine Krankheit im üblichen, medizinischen Sinn bezieht und nicht nur auf ein Verhaltensmuster, berührt er Fragen der Projektion, Introjektion und Besessenheit im Sinne einer Ansteckung durch böse Geister. Da der Beweis für biochemische Abhängigkeit oder eine Neigung zur Alkoholsucht spärlich und widersprüchlich ist, muss das Krankheitsmodell mit seiner offensichtlichen Trennung von Person und Ursache für die Gestaltsicht von Gesundheit und Natur im besten Falle höchst problematisch bleiben. Im traditionellen Modell der Anonymen Alkoholiker wird die Angelegenheit sogar noch komplizierter, da von der gleichen Person, die mit Hilfe von interpersonalen und spirituellen Grundstrukturen angehalten wird, eine verantwortliche Instanz oder Willenskraft über den ersten Drink bei jedem beliebigen Trinkgelage zu akzeptieren, auch angenommen wird, dass sie diese Instanz sofort und vollständig nach der ersten Dosis verliert. Solch eine Perspektive könnte vermutlich den Boden für eine sich selbst erfüllende Prophezeiung bereiten. Das Netzwerk und die Perspektive der Anonymen Alkoholiker stellen im Leben vieler Menschen eine unterstützende und reorganisierende Kraft dar. Gleichzeitig kann es aber auch andere geben, die sich, seien sie Josh ähnlich oder nicht, von den entpersönlichenden Aspekten des traditionellen Ansatzes der Anonymen Alkoholiker gelähmt oder beschämt fühlen oder die die Perspektive des »hilflosen Opfers« (offensichtlich der eigenen Chemie) benutzen, um ein destruktives Verhaltensmuster zu verfestigen, statt es zu zerstören. In diesem Bereich muss noch viel nützliche und hoffentlich klärende Gestaltarbeit getan werden. In der Zwischenzeit verwendete ich bei Josh immer wieder hartnäckig den Begriff »übermäßiges Trinken« – was ihn immer wieder provozierte und erzürnte, da es seine eigene besondere Mischung an Übertreibung und Verleugnung persönlicher Verantwortlichkeit und sein gewohnheitsmäßiges Wechselspiel zwischen Schuld und Scham störte. (Vgl. einen ähnlichen Umgang mit der Terminologie aus einer anderen als der Gestaltsicht bei Fingarette 1988.)

Bei allem, was zwischen uns nun bis zu diesem Punkt geschehen war, hatte ich immer wieder versucht, eine Übertragungsbeziehung im Freudschen Sinn, wie Josh sie bis zu einem gewissen Grad mit seinen vorhergehenden »Alkohol-Beratern« gehabt hatte, zu entmutigen oder zu zerstören. Joshs Problem, wie ich es verstand, bestand in einem stark eingeengten *Kontaktstil* – also einer Grundstruktur oder Organisation des Selbst im Feld –, der ihn in einer extrem isolierten Position festhielt. Angesichts dessen und auch angesichts seiner Fähigkeit, neue Beziehungen in Wiederholungen von alten zu verwandeln – das heißt die neue Figur im Rahmen rigider Grundstrukturen zu begreifen –, schien mir ein Übertragungsansatz eher Joshs »Wände« zu verstärken als zu zerstören. Daher hatte ich es in Übereinstimmung mit Goodman und Perls (Perls u.a. 1951, z.B. 293) vorgezogen, darauf zu bestehen, dass wir uns der Entwicklung der gegenwärtigen Beziehung in all ihrer schmerzlichen und überraschenden Realität weiter zuwandten, sowohl, was die Figur als auch, was den sich anreichernden Grund betraf – und hatte diese Entwicklung und diese Beziehung zum Hauptgegenstand und wichtigsten Experiment in der Therapie gemacht. Dies wiederum brachte jedoch Risiken mit sich, die vielleicht größer waren, als es bei einem klassischen Übertragungsansatz der Fall gewesen wäre, wobei Joshs Abwehrmechanismen schneller zerstört wurden, als sich neue Strukturen bilden und neue Kontaktmöglichkeiten an Stelle der alten entwickeln konnten. Und wie wir gesehen haben, könnte dies zutreffen, ganz gleich ob man einen »Figur-« Ansatz wie im traditionellen Gestaltmodell oder eine »Grund«-Betonung wie hier verwendete.

Andere Perspektiven leisten ihren eigenen Beitrag zu einem Verständnis dessen, was zwischen uns und in Josh vor sich ging (was wiederum, um Goodman aufzugreifen, in gewisser Hinsicht das gleiche sein muss). Aus der Sichtweise einer Selbst-Psychologie könnte vieles von dem, was ich getan hatte, einschließlich der Differenzierung und Argumentation, als jener Prozess des *einfühlsamen Spiegelns* angesehen werden, den Kohut als den Beginn der Selbst-Bildung ansieht – und dessen Ausbleiben zur narzisstischen Isolation führt, weil gesunde Bindungen an die Welt fehlen. (In Kohuts Terminologie sind dies reife Selbstobjekte, wobei Selbstobjekt als polare Ergänzung zu unserem Prozesskonzept der Projektion verstanden wird. Das heißt, während Projektion in der Gestaltsicht darin besteht, dass ein Teil des Selbst als zur Umwelt gehörend, also außerhalb der Selbstgrenzen identifiziert wird, ist Selbstobjekt derjenige Teil der Umwelt, der innerhalb der Grenzen des Selbst erlebt wird; Kohut 1977.)

Aus der Sichtweise der Objektbeziehungstheorie könnten wir sagen, dass der bisherige therapeutische Prozess auf das Gewährleisten einer *Eindämmung* (in meiner Diktion des »Beziehungsgrundes«) von Joshs Affekt gerichtet war sowie auf Erfahrung und experimentelle Erweiterungen des Selbst (vgl. z.B. Winnicott 1988). Winnicotts berühmter Formulierung zufolge braucht die affektive oder empathische Antwort nicht perfekt zu sein (tatsächlich würde solch ein Fehlen der Differenzierung aus Gestaltsicht ernsthafte Probleme wie Identitäts-Diffusion und Verlust an Autonomie für den Klienten heraufbeschwören), sondern sie braucht nur gut genug zu sein, damit der Klient in der Lage und willens ist, das an sich lohnenswerte Experiment der interpersonalen Erforschung oder des Kontakts fortzusetzen. Dem frühen Perls zufolge hatte Joshs frühe Entwicklung eine Verzerrung erfahren, sei es durch die Introjektion einer negativen Selbstbeschreibung (Sullivans »schlechtes Ich«) oder durch eine Konfluenz oder schlicht durch das Fehlen eines sorgenden Menschen – die alle zur Blockierung der gesunden, aggressiven Selbstbehauptung geführt hätten und demzufolge zu einem Kurzschluss aggressiven Kontakts mit der Umwelt über den Mechanismus oder den Widerstand der Retroflexion. Goodman hätte dem hinzugefügt, dass die aufmerksame Konzentration auf die Figurbildung und die Figurzerstörung an sich korrektive Wirkungen haben würde, die aufgrund der natürlichen Tendenz des Organismus zur Gesundheit zu einer umfassenderen kreativeren Anpassung und zu einer leidenschaftlicheren Kontaktfigur führen würden. Und die *Cleveland School* würde uns sagen, wie wir bei diesem Prozess der aufmerksamen Konzentration vorzugehen hätten, an welchen Stellen wir den Figurbildungsprozess auseinandernehmen und analysieren sollten, und sie würde uns auch etwas über die Bedeutung der verschiedenen möglichen Unterbrechungen und Verzerrungen sagen und wie man aktive Experimente konstruieren kann, um jene charakteristischen Stellen des Kontaktzusammenbruchs anzugehen.

Diesen reichhaltigen und vielfältigen Perspektiven, die sich gegenseitig keineswegs ausschließen, würden wir lediglich zwei weitere hinzufügen: *erstens, dass zumindest in einigen Fällen die lebendigste und prägnanteste Figur für die Erforschung die im Raum selbst entstehende und andauernde Beziehung ist; und zweitens, dass ein vollständiges und hilfreiches Verständnis der Figurbildung und der Figurzerstörung durch die Betrachtung der überdauernden Strukturen des Grundes verbessert wird, dass es tatsächlich ohne dieses unvollständig bleibt,* wobei sowohl der vorhandene intrapersonale Grund des Klienten gemeint ist als auch der sich entwickelnde interpersonale Grund der beiden therapeutischen Partner. Den in diesem Buch entwickelten Argumenten zufolge bedeutet dies in Kontaktbegriffen, dass vor allem bevorzugte oder mögliche Kontaktmuster, das heißt Strukturen des Grundes, nicht nur als Widerstände gegen einen idealen Kontaktprozess angesehen werden, sondern als die Mittel oder Strategien, durch die eine bestimmte Kontaktfigur entwickelt und erreicht wird, sowohl intra- als auch interpersonal. (Ich wage zu behaupten, dass dies im Laufe dieser Kapitel eine Verschiebung von Goodman, dem platonischen Idealisten, zu Goodman, dem aristotelischen Empiristen und Sozialpsychologen mit sich bringt – da er sicherlich beide polaren Themen aufgriff und ausdrückte, wenn auch, meiner Argumentation zufolge, manchmal auf eine wenig integrierte Weise.) In Joshs Fall beinhaltet dies beispielsweise die Entscheidung, sogar Alkohol in seiner Funktion als Teil eines größeren, retroflexiven und desensibilisierenden Systems zu betrachten, der nicht nur eine Blockierung oder einen Widerstand gegen überwältigend chaotischen oder desorganisierten Kontakt darstellte (was ein Widerspruch in sich ist), sondern auch Teil einer übergreifenden Strategie und Unterstützung für die Organisation war, die es Josh ermöglichte, die Arten und Grade von Kontakt zu haben, die er selbst für möglich hielt und erlebte.

In all dem ist sicherlich ein paradoxes Element enthalten, da das Sich-Anschließen an ein retroflexives oder desensibilisierendes System zwangsweise einen zerstörenden und möglicherweise reorganisierenden Effekt auf dieses System haben musste – ein Zugang, der in diesem Fall, wie ich gerade erörtert habe, bis zu dem Extrem getrieben wurde, dass ich den Klienten einlud, in gewisser Hinsicht sogar seine Trinkanfälle mit mir als Therapeut zu teilen (mit der offensichtlichen Warnung, dass nur einer von uns beiden trinken konnte – ein struktureller Unterschied des Beziehungsgrundes in der

Therapie, der auch durch die Bezahlung eines Honorars gewährleistet ist). Das theoretische Argument dieser Darstellung, besonders die Erörterung im fünften Kapitel, lief jedoch die ganze Zeit darauf hinaus, dass *kein* Kontakt, keine Organisation des Selbst im Feld, keine Auflösung von Figur und strukturiertem Grund ohne ein strategisches Moment sowohl der Retroflexion als auch der Desensibilisierung als einer unter vielen funktionalen Notwendigkeiten möglich ist. Die besondere Erkenntnis und der Beitrag meiner Gestaltperspektive, die ich von Goodman und Perls übernommen habe, besteht darin, dass therapeutische Veränderung zustande kommt, indem man *den Kontakt aufgreift, der möglich ist*; die komplexe, interpersonale Intervention, die darin besteht, dass man sich diesem Kontaktprozess anschließt und ihn analysiert *und ihn dadurch zerstört*. Dies führt zur Befreiung der reichen und spontanen Möglichkeit einer neuen und befriedigenderen kreativen Anpassung, einer neuen Organisation des Selbst im Feld. Was ich unter dieser Perspektive also hinzufügen oder klären würde, ist, dass die Gestaltbildung eine Auflösung von Figur und Grund in wechselseitiger Beziehung zueinander bedeutet; diese Auflösung des Grundes ist selbst im Höchstmaß strukturiert und nachhaltig, und mein Verständnis von Kontakt und von meinen Klienten wird durch die direkte Aufmerksamkeit auf jene Grundstrukturen vergrößert.

In Joshs Grund begann die schlafende, aber ständig drohende Figur der Scham, die er Charybdis genannt hatte, aufzuwachen und sich zu regen. Als er anfing, mich an der Panik und dem Schrecken dieser Erfahrung immer mehr teilhaben zu lassen – in einer längeren, chaotischen Periode nächtlicher Anrufe und verletzter Gefühle wegen der Abschirmung dieser Anrufe aus Selbstschutz (und Schuldgefühle wegen jener Anrufe, die mich erreichten) –, konnte ein vollständigeres Bild des Grundes seiner Existenz allmählich auftauchen und eine vollständigere Begegnung allmählich geschehen, die manchmal so schmerzhaft war wie das Berühren einer frischen Wunde. Entwicklungsmäßig gesprochen war dies die Distanzierung von dem schuldigen Bruder, der den gierigen, hungrigen Mündern in einem armen Haushalt vielleicht den Tod wünschte, und eine Hinwendung zu dem sich selbst hassenden und sich selbst aufgebenden Kind, das nach Kohut keine empathische Spiegelung oder nach Winnicott kein empathisches Gehalten-Werden wegen seiner abwesenden und verwirrten Mutter hervorrufen konnte. Joshs aktives und passives Risiko des Selbstmords war in dieser Zeit nach meiner Einschätzung (und nach seiner eigenen) viel größer, und viel therapeutische Zeit wurde auf die sorgfältige und manchmal harte Verhandlung über Verträge verwendet – über das Autofahren, über das Mischen von Tabletten und Alkohol, über Anrufe und darüber, was zu tun wäre, wenn mich die Anrufe nicht erreichten. Wegen meiner eigenen Lebensbedürfnisse und in Anbetracht von Joshs Schuldstrukturen und Autonomiebedürfnissen konnte ich für ihn nicht rund um die Uhr verfügbar sein – ein bekanntes Problem für Therapeuten in privater Praxis ohne einen ununterbrochenen, klinischen Notfalldienst. Oft drohte er, die Therapie abzubrechen. Einmal drohte ich ihm, zu ihm nach Hause zu kommen, wenn er eine Sitzung versäumte, bei ihm zu klingeln und ihm die Sitzung wie gewöhnlich zu berechnen (eine Figur wie bei Lacan, fügte ich eilig hinzu, die ich niemals angesichts des Grundes eines anderen Klienten mit einer anderen Organisation des Commitments, der Ambivalenz und der Beziehung anbieten würde). Einmal erzählte er mir, dass er um vier Uhr morgens auf halbem Weg zu meinem Haus war, aber dann umkehrte, als er daran dachte, wie wütend ich sein würde, nicht, wie er mit einem Lächeln sagte, weil er glaube, ich würde ihn aus der Therapie herausschmeißen, sondern weil er wisse, dass ich es nicht tun würde, und dann müsste er sich das »für den Rest seines Lebens« anhören. (An dieser Stelle nahm Josh offensichtlich an, dass die Therapie ewig dauern würde.)

Als der strukturierte Grund von Joshs Leben anfing, sich neu zu organisieren, wurden neue Kontaktfiguren möglich. Während der nächsten paar Jahre kündigte er seinen Arbeitsplatz, unterzog sich einer Prüfung in Klinikverwaltung und konnte seine Management-Fähigkeiten und seinen Wunsch, für andere zu sorgen, besser integrieren. Aber was noch wichtiger war, er begann, mit seinen eigenen Kindern zu reden und zu spielen, die bis dahin nur Schattenfiguren gewesen waren, mit denen er nur indirekt über seine Frau zu tun hatte (so als wollte er sie vor schädlichem Kontakt schützen). Dabei entdeckte er zumindest einige Möglichkeiten, seine eigene Kindheit noch einmal zu erleben, die er niemals wirklich gekannt hatte – lange vergessene Erinnerungen tauchten sogar wieder auf, zum Beispiel solche an fröhliches Herumtollen mit seinen kleinen Schwestern und seinem »zurückgebliebenen« Bruder, manchmal unter der Obhut eines netten Großvaters, der früh gestorben war, als Josh erst acht Jahre alt war. Josh erzählte mir eines Tages in seiner poetischen Weise mit einem Lächeln: »Man kann nichts an der Gegenwart ändern, die sich vor uns entfaltet, bevor wir es wahrnehmen. Das einzige, was man verändern kann, ist die Vergangenheit.«

Es ist kaum überraschend, dass es in Joshs Ehe mehr, nicht weniger Spannungen gab, als er anfing, mehr zu reden und weniger zu trinken, da weder er noch seine Frau, die lange Zeit gelitten und ihm das Trinken (auf co-abhängige Weise) ermöglicht hatte, besonders gut in der Lage waren, die neuen und freieren Kontaktfiguren, die jetzt zwischen ihnen möglich wurden, anzunehmen und zu organisieren. Die Scheidung drohte, Josh hatte eine Affäre, sie hatte auch fast eine Affäre, ging stattdessen aber dann in Therapie, und beide gingen schließlich die Kontaktprobleme an, besonders die des sexuellen Kontakts, die sie so lange Zeit vermieden oder überdeckt hatten.

Josh verließ die Therapie, als er seinen neuen Arbeitsplatz annahm, und für einige Zeit hörte ich nichts von ihm außer einer Nachricht auf dem Anrufbeantworter, durch die er mich darüber informierte, dass er seinen ersten Jahrestag des Trocken-Seins feierte (»Nicht«, fügte er mit einem Schalk in seiner Stimme hinzu, »dass du jemals das leiseste Interesse daran gehabt hättest, ob ich mich zu Tode trinke oder nicht!«). Noch später, als seine Mutter starb, griff er wieder zur Flasche und kam für kurze Zeit zurück in die Therapie. Seitdem habe ich nichts mehr von ihm gehört, außer gelegentlichen, indirekten Berichten über seine ständigen Kämpfe mit anderen Ungeheuern, jetzt zugunsten anderer Reisender auf den stürmischen Meeren öffentlicher Gesundheitsfürsorge für werdende Mütter. Aber große Geschichten sind lebendig, weil sie ständig im Hier und Jetzt, im Leben von allen von uns neu inszeniert werden. Ich habe in den Jahren danach viele andere Ungeheuer, sei es als Figur oder als Grund, im Leben vieler Menschen innerhalb und außerhalb der Therapie angetroffen. Aber ich kann immer noch keine Anspielung auf Homer oder den Trojanischen Krieg oder die ganze griechische Mythologie hören, ohne unwillkürlich an Josh zu denken.

Der Fall Linda oder die Bürgerkriege

Joshs Leben, wie er es begriff, legte eine Anspielung an alte Mythen nahe, und wir hielten es für fruchtbar, mit dieser Metapher zu gehen und sie im Wege eines Verständnisses des strukturierten, persönlichen Grundes (in einer Art experimenteller, therapeutischer Konfluenz) auszuloten; von daher erhielt Joshs Erfahrung ihre besondere Form und Kraft. Im Gegensatz dazu entfaltete sich Lindas Existenz in einem – metaphorisch gesprochen – moderneren Feld: dem amerikanischen Bürgerkrieg vielleicht oder den Schützengräben des Ersten Weltkrieges. Lindas Eltern wurden vor fast fünf Jahren geschieden, blieben aber in einem ständig am Kochen gehaltenen

Gezänk und in mörderischen, gegenseitigen Angriffen verstrickt, wobei sie immer wieder die Vergangenheit aufwärmten, gewöhnlich am Telefon oder in den Treppenaufgängen ihrer jeweiligen Wohnungen, und gelegentlich platzten sie auch in der Öffentlichkeit mit ihren Disputen heraus, in den Eingangshallen von Schulen oder in vollen Restaurants. Ganz oben auf der Liste der Themen standen Erziehungsmethoden im allgemeinen, Lindas gegenwärtige Schwierigkeiten im besonderen und die Frage, welcher Elternteil am meisten Schuld daran hatte. Linda war das einzige Kind, das in frühen Jahren als Spross einer Liaison zwischen einem amerikanischen Soldaten und einer vietnamesischen Frau adoptiert worden war; dies bedeutete, dass sie von einer Kriegszone in eine andere übergewechselt war. Linda war seit ihrem zwölften Lebensjahr ein reifes und selbstbeherrschtes Mädchen, und sie betrachtete mich bei unserer ersten Begegnung mit Verdrießlichkeit und Skepsis, die lediglich durch einen nicht zu übersehenden Schalk in ihren Augen aufgelockert wurden. Wie die Schweiz zwischen den großen Mächten hatte sie es geschafft, ihr Leben in einer Kampfzone während all dieser Jahre – glücklicherweise – ohne Hilfe zu bewältigen, und sie hatte nicht die geringste Absicht, ihre Unabhängigkeit jetzt aufzugeben. Außerdem sagte sie mir bei unserem ersten Treffen ganz offen, dass sie Leute nicht mochte, die anderen Leuten sagten, was sie dachten und fühlten, so wie ihr Berater in der Schule und jetzt ich. Was sie betraf, so war ihr Leben ganz in Ordnung. Sie war das zweitbeliebteste Mädchen in der siebten Klasse, teilte sie mir mit, und hatte jedes Wochenende Parties und drei Freunde, von denen zwei in höheren Klassen waren. Zwar waren ihre Noten nicht sehr gut (tatsächlich war sie damals in drei von fünf Fächern durchgefallen, hatte aber einen in der Schule getesteten IQ mit Werten ganz oben in der Skala – »das bedeutet in der oberen Marge von einem Prozent«, fuhr ihre Mutter dazwischen und wedelte dabei mit dem Computerausdruck vor meiner Nase herum), aber diese Misserfolge rührten nur daher, dass die Schule sie nicht interessierte. Es war ihr gleichgültig, ob sie durchfiel; alles, was sie interessierte, war ihr soziales Leben. Und das, wiederholte sie, war bestens. Keine Probleme und damit Ende der Diskussion; es war ganz nett, mich zu sehen, aber offen gesagt freute sie sich darauf, mich nicht wiederzusehen.

Diese Kontaktinitiative Lindas, diese experimentelle Organisation des Begegnungsgrundes zwischen uns wirkte auf mich sowohl beruhigend als auch anziehend. Sie war wirklich jemand, der überleben konnte, und das in einer sehr kompetenten Weise. Zwar konnte ich die Gefahren erkennen, die vor ihr lagen und die sie in ihrem Alter nicht sehen konnte; aber welchen

Zweck hätte eine abhängigere oder konfluentere Organisation des Kontakts für sie in dem Familienzusammenhang, in dem sie überleben musste? Eine weniger differenzierte, weniger *deflexive* Haltung wäre in diesem System eine Katastrophe, wie ihre miteinander verquickten und verwirrten Eltern allzu deutlich demonstrierten. Als ich ihrem standhaften Blick begegnete, spürte ich nur, dass diese Bereitschaft zu differenzieren und auf ihren eigenen Füßen zu stehen das sein könnte, was sie relativ unbeschadet durch die Adoleszenz bringen konnte, solange sie die gleiche Strategie bei den Gleichaltrigen unter dem Konfluenzdruck der Subkultur der Adoleszenten anwenden konnte, wenn es nötig war. Die Verleugnung von Sorgen, die ein Aspekt oder ein Beispiel der deflexiven Funktion sind, wird wahrscheinlich nur zu einer gefährlichen Kontaktverzerrung im Zusammenwirken mit Selbsthass, der wiederum verleugnet und projiziert wird und dann als Bestrafung von außen erlebt wird. Es gab nichts an Selbstbestrafung oder Qual in dem Blick, der jetzt auf meinen traf. Im Gegenteil, Linda freute sich des Lebens auch unter ziemlich schwierigen Umständen, und sie hatte Vergnügen an der Herausforderung, mich gerade jetzt zu dirigieren. Es ist keine klinische Drückebergerei, wenn man zugibt, dass das Leben ein Spiel und Kontrolle eine Illusion ist; und nirgends ist der Kliniker (oder ein Elternteil) sich dessen deutlicher bewusst, als wenn er Urteile über einen Adoleszenten fällt. Ich entschied mich, meinem bestmöglichen Verständnis von Lindas eigener Organisation des Grundes zu folgen, das zum großen Teil auf der Erfahrung unserer Begegnung im Hier und Jetzt gründete.

Gut, sagte ich ihr ernsthaft und versuchte dabei nicht, mein Augenzwinkern als Antwort auf ihres zu verbergen, und es gäbe absolut keine Notwendigkeit, dass sie mich mochte, weder jetzt noch in Zukunft, damit wir unsere Arbeit tun könnten. Sie würde mich wahrscheinlich auch nicht häufig sehen müssen, da ich vor allem mit ihren Eltern zu arbeiten gedachte, um zu versuchen, sie von Verwicklungen mit Linda fernzuhalten – auch wenn ich erkannte, dass das deren Art war, ihre Liebe für sie und füreinander zu zeigen, und ich wäre bestimmt immer froh, Linda wiederzusehen, da ich Leute mochte, die mit ihrer Meinung nicht hinter dem Berg hielten. Und ich würde sicherlich auch niemals vorgeben zu wissen, was sie dachte oder fühlte, obwohl sie mir zugestehen müsse, dass auch ich eine unabhängige Person wäre und es mir freistünde, Vermutungen anzustellen und Meinungen zu haben. Beispielsweise wäre ich keineswegs überzeugt, dass es ihr so wenig ausmache, wie sie vorgebe, in einigen Fächern durchgefallen zu sein. Zumindest würde das Durchfallen in der siebten Klasse ihre sozialen Verbindungen zu ihren Klassenkameraden schlagartig beeinträchtigen. Außerdem wäre ich nicht überzeugt, dass fehlendes Interesse der einzige Grund für das Problem sei. Im Gegenteil, jeder Mensch mit ihrem Verstand sollte in der Lage sein, die Klasse zu schaffen und dabei auch Telefongespräche führen und fernsehen können. Wenn sie es doch nicht schaffte, dann würde ich vermuten, dass ihre Konzentration von dem ständigen Durcheinander mit und zwischen ihren Eltern beeinträchtigt wurde. Ich wäre interessiert daran herauszufinden, was sie über meine Vermutungen dachte, und wir würden es meiner Meinung nach nicht wirklich wissen können, solange wir nicht den Versuch gemacht hätten, es herauszufinden.

»Ich höre«, war die Antwort von Linda. Vielleicht mochte auch sie Leute, die geradeheraus sprachen – das heißt, die die Kontaktfunktion hoher Differenzierung beherrschten. Ganz im Gegensatz zu ihrer Mutter, die mich anschaute, als hätte ich zwei Köpfe oder möglicherweise gar keinen.

Wenn wir jedoch, fuhr ich fort, das Experiment durchführen würden, wäre ihre Ablehnung mir gegenüber vielleicht noch größer, weil mein Rat an ihre Eltern der wäre, dass sie aufhören sollten, sie oder einander wegen irgend etwas, was mit Lindas Schularbeiten zu tun hätte, zu schikanieren, und dass sie lediglich ihre sozialen Aktivitäten am Wochenende von einem bestimmten Mindestmaß an Engagement für die Schule während der Woche abhängig machen sollten. Sie erhielt bereits eine wöchentliche Erfolgskarte von jedem Lehrer, eine automatische Schulroutine für Schüler, die im Zwischenzeugnis versagt hatten. Das einzige, wasmeiner Meinung nach zu tun sei, wäre, dass sie eine Vereinbarung mit ihren Eltern aushandeln müsste, was diese minimalen Anforderungen im Hinblick auf vollständige Hausaufgaben, Tests usw. sein könnten – und dass sie dann in jeder Woche, in der die Ergebnisse nicht befriedigend waren, soziale Beschränkungen erfahren würde, deren Details sie auch untereinander hier in meiner Praxis aushandeln könnten. Was die Beschwerden ihrer Mutter anbetraf, dass Linda wegen ihrer Verpflichtungen, ihrer Tests und ihrer Noten log – nun, wir hätten dann mit all dem nichts mehr zu tun. Entweder die Lehrer würden das Formular am Freitag jeder Woche unterzeichnen und damit bestätigen, dass alles in Ordnung war, oder sie würden es nicht tun. Mein Rat an ihre Eltern sei, dass sie sich nicht auf Ausnahmen, Erklärungen oder Entschuldigungen einlassen sollten, sondern Lindas Unabhängigkeit bei der Bewältigung oder Nicht-Bewältigung der Schularbeit, je nachdem, was sie für richtig hielt, respektieren sollten. Und wieder, sagte ich, sei ich interessiert daran zu erfahren, was sie über solch ein Experiment denke.

»Ich glaube, es könnte gehen«, sagte Linda in ruhigem Tonfall. »Aber nicht aus dem Grund, den Sie nennen.« Das Nörgeln und Zetern ihrer Eltern mache ihr nichts aus, versicherte sie mir; da läge ich ganz falsch, wenn ich glaubte, dass es das sei oder dass sie irgend etwas unternehmen könne, um sie jemals zu stoppen. Sie hatten immer genörgelt und miteinander gekämpft, und sie würden das auch weiter tun. Das Experiment würde einfach deshalb funktionieren, weil ihr etwas an ihren sozialen Aktivitäten läge. Sie habe kein Interesse an Hausaufgaben, aber wenn es das wäre, würde sie sie lieber machen als eine Party zu versäumen. War es wieder meine Einbildung oder sagte mir die Keckheit in ihrem Blick, dass es ohnehin nicht dazu käme – dass sie ihre Eltern schon in der Hand hätte und solche Sanktionen niemals wirklich zum Tragen kämen?

Zufällig hatten Linda und ich beide recht an diesem Punkt. In den folgenden Wochen, als ich mit ihren Eltern unter anderem an der *deflexiven Struktur* des Vertrags über die Schularbeiten arbeitete, war keiner von ihnen in der Lage, die vereinbarten Sanktionen durchzusetzen, dass Linda eine ihrer beliebten Wochenendparties versäumte als Konsequenz einer fehlenden Unterschrift oder Eintragung auf dem wöchentlichen Schulformular. Zur gleichen Zeit stiegen ihre Schulleistungen beträchtlich, ohne irgendwelche ernsthaften negativen Sanktionen! Von den Noten am unteren Ende der Skala kam sie bis zum Schuljahresende auf die Noten am oberen Ende. In der Zwischenzeit berichteten beide Eltern getrennt voneinander über häufigere und positive Kontakte und beiderseits erfreuliche Aktivitäten mit Linda – Einkaufen, Kinos, Gespräche usw. –, seit sie jetzt nicht mehr ihre ganze verfügbare Zeit darauf verwendeten, mit ihr über die jüngsten Schulkrisen zu diskutieren.

Nicht dass sie das ganz aufgegeben hätten! Im Gegenteil, ich wäre überrascht und besorgt gewesen, wenn dies der Fall gewesen wäre. Das hatte ich gemeint, als ich sagte, dass Nörgeln ein wichtiger *Kontaktstil* sei, eine Kommunikationsform der Verbundenheit im System. Dies aufzugeben, hätte bedeutet, eine zentrale Figur des Kontakts zu beseitigen ohne eine entsprechende Neuorganisation des Grundes, der das Auftauchen neuer Strategien mit flexibleren und vielfältigeren Kontaktfunktionen und -stilen hätte unterstützen können, um die Bedürfnisse des Systems nach Verbindung und Austausch zu befriedigen. Als ich die Idee eines Vertrages vorschlug, war mein hauptsächliches Ziel neben der Unterstützung von Lindas Autonomie und Differenzierung im System vielmehr, ein Experiment einzuführen, das das Kontakt-*Repertoire* im Familiensystem erweitern konnte; in diesem Fall hieß das also, die Funktionen der *Deflexion* und des *Rückzugs* dem Familiengrund *hinzuzufügen* oder diesen zu unterstützen, weil er so strukturiert war, dass er Fokussierung oder Konzentration sowie Engagement in einem Übermaß begünstigte. Deflexion insofern, weil der Grund jetzt die Struktur des Vertrags als Ablenkungsmöglichkeit einschloss, wann immer die konflikthafte Figur der Zwietracht zwischen Eltern und Kind oder Elternteil und Elternteil drohte, zumindest bezüglich der Schulproblematik. »Wir müssen darüber jetzt nicht reden, weil wir die Antwort so oder so am Freitag wissen werden«; dies war zumindest eine neue, grundsätzliche Möglichkeit, auf eine konflikthafte Kontakteröffnung zu reagieren.

In ähnlicher Weise kann die Institution oder Struktur der Therapie selbst als Deflexion für verschiedene Kontaktmöglichkeiten dienen: »Ich/wir muss/müssen das jetzt nicht behandeln, ich/wir kann/können es in der Therapiesitzung aufgreifen.« Wie bei jeder anderen Kontaktfunktion oder jedem anderen Modus kann dies natürlich dann im positiven oder negativen Sinn genutzt werden, indem es die intensive Befriedigung im Leben einer Person (oder eines Systems) erleichtert oder blockiert. Sicherlich kennen wir alle solche Menschen, die die Tatsache und die Struktur der Therapie als Deflexion des Lebensvollzugs nutzen, ganz zu schweigen von all den Therapeuten, die in ihren professionellen Stunden viel eher präsent und viel direkter engagiert sind als außerhalb derselben. Im Fall von Lindas Eltern, die ständig auf dem Sprung zu einem neuen Austausch von Salven waren, hatte ich kaum Sorge, dass sie diese Leidenschaft auf die Therapie hin deflektieren würden. Das Experiment, wie ich es verstand, fand vielmehr auf einem Grund statt, in dem die gesamte oder zumindest der größte Teil der Energie für jede mögliche *andere*, intensive Lebensform auf diese einzige Figur des Kampfes hin abgelenkt war. Die *Bedeutung* der Figur muss, wie ich auf diesen Seiten ausgeführt habe, immer im Hinblick auf den Grund gesucht und verstanden werden. Der umfassendere Zweck des Experiments hing in diesem Fall also mit der Begrenztheit der gesamten Kontaktmöglichkeiten im Leben aller Mitglieder des Familiensystems, Lindas ebenso wie ihrer Eltern, zusammen.

Dies veranschaulicht wiederum einen entscheidenden Unterschied in der Konzeption, wenn auch nicht notwendigerweise im ursprünglichen Ansatz, zwischen der Gestaltperspektive und der der verschiedenen Schulen für Familiensysteme für diese und ähnliche Familienprobleme. Das heißt, jeder Ansatz, der im Grund *verhaltensorientiert* ist (im Gegensatz zu den *Bewusstheits*-Ansätzen – eine Dichotomisierung, die die Gestalt und das

Psychodrama auf die gleiche Seite stellen würde), neigt per Definition dazu, *lösungsorientiert* zu sein. Die Arbeit von Minuchin kommt mir in den Sinn (1974; vgl. auch Gurman & Kniskern [1981] hinsichtlich einer Erörterung der Unterschiede in der Betonung zwischen systemischer, strukturaler und strategischer Familienarbeit); dabei erinnere ich natürlich, wie zuvor ausgeführt, daran, dass keine Verhaltensmodifikation jemals wirklich ohne eine *Neuorganisation der Bewusstheit* stattfinden kann und dass die besten Behavioristen ebenso wie die besten Psychodynamiker in theoretischer Hinsicht reichlich betrügen und zwar, meiner Argumentation zufolge, indem sie eigentlich einer Gestaltorientierung folgen!

Aber das Problem bei der symptom- oder lösungsorientierten Arbeit besteht darin, wie Freud vor langer Zeit gezeigt hat, dass das *Symptom/Problem* selbst die dynamische Lösung eines anderen, »tieferen« Problems ist (also selbst eine kreative Anpassung darstellt, wie Goodman sagen würde). Darin wurzelt die übliche Klage von Klinikern in der Anfangsphase ihrer Berufstätigkeit, wenn sie zum ersten Mal mit dem Ansatz des »Verhaltenskontrakts« bei Familienproblemen, wie sie hier beschrieben werden, experimentieren: zuerst Überraschung und Freude über die Schnelligkeit, mit der die gezeigten Symptome erst einmal verschwinden – rasch gefolgt von erstauntem Ärger darüber, wie wenig die Mitglieder des Systems von der Lösung begeistert sind, weil sie noch nicht durch die Veränderungen im *Grund* unterstützt werden, *und wie eifrig sie daran arbeiten, die Lösung zugunsten des Status quo ante zu unterlaufen* (ein Phänomen, das den psychodynamischen Schulen als das Problem der Sekundärgewinne bekannt ist). Dann folgt in vielen Fällen zumindest ein Abbruch oder eine Veränderung sowohl der Konzeption als auch der Behandlung des Problems, indem verschiedene Mitglieder des Systems (jene, die die Behandlung noch nicht aufgegeben haben) für Einzeltherapie abgetrennt werden, um die Gründe für ihren »Widerstand« in einem historischen, ideologischen Sinn zu erforschen.

Nach dem Gestaltansatz, wie ich ihn hier beschrieben habe, braucht kein solch radikaler Gangwechsel stattzufinden (was natürlich nicht heißt, dass es keine Behandlungsabbrüche mehr gibt). Was ich also hier für das Gestaltmodell in der revidierten Form fordere, ist die Fähigkeit, sich zwischen den verschiedenen, systemischen »Ebenen« – der intrapsychischen, interpersonalen und System-Ebene – mit der gleichen Sprache zu bewegen und dies, ganz gleich ob die ursprüngliche Präsentation, das sich anbietende Klientensystem, eine Einzelperson, ein Paar oder eine Gruppe ist. Indem wir die sich darbietenden (figuralen) Symptome als eine Reihe von Kontakt-*Strategien* und auch als Kontakt- und Bewusstheitsprobleme in einem strukturierten Grund verstehen, kann die gegenwärtige, dynamische Bedeutung der Figur innerhalb verschiedener Grundstrukturen (Individuum, Familie usw.) betrachtet werden, und diese verschiedenen Bedeutungen können miteinander verbunden werden – wiederum in der gleichen theoretischen Sprache. Mein Experiment ist also im Rahmen des Gestaltansatzes nicht in erster Linie als eine versuchsweise Lösung eines Problems zu verstehen, auch nicht als ein versuchsweiser Ausflug in eine neue Kontaktstrategie (obwohl es sicherlich dieses beides auch ist), sondern in allererster Linie als eine *Erforschung des strukturierten Grundes*. Ich bin keineswegs überrascht, dass eine neue »Lösung« bzw. eine neue Kontaktstrategie ein neues Problem ergibt oder offenlegt, und ich bin vor allem an der Erforschung jener Strukturen des Grundes interessiert, die das neue »Problem« in Beziehung zum alten offenlegt.

In diesem Fall war die Bedeutung der Figur des Konflikts im dynamischen Lewinschen Sinn (der das gegenwärtige Verhalten als notwendigerweise durch die gegenwärtigen Dynamiken verursacht ansah) für jedes Mitglied des Systems unterschiedlich. Für Lindas Vater stellte sich heraus, dass ein Teil seines chronischen Streits, der auf den Vertrag und die Therapiesitzung hin abgelenkt wurde und darin enthalten war, vor allem in seiner *Einsamkeit* lag. Genauso wie bei Staatsgebilden hinderte ihn der ständige Kriegszustand daran, mit seinem Leben voranzukommen, aber er ersparte ihm dies auch. Ohne die täglichen Tiraden seiner Ex-Frau beim Heimkommen abends nach der Arbeit, so beichtete er reumütig, wäre seine »Antwortmaschine« wahrscheinlich leer. Wenn er nicht an der Reihe war, abends zusammen mit Linda zu essen, und wenn er nicht im Haus anrufen und eine Stunde mit heftigen, sich gegenseitig überbietenden Schuldzuweisungen verbringen konnte, wusste er wirklich nicht, was er mit sich anfangen sollte. Er war dann versucht zu trinken oder Linda anzurufen, um einen langen Bericht über ihren Tag zu erhalten (denn ohne sie innerhalb der letzten vierundzwanzig Stunden gesehen zu haben, hatte er ja keine neuen Informationen, die er als Munition gegen ihre Mutter verwenden konnte). Kein Wunder also, dass Linda skeptisch gegenüber jedem Versuch war, diese dauerhafte Konfliktfigur zu zerstören, da sie dann hätte so umorganisiert werden können, dass sie direkt betroffen war! Sie war darauf angewiesen, dass ihre Eltern weiterhin miteinander kämpften, ganz gleich, welche Kosten das an chaotischen und ablenkenden Grundbedingungen für sie und ihre Schularbeiten mit sich brachte, wenn die Alternative in einer noch schwereren Last für sie bestand, dass sie die Kontaktbedürfnisse eines oberflächlich gesehen kompetenten, aber tatsächlich abhängigen, leeren Vaters befriedigen musste. Was ihre Mutter betraf, so hatte sie zumindest den Schritt getan, eine neue Beziehung mit einem potentiellen Lebenspartner aufzubauen, über dessen Existenz ich mir eine ganze Zeitlang nicht einmal bewusst war, weil der andauernde Kampf zwischen den geschiedenen Partnern mich so sehr fesselte. Das einzige Problem bestand darin, dass die neue Beziehung vollständig konfliktfrei war – schließlich war sie eine Frau, deren Kontaktstrategie es war, ihr ganzes Leben lang Beziehungen hauptsächlich um Konflikte herum aufzubauen. Was um Himmels willen würde mit ihrer neuen Beziehung geschehen, platzte sie eines Tages heraus, wenn sie aufhören würde, mit Lindas Vater oder mit Linda zu kämpfen – oder wenn sie gar die Beziehung zu ihnen abbrach? Zweierlei würde geschehen, sagte ich ihr als Antwort auf ihre rhetorische Frage. Zunächst einmal würde sie ihrem neuen Freund im guten oder auch im schlechten Sinn viel näher kommen. Und zweitens sollte sie einige neue Strategien für Nähe entwickeln, um die einzige Grundstruktur der Konfliktdominanz, auf die sie sich so lange verlassen hatte, zu unterstützen und zu ergänzen, wenn sie wollte, dass die neue Beziehung die Veränderung überlebte.

Während der nächsten Jahre erlebte Lindas Familie ständig gravierende Veränderungen, von denen einige eindeutig positiv, andere weniger klar waren. Linda erhielt weiterhin, von einigen Ausnahmen abgesehen, vorwiegend schlechte Noten, was für ihre Mutter ein Grund zu anhaltendem Kummer war. Ihre Mutter heiratete schließlich ihren neuen Freund und bekam ein Baby; man hätte erwarten können, das dies jedes heranwachsende Halbgeschwister, vor allem ein adoptiertes, durcheinanderbringen würde, aber Linda schien dies nicht zu berühren. Sie wurde mit dem Baby gut fertig, sagte, dass es ein wunderbares Kerlchen sei, machte aber ihren Eltern unmissverständlich klar, dass sie jetzt – Gott sei Dank – mit ihrem eigenen Leben in der Highschool voll beschäftigt sei und man nicht von ihr erwarten könne, dass sie ihn aufzog. Lindas Vater ging auch eine neue Beziehung ein, brach sie aber wieder ab, geriet in eine tiefe Depression und suchte schließlich Hilfe bei einem Psychiater, der sich vor allem auf Medikamente verließ. Mit anderen Worten, sie kamen mit ihrem Leben so recht und schlecht zurecht. Irgendwann gingen sie wieder zu ihrem Scheidungsanwalt (sie hatten beide inoffiziell den gleichen gehabt), um reguläre Vereinbarungen über das Wohnrecht und die Besuchsregeln für Linda auszuhandeln (die dieses Stück Papier dadurch honorierte, dass sie die Regeln häufiger durchbrach als sie zu befolgen), denn sie waren es »müde, immer über die Besuchsregeln zu streiten«.

Was Linda betrifft, so machte sie mir bei ihrem letzten Besuch das große Kompliment, ich hätte möglicherweise ihrer Mutter »ein wenig« geholfen. Sie machte sich auch die Mühe, in Erinnerung an unsere erste Begegnung hervorzuheben, dass sie in vier Jahren eine Menge Schularbeitsverpflichtungen versäumt habe, aber bisher noch nie in einem Kurs durchgefallen sei oder eine Party ausgelassen habe. Hat also der Vertrag geholfen oder nicht? Das wollte ich gern wissen. Das sei schwer zu sagen. Sicherlich habe er ihren Eltern geholfen, und man könne sogar sagen, dass er ihr geholfen habe, sie ein Stück weit loszuwerden. Was die direkte Hilfe für sie betraf – und hier sprach das Zwinkern in Lindas Augen wiederum Bände, oder jedenfalls verführte es mich dazu, dies zu glauben –, wie könne denn das der Fall sein, da sie doch niemals ein Problem gehabt habe?

7. Kapitel

Die Struktur des Grundes (Fortsetzung): Zwei Systemfälle

Das System ohne Widerstand

In dem vorherigen Kapitel betrachteten wir zwei klinische Fälle, den einen ausführlicher, den anderen kürzer, eine Einzelperson und eine Familie; die Idee dabei war zu prüfen, welche neuen Möglichkeiten des Verständnisses und der Intervention für Veränderung durch die vorangegangene theoretische Diskussion ermöglicht werden oder in einem neuen Licht erscheinen. Ich war besonders an den Fragen interessiert, wie eine Berücksichtigung der strukturierten Merkmale des Grundes, der überdauernden Verhaltensmuster (die in anderen theoretischen Modellen häufig auch Verhaltenssequenzen, Abwehrmechanismen oder Persönlichkeitsdynamiken genannt werden) die auftauchende Figur formen und hervortreten lässt, und wie die Aufmerksamkeit für diese Grundstrukturen unser Verständnis der Figurbildung und des Kontaktprozesses im Prozess der Gestaltanalyse verändert und erweitert.

Vor einer endgültigen Zusammenfassung all dieser Argumente werde ich nun zwei weitere Fälle betrachten, den einen wieder ausführlicher und den anderen wieder kürzer, und zwar diesmal aus dem Bereich von Organisationen oder Systemen (über eine Grenze hinweg, die bereits durch das Familienbeispiel meiner und Goodmans Argumentation zufolge überbrückt und eigentlich gegenstandslos geworden sein sollte). Bei diesen Fällen werde ich weiterhin alle im vorherigen Kapitel aufgeworfenen Fragen berücksichtigen und eine zusätzliche Forderung aufstellen (die aus dem fünften Kapitel stammt und im Familienbeispiel wieder erörtert wurde): Ich möchte letztlich auf ein Modell hinarbeiten, das mich darin unterstützt, über Probleme auf der intra- und interpersonalen Ebene in der gleichen Sprache zu sprechen. Dabei möchte ich die Tatsache berücksichtigen, dass es, wenngleich es historisch schwierig war, diese beiden Ebenen in psychologischen Modellen zu verbinden, es vor allem Goodman ist, der uns lehrt, dass die Aussicht auf solch eine Integration sowohl fruchtbar als auch möglich ist.

»BBS« war und ist eine private, progressive Vorort-Grundschule mit religiöser Orientierung, für die ich in der Vergangenheit schon klinische Beratungsdienste geleistet hatte. Während der Lehrkörper und die Schüler nach Religion und ethnischer Herkunft ziemlich heterogen waren, sicherte sich die Organisation der Mutterkirche eine Mehrheit im Vorstand und es gelang ihr, die generelle Politik und das Klima zu steuern, die, allgemein gesprochen, in erzieherischer und sozialer Hinsicht liberal waren: keine Zensuren, Lehrer und Kinder nannten sich beim Vornamen, Schüler aus Minderheiten-Gruppen wurden aktiv rekrutiert und unterstützt, den Gruppenprozessen und politischen Problemen wurde viel Aufmerksamkeit geschenkt usw. BBS war eine Insel in einer eher konservativen Periode, und als die gegenwärtige Beratung stattfand, war es im großen und ganzen eine glückliche Insel: freundliche, entspannte Gesichter, eine relativ ordentliche und produktive Umgebung und eine langandauernde, geduldige und fruchtbare Unterstützung der jungen Generationen, die die traditionellen Schulen offensichtlich nicht leisten konnten. Die Institution war in den Augen aller eindeutig ein Erfolg in Bezug auf alle die Arten von Problemen, die auf das zurückzuführen waren, was man den *vorherrschenden Kontaktstil* der Organisation nennen könnte – das heißt ein äußerst verständnisvoller, unterstützender, persönlicher Stil oder Ansatz; also das, was wir unter Verwendung der traditionellen Gestaltsprache einen sehr konfluenten Stil nennen könnten, mit einer (in meiner revidierten Begrifflichkeit hier) entsprechenden Schwäche auf dem entgegengesetzten Pol der Differenzierung oder des Widerstands. Es war nicht überraschend, dass es dieser entgegengesetzte Pol oder die relative Abwesenheit davon als Kontakt-Ressource im Grund der Organisation war, die ihnen jetzt Schwierigkeiten machte. Ich war auch nicht überrascht, dass sie mich anforderten. Sobald Zweifel aufkamen, wendete sich BBS immer an jemanden, den man bereits kannte, jemand Verlässlichen, der »einer von uns« war – eine Art Fremdenfeindlichkeit bei Personalangelegenheiten, die ein seltsamer Gegenpol zu ihrer Offenheit für alle Klassen, alle sozialen Milieus unter den Schülern war. Es machte ihnen nichts aus, dass die Arbeit, die ich für sie in der Vergangenheit getan hatte, mit der klinischen Einschätzung von Fünfjährigen zu tun hatte, mit Kindern aus etablierten BBS-Familien, die sich beworben hatten und für die das anregende und locker strukturierte Programm möglicherweise ungeeignet war. Ich war mit diesen Familien irgendwie zurechtgekommen, ohne sie für die Schule zu verlieren; daher musste ich wohl jemand sein, der mit Konflikten umgehen und Meinungsverschiedenheiten überbrücken konnte, der aber nicht zu den »anderen« überwechselte – das heißt zu jenen Menschen oder Kräften in der äußeren Welt, die man als entmenschlicht, bürokratisch oder schlicht politisch daneben einschätzte. Jetzt, als der Schulleiter in einen gärenden Konflikt verwickelt war, der überzukochen und die gesamte Lehrerschaft hineinzuziehen drohte, musste offensichtlich etwas getan werden. Einen Berater hinzuziehen zu müssen, fühlte sich (meiner Vermutung nach und ich konnte mir das von meinen vorherigen Kontakten mit der Schule gut vorstellen), wie eine globale Niederlage an, vor allem für den Schulleiter – wie ein irgendwie gearteter Zusammenbruch ihrer wohlgepflegten Überzeugung, dass alle Probleme, alle Konflikte gelöst werden könnten durch eine erneuerte Verpflichtung auf den Glaubenssatz, dass sie alle im Grunde einig, dass offensichtliche Unterschiede eine Illusion seien und dass diese verschwinden würden, wenn sie zusammen über all das nachsinnen würden, was sie einte. Aus unserer Gestaltperspektive ist dies eindeutig eine mächtige Konfluenz und gleichzeitig eine mächtige Ideologie und darüber hinaus eine mächtige, wenn auch einseitige Wahrheit. Wenn sie also einen Professionellen bei all den Strukturen und Assoziationen, die mit diesem Wort verbunden waren, brauchten, dann besser den Teufel, den sie kannten!

Der Telefonanruf kam natürlich nicht vom Leiter der Schule. Im Gegenteil, es war die Vorsitzende des Vorstands, die mich anrief, obwohl sie mir eilig versicherte, dass der Leiter von ihrer Absicht wisse und nicht gegen die Idee eingestellt gewesen sei. Dies ruft die alte Weisheit aus der Prozessberatung in Erinnerung, die wiederum aus der psychoanalytischen Übertragungstheorie abgeleitet ist, dass nämlich die Umstände des Erst-Kontaktes mit dem Berater, die Herangehensweise, der Vertragsabschluss, die Grenzen oder das Fehlen derselben, das Prozessproblem der Organisation selbst widerspiegeln. Wie im ersten Kapitel erläutert, haben wir es hier wiederum mit einer Einsicht aus der psychodynamischen Theorie zu tun, die am besten durch das Bewusstheitsmodell der Gestalt erklärt werden kann. Es erfordert nur geringe Mühen, um die Annahmen hinsichtlich der Bedingungen des Eintritts des Beraters in das Organisationsfeld in unsere Gestaltsprache zu übersetzen, vor allem, wenn wir die erweiterte Terminologie der strukturierten Merkmale des Grundes als vorherrschende oder begrenzende Kontaktbedingungen, wie sie hier entwickelt wurden, einschließen. In diesem

Fall waren all das, was wir die »Kontaktthemen« unklarer Rollengrenzen nennen könnten oder die Vermeidung klarer Differenzierungen, die wiederkehrenden Bedingungen eines schwachen Ja, das ein nicht geäußertes Nein überdeckt (eine energielose Konfluenz in Begriffen der Kontaktfunktionen, die ja durch das Fehlen einer klaren *Differenzierung bzw. eines Widerstandes* im Kontaktrepertoire unterhöhlt oder begrenzt wird), charakteristische Themen und Stile im Leben der Organisation im allgemeinen, wie mir in meiner weiteren Arbeit als Berater klar werden sollte.

Da ich diese Themen als überdauernde *Grundstrukturen* verstehe und nicht nur als augenblickliche Kontaktfiguren (oder »Widerstände« gegen augenblickliche Kontaktfiguren), folgt notwendigerweise daraus, dass man diesen Stil in den meisten, wenn nicht in allen besonderen Figuren der Begegnung erkennen können sollte, und dass man den Grund der Organisation in ähnlicher Weise, zumindest hypothetisch bzw. diagnostisch (und eine Diagnose ist immer eine Hypothese, und zwar eine Hypothese über den *Grund*) aus einer bestimmten Figur oder Reihe von Figuren des Augenblicks »herauslesen« können sollte. Nach der bekannten Gestaltauffassung bestimmt das Ganze die Teile zumindest ebenso wie umgekehrt: darum geht es überhaupt nur im Gestaltmodell der Bewusstheit. In meiner Sprache hier ist dies gleichbedeutend mit der Behauptung, dass der *Grund die Figur bestimmt* (und auch umgekehrt). Aber wenn dem so ist, dann »enthält« jede Figur, jeder Kontaktaugenblick folgerichtig auch den Grund – und zwar in dem Sinn, dass ein anderer Grund unter den gleichen »äußeren« Bedingungen eine andere Figur hervorbringen würde.

Konkreter gesagt hatte das sich hier stellende Problem mit zwei Lehrerinnen der Schule zu tun, die beide weitgehend als dysfunktional wahrgenommen wurden und von denen man generell annahm, dass sie die Institution »herunterzogen«. Nicht nur waren deren jeweilige Teams überlastet damit, diese Dysfunktionen auszugleichen, sondern die Einschreibungen fingen tatsächlich an, in diesen beiden Klassenstufen abzufallen – offensichtlich ein Problem, das sich, wenn es einmal aufgetaucht war, nur immer weiter vergrößern konnte, da die zu kleinen Klassen durch die Jahrgangsstufen hindurch weitergeführt werden mussten. Dies hatte sich zumindest während der vergangenen zwei Jahre verschlimmert, und immer noch weigerte sich der Schulleiter, irgend etwas Entscheidendes dagegen zu unternehmen. Meine Aufgabe, wie die Vorstandsvorsitzende formulierte, bestand darin, mit dem Schulleiter zu sprechen und ihn in der gleichen Weise wie jene unglücklichen Eltern damals zu überzeugen, dass diese beiden Lehrerinnen einfach falsch auf ihrem Platz waren, und dass er jedermann einen Gefallen tun würde, wenn er in den sauren Apfel beißen und sie entlassen würde. Mit anderen Worten, wenn der Schulleiter seinen Job (zumindest in der Wahrnehmung von einigen) nicht ordentlich machte, dann würde der Vorstand, statt ihn direkt zu konfrontieren (eine Figur von höchst *differenziertem Kontakt oder Widerstand* in meiner Diktion), diesen Teil des Problems schlicht selbst übernehmen müssen. Da er das Problem aber auch nicht lösen konnte, übergab man es mir! Dies ist natürlich eine Reihe von Schachzügen oder zumindest Eröffnungen, die jedem vertraut sind, der viel mit Organisationsproblemen zu tun hatte – einschließlich Familienprobleme oder klinische Arbeit mit Kindern (»Sie müssen ihn zur Vernunft bringen, Doktor, ich komme mit ihm nicht zurecht!«).

Als ich mit dem Schulleiter sprach, stimmte er im großen und ganzen im besten Geist progressiver Selbstkritik allem zu, was die Vorsitzende mir erzählt hatte. Ja, es stimme, dass diese beiden Lehrerinnen ernsthafte Probleme hätten, die eine eher mehr als die andere. Und ja, es sei wahr, dass es für ihn selbst sehr schwierig, wenn nicht gar unmöglich sei, jemanden wegen seiner Fehlleistungen zu entlassen, wenn diese Person bei ihrer Arbeit immer noch ihr Bestes versuchte. Sind wir nicht alle hier eine Familie, sogar eine spirituelle Familie? (An dieser Stelle erinnerte ich mich wieder daran, dass es die Lehrer waren, nicht der Schulleiter, die mich gebeten hatten, jene speziellen Kinder von der Schule fernzuhalten. Der Schulleiter allein hätte sie akzeptiert.) Sicherlich sei er sich der Probleme bewusst und auch der um sich greifenden Unzufriedenheiten; deshalb widme er jenen zwei Lehrerinnen so viel Zeit, treffe sich mit ihnen, berate sie, übernehme gelegentlich ihre Klassen, habe sogar darauf bestanden, dass sie eine Psychotherapie anfingen (letzteres war offensichtlich ein Angebot, eine Geste der Versöhnung mit mir). Aber (und hier veränderte sich sein Tonfall etwas, als er Bezug nahm auf seine eigenen Kontakt-Ressourcen für Differenzierung und Widerstand) jedes menschliche Wesen sei einzigartig wertvoll. Es stünde ihm als Leiter der Lehrer (wie er seine Rolle verstand) nicht zu zu beurteilen, dass diese oder jene Person für die Mitgliedschaft in ihrer Gemeinschaft ungeeignet sei. Wenn die Gemeinschaft zeitweise zu leiden hatte, indem sie zwei schwächere Glieder mittrug, dann war dies etwas, was die Gemeinschaft akzeptieren können sollte. Jedenfalls (und dann kam endlich etwas Härteres unter der sanften Oberfläche zum Vorschein) sah er es folgendermaßen: Wenn es den Leuten im Vorstand nicht passe, dann wüssten sie sicher, was zu tun sei.

Aber taten sie etwas? Das schien mir ganz unwahrscheinlich, da sie eben-
sowenig wie der Schulleiter trotz seiner ernsthaften Beschwörung der Werte
wussten, was sie mit diesen beiden Lehrerinnen machen sollten. Um mit der
Erforschung des Grundes anzufangen, fragte ich den Schulleiter, auf welche
Weise er selbst eingeschätzt wurde, und wie das Urteil über seine Leistung
durch den Vorstand zustande kam, welche Verfahren es für Rückmeldun-
gen, vertragliche Übereinkünfte, Arbeitsplatzbeschreibungen usw. gab. Es
erübrigt sich fast, darauf hinzuweisen, dass es keine gab. Irgendwann gegen
Jahresende schrieb er, wenn er sich daran erinnerte, eine Vertragsnotiz von
einer Zeile für sich selbst, unterschrieb sie und legte sie in das Brieffach
der Vorsitzenden. Was damit geschah, wusste er nicht. Offen gesagt, war er
niemals darauf gekommen, sich das zu fragen. Wenn es irgendwann in der
offiziellen Diskussion des Vorstands zur Sprache gekommen wäre, hätte er
es gewusst, da er an allen Vorstandssitzungen und allen Sitzungen der Ge-
schäftsführung teilnahm. Was eine inoffizielle Diskussion darüber betrifft,
war es schwer, sich irgendein Gespräch in dieser Gemeinschaft vorzustellen,
das nicht sofort öffentlich bekannt geworden wäre, wenn auch manchmal in
verzerrter Form. Als ich die Frage später an die Lehrer richtete, erhielt ich
ziemlich die gleiche Antwort. Trotz gelegentlicher Versprechen des Schul-
leiters, »die Vorgänge zu straffen«, gab es keine klaren Vertragsdaten, keine
Arbeitsplatzbeschreibungen, keine Leistungsbeurteilungen, sei es in regulä-
rer oder irregulärer Form. Während diese Großzügigkeit in der Vergangenheit mit Freiheit und Kreativität am Arbeitsplatz assoziiert wurde, waren
sich jetzt viele Lehrer der negativen Aspekte solch extremer Informalität
sehr bewusst. In der gegenwärtigen Krise war es für sie beispielsweise ohne
klare und öffentliche Unterstützung von oben sehr schwierig, Teammitglie-
dern, die Schwierigkeiten hatten, zu helfen, da sie, um das Thema auf den
Tisch zu bringen, die Position von Richtern über die schlechten Leistungen
ihrer Kollegen einnehmen mussten. Was sie selbst betraf, so gaben einige
von ihnen freimütig zu, dass sie allmählich die gelegentlichen Beschwerden
älterer Schüler verstanden, die sagten, dass sie »nicht wüssten, wo sie dran
wären«, ohne Tests und Zensuren. Wenn die Lehrer gute Arbeit leisteten,
fehlte ihnen eine klare Anerkennung; und sogar in anderen Fällen konnten
sie sich vorstellen, dass, wenn individuelle, berufliche Entwicklungsauf-
gaben in einem offiziellen Leistungsbericht festgehalten würden, dies als
Basis für die Forderung nach Kostenerstattung für Weiterbildung durch den
Vorstand dienen könnte. Von Zeit zu Zeit hatten sie den Leiter aufgefordert, solche Verfahren einzuführen, aber sie setzten sich nicht durch. Viele

Lehrer stimmten darin überein, dass der Leiter ein persönliches Problem hatte. Einige schlugen (wieder!) Psychotherapie vor; andere ein Durchsetzungstraining. Niemand schlug einen Wechsel in der Leiterposition vor; alle Parteien stimmen offensichtlich darin überein, dass er in vielerlei Hinsicht gute Arbeit leistete. Jeder bekundete, dass er ihn mochte und dass er ihn als leitenden Lehrer und Chef der Curriculumentwicklung respektierte. Nur in diesem einen Bereich müsste er sich umstellen. Niemand kam auf die Idee, dass es für jemanden, der möglicherweise ein persönliches Problem hatte, schwierig sein könnte, einen eindeutig beurteilenden Akt (in meiner Diktion das Bilden einer Figur mit höchst *differenziertem* Kontakt) durchzusetzen, der so sehr gegen das allgemeine Klima der Schule (wiederum in meiner Sprache: des strukturierten Grundes) ging.

Dies im Hinterkopf und in der Annahme, dass die nicht erforschte Ambivalenz der Lehrer sehr wohl bei der Blockierung eben der Aktionen, die sie wollten und brauchten, mitgespielt haben könnte, kam ich zu dem Urteil, dass die einfachste und produktivste Intervention auf dieser Problemebene darin bestehen könnte, die Lehrer in den möglichen Strukturen von Evaluationsprozessen und ihren möglichen professionellen, emotionalen und sogar moralischen Konsequenzen weiterzubilden (das heißt zu versuchen, den Grund ihrer Annahmen direkt zu verändern). Evaluation ist schließlich ein von Natur aus konfrontierender Prozess – und gegenläufige Prozesse als Kontaktfiguren im strukturierten Grund des Lebens dieser Organisation, wie sie jetzt war, waren schwierig oder unmöglich zu initiieren und aufrechtzuerhalten. Selbstevaluation, ja sogar Selbstkritik war jedoch eine vertraute und legitime mögliche Figur (Grundstruktur) in der religiösen und politischen Tradition der Schule. Auch war ein kollegiales Beratungsmodell eine annehmbare und nicht bedrohliche, dominante Figur in der Tradition, und Team-Teaching war als bereits existierende Struktur schon verfügbar. Aus all dem war es leicht, eine elementare Evaluationsstruktur auf Teambasis zu konzipieren, die von der Selbstevaluation in Partnergruppen von Kollegen ausging und dann in der Gruppe überprüft wurde. All das konnte durchgeführt und dokumentiert werden, bevor der Leiter direkt beteiligt wurde. Und gleichzeitig wäre es für den Leiter fast unmöglich, sich diesem Prozess zu verweigern, wenn er schon einmal durchlaufen war. Er traf sich bereits regelmäßig mit verschiedenen Teams, die nur ihre Evaluatonsberichte auf die Tagesordnung zu setzen brauchten. Dann hoffte ich auch, dass ein Prozess, der auf Selbstevaluation gründete und der von der Gruppe legitimiert und unterstützt wurde, dazu dienen konnte, jedermanns moralische und emotionale Qualen bei der Beurteilung und beim Beurteilt-Werden (was wiederum heißt: bei einer Art abgrenzendem oder differenzierendem Kontakt, der im vorherrschenden Kontaktstil der Organisation fast völlig fehlte) wenigstens etwas zu erleichtern. Was die Problem-Lehrerinnen anging, so könnte solch ein Prozess wenigstens als Grundlage für eine offenere Diskussion im Team darüber dienen, wo das Problem lag und was mit ihnen geschehen könnte (und auch hier wieder versuchte ich, Widerstand zu leisten gegenüber der vorherrschenden Annahme, dass die ganzen Probleme der »dysfunktionalen« Lehrerinnen ebenso wie die des teilweise »dysfunktionalen« Leiters rein intrapersonal und nicht auch in umfassenderer Weise als Systemmerkmal des Teams oder der ganzen Schule zu verstehen seien).

Alles, was ich tat, um den Lehrern bei der Entwicklung von Evaluationsprozessen zu helfen, unterschied sich nicht unbedingt von dem, was ein anderer Berater, der mit einem anderen theoretischen Bezugsrahmen arbeitet, beim gleichen Problem getan hätte. Jeder systemische Berater hätte ebenso wie ich zumindest dagegen Widerstand geleistet, dass das Problem als ein lediglich intrapsychisches des Leiters anzusehen sei, das auch auf dieser Ebene durch eine persönliche Änderung gelöst werden müsste. Andererseits könnte ein reiner Systemanalytiker, wenn er sich dessen bewusst würde, wie durchgängig die Vermeidung direkter Evaluationsprozesse in der ganzen Organisation war, versucht sein, die tatsächlichen und realen, persönlichen und philosophischen Probleme, die der Leiter mit Figuren des Urteilens, der Trennung und der Zurückweisung hatte, zu übersehen oder zu banalisieren. Das Gestaltmodell, vor allem so, wie es hier ausformuliert wurde, ist in besonderer Weise geeignet, beide Ebenen des Problems – die systemische und die persönliche – anzugehen, und dies auch noch in der gleichen Sprache. Darüber hinaus wirft die Analyse der Kontaktprozesse der Organisation – und besonders beim Einbeziehen der Analyse sowohl der Grundstrukturen als auch der Figurbildung – Licht darauf, wie das gegenwärtige Problem und der umfassendere und vorherrschende Kontaktstil des Systems zu den grundlegenden, emotionalen und wertmäßigen Tendenzen im Hinblick darauf passen, wie Kontakt im Leben der Organisation geschehen könnte und sollte – Tendenzen, die selbst dauerhafte und figurbildende Strukturen des Grundes sind, wobei bestimmte Arten von Figuren begünstigt und andere benachteiligt werden. Dies wiederum ermöglicht es dem Berater, mit dem Klienten in dessen eigener Sprache zu sprechen. Er kann den *vorherrschenden Kontaktstil der Organisation in Beziehung zu den Zielen und Werten dieses Systems* unterstützen und wertschätzen, die wiederum die vorherrschenden strukturierenden Grundbedingungen für überdauernde Figurbildungen einer bestimmten Art sind – und eben keiner anderen. Dies unterstützt die Möglichkeit – wieder etwas, was Freud intuitiv spürte, aber was vielleicht am besten mit einem Organsationsmodell der Gestalt erklärt wird –, das Symptom nicht einfach als ein Problem zu verstehen, sondern als eine *falsch angewendete Problemlösung*, das heißt eine Störung der Bewusstheit im Feld (und man denke an Goodmans Formulierung, dass die Neurose eine kreative Anpassung auf der Grundlage unvollständiger oder blockierter Bewusstheit ist; vgl. z.b. Perls u.a. 1951, 271).

Die Organisation der Erfahrung (die schließlich der besondere Gegenstand der Gestaltpsychologie ist, von dem meiner Argumentation zufolge das Modell der Gestaltpsychotherapie oder Gestaltberatung ein Teil ist) muss, wie alle organisierten Prozesse, einen optimalen Punkt des »Zusammenhalts« haben, der entweder über oder unter dem liegt, was ein Zurückbleiben hinter den »bestmöglichen Ergebnissen«, das heißt gegenüber Befriedigung, bewirkt. Ist der Grund zu chaotisch, dann werden Figuren gebildet, die nicht mit den grundlegenden Zielen und Werten des Systems übereinstimmen, die ihrerseits schlecht formuliert und nicht für eine starke Figurbildung (und daher nicht als gut organisierter Grund für andere starke Figuren) verfügbar sein mögen. Organisationen oder Einzelpersonen mit dieser Art von Grundproblem haben eine diffuse, chaotische Qualität, wobei einige Elemente mit anderen im Widerspruch stehen: Sie zeichnen sich durch ungewöhnliche Impulse und Aktionen aus und verfügen über wenig Möglichkeiten, das ganze System energievoll in Richtung auf irgend ein klares Ziel hin zu bewegen. Einige Komponenten oder Untersysteme sind vielleicht schwerfällig; andere können hochaktiv sein ohne ein übergreifendes organisierendes Gefühl von *Selbst* (im Falle eines Individuums), oder es gibt niemanden, der zuständig ist (im Falle einer Organisation). Daher sprechen wir im Fall von Einzelpersonen von »Ich-Störungen« oder »Charakterstörungen« und meinen damit Störungen im Grund in diesem Sinn (im Gegensatz zur »Psychose«, womit wir eine Figurbildung ohne verständliche Beziehung zum Grund meinen oder einen Grund, der nicht wechselseitig oder zwischenmenschlich beeinflusst werden kann). Es fällt auch nicht schwer, dabei an Organisationsbeispiele ähnlicher Art in einem manchmal sehr großen Maßstab zu denken: Sowohl die demokratische Partei als auch das *Weiße Haus* kommen einem beispielsweise rasch in den Sinn. In all diesen Fällen liegt die Intervention der Wahl zur Veränderung in dem Bereich, der als Arbeit an der »Kern-Mission« bekannt ist – ein Ausdruck, der nicht schwer in meine Terminologie des strukturierten Grundes zu übersetzen ist (vgl. z.B. die Diskussion in Argyris & Schon 1978). Im klinischen Bereich kann die gleiche Störung, wie ich bereits an mehreren Stellen erläutert habe, am besten aufgegriffen werden, indem man das gestörte Ich in einer »wirklichen Begegnung« im Feld in einem andauernden Experiment *benutzt* – das heißt in einem überschaubaren und vorsichtigen therapeutischen Prozess, der auf der *Beziehung* gründet.

Auf der anderen Seite kann es, wie im Fall der BBS, vorkommen, dass der Grund des Systems *zu* straff organisiert – in Goodmans Terminologie zu rigide »fixiert« – ist, als dass die freie und flexible Beziehung zwischen den fundamentalen Grundstrukturen (Zielen und Werten) und den sich verändernden Bedingungen der gegenwärtigen Situation zugelassen werden könnte – eine Beziehung, die der eigentlichen Definition von Figurbildung und Zerstörung entspricht. Um eine sehr anschauliche Ausdrucksweise zu verwenden: Es gibt kein »Spiel« im System – sowohl im Sinne der Lockerheit und des Spielraums beim Zusammenpassen der Elemente als auch in dem der spielerischen Leichtigkeit bei der Berührung. Bestimmte Arten von Figuren (in meiner Sprache bestimmte Kontaktfunktionen, die traditionellerweise Widerstände genannt werden) werden ausgesondert oder zumindest mit Argwohn und Grimm betrachtet. Ironischerweise kann es, wie wir in diesem Fall gesehen haben, vorkommen, dass neben oder über dieser Rigidität des Grundes Figuren der Offenheit und Konfluenz liegen.

In diesen Fällen legt mein Modell nahe, dass die Intervention einen Prozess der Zerstörung von rigiden oder zu schlichten Merkmalen des Grundes fördern sollte, so dass eine reichhaltigere und komplexere Struktur an die Stelle treten kann, eine Struktur, die die Organisation eines umfassenderen Feldes (einer größeren Bewusstheit) im Sinne der angestrebten Ziele zulässt. Mit anderen Worten, ein Kontakt oder eine Organisation des Selbst bzw. des Systems im Feld, die befriedigendere Ergebnisse im Sinne des Systems selbst hervorbringt (und man erinnere sich hierbei an die Argumente im fünften Kapitel, dass die relevanten Merkmale für Gesundheit und Dysfunktion nicht auf eine willkürliche Liste von »guten« und »schlechten« Verfahrensgewohnheiten oder »Widerständen« bezogen werden sollten, sondern auf die Ziele und erwünschten Ergebnisse der Person oder des Systems selbst). Ich hatte bereits versucht, mit diesem Prozess an der BBS anzufangen, indem ich die Bildung neuer Verfahrensweisen für die Teamevaluation unterstützte, sowohl um den Evaluationsprozess selbst als fehlende Funktion im Leben der Organisation zu entmystifizieren oder zu »entgiften« als auch um bestimmte Grundregeln zu verletzen (oder zu zerstören), die darin bestanden, dass Rollengrenzen oder formale Prozesse nicht abgesteckt wurden; dabei hatte ich die Hoffnung, kleine Wellen oder vielleicht sogar Erschütterungen im organisierten Grund der Schulgemeinschaft auslösen zu können.

Nachdem diese Struktur einmal Platz gegriffen hatte und in der Schulgemeinschaft schließlich eine gute Presse bekam, entschied ich mich, ins Wasser zu springen und das gleiche am anderen Ende (im Sinne der Organisationshierarchie, die in der Schule vermieden oder verleugnet wurde) zu versuchen. Hierarchisch gesprochen war der Leiter der Schule schließlich ein Angestellter des Vorstandes.

»Wie könnt ihr erwarten, fragte ich die Vorsitzende, dass der Leiter in der Lage sein wird, etwas mit seinen Angestellten zu tun, was ihr selbst mit euren Angestellten zu tun nicht in der Lage seid oder euch fürchtet?« Entweder der Vorstand muss einen regulären Evaluationsprozess mit dem Leiter nach den nicht allzu bedrohlichen Richtlinien des sich entwickelnden Modells der Lehrerevaluation institutionalisieren, oder er muss die Erwartung aufgeben, dass der Leiter in einer seiner Rolle gemäßen Weise mit dem Personalproblem umgeht. Solch ein Prozess, so war meine jetzt mit der Unterstützung der Lehrer vorgetragene Argumentation, würde den Leiter tatsächlich in all seinen Funktionen unterstützen und ihn keineswegs sabotieren. Da die Gemeinschaft überdies mit der Leistung des Leiters im großen und ganzen zufrieden war, sei es jetzt an der Zeit, die Prozesse zu institutionalisieren, damit sie der Schule im Falle künftiger Krisen besser dienen könnten.

Dieses Mal waren die seismischen Erschütterungen viel größer. Der Leiter drohte mit Rücktritt; letztlich waren es die Lehrer, die ihn davon in persönlichen Gesprächen abbrachten, indem sie ihm versprachen, dass die Schule nicht zu *General Motors* werden würde, wenn sie bestimmte, formale, rollenspezifische Strukturen und Prozesse institutionalisierten. Im Gegenteil, so argumentierten sie, sie selbst hätten eben diese Evaluationsprozesse, die er als von Natur aus entmenschlichend und restriktiv einschätze, persönlich und professionell als *befreiend* erlebt. Letzteres war gegenüber den Lehrern und dem Leiter von Anfang an mein Argument gewesen; und hier war die Gestaltperspektive und besonders meine Auffassung von der Bedeutung des Verständnisses des *organisierten Grundes* eine wesentliche Stütze und fügte eine Dimension hinzu, die andere Beratungsmodelle möglicherweise vernachlässigt hätten. Denn im Falle eines Systems mit einem starken Glauben an eine Kern-Mission und einem in gewisser Weise überorganisierten Grund legt das Modell die hier entwickelte Überzeugung sehr nahe, dass es nutzlos ist, *gegen* den vorherrschenden Kontaktstil der Organisation zu arbeiten – weil dieser vorherrschende Stil, der in anderen Zusammenhängen als Widerstand gegen Kontakt begriffen werden könnte, tatsächlich strukturell mit den zentralen Werten und Zielen im organisierten Grund des Systems verbunden ist. Ein Berater (das heißt eine »Figur« der Begegnung oder der möglichen Begegnung), der nicht in dieses Verständnis, diesen Grund eindringen kann, wird vermutlich aus dem organisierten Feld ausgestoßen – ganz ähnlich wie die potentiellen Figuren, die bereits ausgesondert werden und deren Fehlen als eben das Problem, das der Berater anzupacken versucht, definiert worden ist.

Stattdessen muss der Berater (oder der Psychotherapeut im klinischen Fall) wertschätzen, wie der vorherrschende Kontaktstil des Systems aus den systemeigenen Zielen und Werten hervorgeht und zu ihnen beiträgt, und dann Möglichkeiten der Bewusstwerdung finden, wie das Fehlen des entsprechenden funktionalen Pols (in diesem Fall Differenzierung oder Widerstand selbst) tatsächlich jene Ziele und jene vorherrschenden *gewählten* Stile unterminiert – und wie eine ausgewogene Entwicklung der fehlenden polaren Funktion genutzt werden kann, um diesen geschätzten Stil und die Erreichung jener gewählten Ziele zu unterstützen und ihnen Energie zu verleihen. Dieser Vorschlag ist schließlich der Kern der Perspektive, die im fünften Kapitel ausformuliert wurde, nämlich dass jede Funktion, jeder Kontaktmodus, rigide, energielos und letztlich dysfunktional wird, wenn die *Unterstützung des gegenteiligen Pols fehlt* – und dass dies nach den Rahmenbedingungen des hier ausformulierten Gestaltmodells zwangsläufig theoretisch wahr ist, da der Figurbildung bzw. -zerstörung und dem strukturierten Grund bei der Kontaktanalyse gleiche Aufmerksamkeit geschenkt wird. Das BBS brauchte als System keineswegs den »Widerstand« der Konfluenz aufzugeben oder zu überwinden, da er schließlich in entscheidender Weise in das Wertsystem und die Weltsicht der Organisation eingebettet war, sondern musste lernen, wie es *Widerstand* als wesentliche Kontaktfunktion im Dienste der umfassenderen konfluenten Ziele nutzen konnte.

Dies im Gedächtnis und indem ich noch eine andere, etablierte Struktur der Organisation der Mutterkirche nutzte, organisierte ich (mit der Vorsitzenden) eine »themenbezogene Sitzung«, eine Art von Diskussion oder Symposium über ein spezielles, ethisches Thema – in diesem Fall die Beendigung oder Entlassung, sei es von Mitgliedern des Lehrkörpers oder von

Studenten aus der Schulgemeinschaft. Hier war das übergreifende, destrukturierende Ziel die *Differenzierung* der Auffassung von der Rolle gegenüber der Persönlichkeit und die moralisch begründete Unterscheidung zwischen der Evaluation der Leistung und dem Urteil über den intrinsischen, persönlichen Wert eines Menschen. Wie bei anderen Interventionen klappte diese Mini-Konferenz nach einem wackligen Start allem Anschein nach wie am Schnürchen und wurde als Erfolg gewertet. Selbst der Leiter gab freiwillig zu, zum ersten Mal in Betracht ziehen zu können, dass man den Wert und die Entwicklung einer Person nicht notwendigerweise fördert, wenn man sie an einem ungeeigneten Arbeitsplatz festhält.

An diesem Punkt schien die Beratung erfolgreich und mit vielen offensichtlichen und durchgreifenden Änderungen im allgemeinen Leben der Schule zu einem Ende zu kommen. Der Vorstand hatte eine erste Begutachtung des Leiters überstanden. Die Lehrerteams trafen sich und hefteten schriftliche Selbst- und Peer-Evaluationen ab; sogar Schüler nahmen an den Evaluationskonferenzen, die auch auf einem Modell der Selbstevaluation und Diskussion gründeten, teil. Und doch hatte sich am ursprünglichen Problem nichts geändert! Zwei Lehrerinnen hatten immer noch große Mühe und wurden weithin als unfähig eingestuft – und immer noch lehnte es der Leiter ab, Schritte zu unternehmen, das heißt mehr Widerstand im Kontakt mit ihnen aufzubauen, als er es bisher getan hatte. Privat gestand er mir gegenüber ein, dass seine tiefste Hoffnung darin bestehe, dass sich diese Probleme von selbst lösen würden – das heißt, dass die betreffenden Lehrerinnen kündigen würden. Nichts von dem, was ich getan hatte, ließ ihn fähiger werden, das Problem auf irgendeine nicht-konfluente Weise anzugehen.

Eine Lehrerin tat genau das. Der Druck, die Unterstützung oder die Klärung durch die Verfahren der Selbst- und Teamevaluationen führten sie zu dem Schluss, dass sie einfach im falschen Arbeitsbereich oder zumindest in der falschen Ecke dieses Arbeitsbereiches saß. Die andere Lehrerin, die in noch ernsterer Weise dysfunktional war, erhielt wie üblich (nach vielen Gesprächen von Herz zu Herz mit dem Leiter) eine Vertragserneuerung. Der Sommer kam; der Leiter plante, wie es schon seit langem seine Absicht war, zu einem Freisemester auf dem Lande abzureisen. Ein Mitglied des Lehrkörpers wurde als amtierender Leiter für das Semester eingesetzt, und das neue Jahr begann. An diesem Punkt – und ich beobachtete den Vorgang jetzt aus etwas größerer Distanz – raufte sich die Lehrerschaft zur Unterstützung des amtierenden Leiters zusammen, der (nach einem transatlantischen Höflichkeitsanruf bei dem Leiter) in der Lage war, die seit langem vermisste

Grenze zu ziehen. Die betreffende Lehrerin kündigte unter Druck, und die gesamte Gemeinschaft – zweifellos einschließlich des Leiters und wahrscheinlich sogar der betroffenen Lehrerin selbst – atmete erleichtert auf. Da die Schule immer noch nicht in der Lage war, eine klare Grenze zu mir zu ziehen, nahm ich es auf mich, den Vertrag als erfüllt und die Beratung für beendet zu erklären. Um konsequent zu sein, bestand ich auf einem Evaluationsbogen für die Beratung selbst, aber der größte Teil dieses Prozesses fand in meinem eigenen Kopf statt.

Viel später jedoch tauchten Fragen auf. Die Gemeinschaft als Ganzes – Lehrer, Vorstand und sogar Schüler – waren offensichtlich bereit gewesen, die neuen Prozessstrukturen und neue funktionale Kontaktmöglichkeiten, die in der Beratung angeboten wurden, zu übernehmen, besonders dann, wenn sie in der *Sprache des Grundes*, also der Ziele und Werte der Organisation, abgefasst waren. Warum aber war der Leiter, »gegen« den sich die Beratung ursprünglich richtete, so wenig von dem ganzen Prozess beeinflusst worden? War ich in meinem Eifer, mehr zu sein als »nur ein Kliniker«, zu zeigen, dass ich die Dinge in einer systemischen Perspektive betrachten konnte, gegenüber tatsächlichen innerpsychischen Problemen, die ich hätte direkter angehen können, blind gewesen? Der Leiter empfahl immer wieder Psychotherapie für andere; geschah dies deshalb, weil er sie für sich selbst brauchte? Als der Leiter von seinem Freisemester in eine Schule zurückkehrte, die überall mit Evaluationsprozessen beschäftigt war und dabei den Enthusiasmus von Konvertiten zeigte, kündigte er an, dass er seinen Posten am Ende des Jahres endgültig aufgeben würde, um wieder zu unterrichten. Hatte ich ihn hinausgedrängt – und wenn ja, war es etwas Gutes oder Schlechtes für die Schule?

Der nächste Leiter, der zweifellos in einer Art Reaktionsbildung der Gruppe gewählt wurde, erwies sich als Katastrophe im gegenteiligen Extrem – und zwar genau deshalb, weil er nicht in der Lage war, die Art der Grundstrukturen des zentralen Wertes und der Kern-Mission, die ich hier analysiert habe, zu verstehen und wertzuschätzen. War es Grandiosität, dass ich mich fragte, ob dieses Fiasko und die folgenden zwei Jahre Chaos in der Schule teilweise mein Fehler waren? Und wenn ja, was hätte ich anders machen können, um eine fließendere, stimmigere Integration des erweiterten Kontaktrepertoires der Organisation zu unterstützen, um die darauf folgende Sprunghaftigkeit des Prozesses zu vermeiden (die ihrerseits symptomatisch für einen auf neue Weise desorganisierten Grund ist, wie ich oben erläuterte)? Wäre ich doch nur geblieben, flüstert die Stimme der Grandiosität und hätte den Vertrag in eine reguläre fortdauernde Beratung in

der charakteristischen, diffusen Weise der Schule, ohne klare Rollendefiniti-
on übergehen lassen, ohne dass es irgend jemand groß bemerkt hätte. Dann
wäre ich da gewesen, um ihren nächsten Fehler zu vermeiden! Und so ver-
fällt der Berater, zumindest in der Phantasie, dem Prozess der Ansteckung
durch das System – in diesem Fall der grenzenlosen, konfluenten Haltung,
nach der man alles für alle ist und immer für die ganze Welt sorgt (und sie
dabei infantilisiert).

Dies sind die Unwägbarkeiten, und sie repräsentieren unter anderem typische Phantasien und Gefühle bei der Beendigung des Kontaktzyklus und
dem Rückzug – die gleichen Gefühle und das Bedauern, die wirksam waren
und die BBS als Ganzes und den Leiter im besonderen veranlassten, diese
Phase des Kontakts, die der Verlust selbst ist, immer wieder zu überspringen
und zu vermeiden. Ohne meine Hilfe (und vielleicht auch ein wenig wegen
dieser Hilfe in einer früheren Phase dieser Beratung) erholte sich BBS von
der nächsten Krisenphase, organisierte sich in einer stimmigeren Weise und
ist heute allem Anschein nach eine gedeihende Institution. Kontakt, der eine
Investition bedeutet, beinhaltet Verlust und Bedauern ebenso wie mögliche
Befriedigung, Erfolg und Stolz. Kinder, Klienten und andere Personen, die
genährt werden, wachsen heran und schaffen es aus eigener Kraft oder auch
nicht: Jeder Berater, Therapeut, Lehrer oder Elternteil möge diese Tatsache
auf eigene Gefahr ignorieren!

Ein letzter Fall: Neue Überlegungen zum Verständnis von »Gestalt«

Und nun werde ich im folgenden Beispiel um des Gleichgewichts willen
einen Blick auf einen viel kürzeren Fall im Leben einer vergänglicheren
Organisation mit anderen, fast gegensätzlichen Kontaktproblemen werfen:
Kontaktstörungen in einer Gestalt-Ausbildungsgruppe.

Die Kriterien für Gesundheit oder Dysfunktion in einem System oder
bei einem Individuum dürfen, wie wir in all diesen Kapiteln (und besonders
im fünften Kapitel) erläuterten, nicht in einer vorgegebenen Liste von »Widerständen«, die meinem Modell zufolge nur polare Hälften notwendiger
Kontaktfunktionen sein können, gesucht werden, sondern in den Zielen und
Bedürfnissen des organisierten Systems selbst und in der Frage, ob die verfügbaren Kontaktfunktionen zur Befriedigung dieser Bedürfnisse im Sinne
des Systems selbst führen oder nicht. Einfacher ausgedrückt: Eine Organisation (oder eine Person) muss die funktionalen Kontaktmöglichkeiten zur

Verfügung haben, die sie dahin führen können, wo sie hin will. Für meinen Klienten Josh war es unter dem stark retroflexiven, ausdruckslosen Kontaktstil, den er über dreißig Jahre lang entwickelt hatte, (ursprünglich aus guten Gründen) fast unvorstellbar, dass er in der Lage sein würde, seine Trinkgewohnheiten aufzugeben oder zu mäßigen – oder dass sein Leben viel besser wäre, wenn er es täte. Damit diese Dinge geschehen konnten, musste er erst sein Kontaktrepertoire erweitern – was bedeutete, dass er sich erst einmal die Möglichkeit und Gültigkeit eines anderen Zugehens auf die Welt als seinen eigenen beschränkten, selbstbestrafenden Stil vorstellen und diese erfahren musste. Ähnlich musste die den Kontakt unterstützende Funktion der Deflexion (ursprünglich in der Verkleidung eines einfachen Vertrags über bestimmte Verhaltensweisen) in Lindas Familie dem Repertoire hinzugefügt werden, damit Destrukturierung und Wachstum stattfinden konnten. Und im Fall der progressiven Schule wiederum bestand das Problem, wie ich es verstanden hatte, darin, dass die bestehenden Grundstrukturen, die Vorlieben für bestimmte Verhaltensfiguren, einen relativen Misserfolg beim Erreichen der Organisationsziele in vollständiger, energievoller und befriedigender Weise bedeuteten.

Zumindest zwei dieser Fälle bezeugen in der einen oder anderen Hinsicht auf ihren verschiedenen Ebenen ein Versagen beim differenzierten, abgrenzenden oder Widerstand leistenden Kontakt (in unserem Verständnis) – und nicht nur ein Übermaß an »Widerstand gegen Kontakt« wie in der traditionellen Sprache. (Der dritte Fall von Linda und ihrer Familie zeigte das Sich-Verlassen auf einen offensichtlich Widerstand leistenden oder konflikthaften Kontaktstil im Dienst des Verdeckens anderer Gefühle oder Bedürfnisse oder einer Distanzierung von diesen.) Die gewählte Intervention war sowohl im Fall der Einzelpersonen als auch der Organisation von der Art, dass sie den Klienten darin unterstützte, mit einem mehr *Widerstand leistenden Kontakt* zu experimentieren und diesen zu erfahren, während sie gleichzeitig versuchten, die vielen befürchteten, katastrophalen Konsequenzen zu vermeiden oder sie zu begrenzen. Aber jede polare Kontaktfunktion, so argumentierten wir, kann dysfunktional sein, wenn sie im Verhältnis zu ihrer komplementären Funktion übertrieben wird und wenn dieser vorherrschende, unflexible Stil wegen struktureller Verzerrungen im Grund einer befriedigenderen Auflösung der Figur im Wege steht. Der folgende Fall ist fast das Gegenteil von diesen beiden – ein System, das wie die Familie von Linda, wenn auch aus ganz anderen Gründen, Kontakt im alltäglichen Sinn der Begegnung zwischen Menschen überhaupt nur zulassen konnte, indem es Widerstand, Differenzierung und eine beharrliche Starrheit an der Grenze aufrechterhielt.

Das betreffende System war eine Ausbildungsgruppe im letzten Jahr eines dreijährigen, zwölf Wochen umfassenden, postgraduierten Trainingskurses in Gestaltmethodologie an einem Trainingsinstitut in einer großen französischen Stadt. Das Trainingskonzept war so aufgebaut, dass Trainer bzw. Therapeuten für die einwöchigen, viermal im Jahr stattfindenden Seminare gewöhnlich aus anderen Ländern angereist kamen – oft von der anderen Seite des Atlantik, da man glaubte, dass die Gestaltmethoden dort am fortschrittlichsten seien. Diese Struktur bedeutete, dass, während die Trainingsgruppe letztlich eine gemeinsame, lange Geschichte hatte, wie das eben bei solchen Programmen der Fall ist, die Therapeuten bzw. Lehrer sowohl in den täglichen didaktischen Sitzungen als auch den abendlichen Therapiegruppen neu im System waren und daher nicht Teil der gemeinsamen Geschichte und der Normen der Gruppe, also der entwickelten Merkmale des gemeinsamen, strukturellen Grundes.

Ich war beim ersten Mal besonders interessiert daran herauszufinden, was eine französischsprechende Gruppe von Professionellen aus der Gestalttheorie und ihren Methoden machen würde und wie sie im Vergleich zu den Studenten in Amerika wären. Den ganzen ersten Vormittag und Nachmittag war ich nicht enttäuscht. Die Gruppe war sehr pfiffig, engagiert, intellektuell etwas kämpferisch, ganz nach französischer Art, sehr stark an theoretischen Fragen um ihrer selbst willen interessiert (wobei sie ihnen oft ein politisches oder ideologisches Bias gaben, was auch eine charakteristische französische Denkgewohnheit ist). Auf der praktischen Ebene war die Gruppe reif und effizient, wie ich in der ersten morgendlichen Sitzung zu beobachten die Gelegenheit hatte. Zufällig begann die Gruppe mit einem Disput mit ihrem Trainingsleiter über Vertragsbedingungen. Sie wurde unverzüglich zu einer produktiven Arbeitsgruppe, die die Rollen und Funktionen reibungslos verteilte, wobei einer als Sprecher fungierte, ein anderer Notizen machte, wieder andere verschiedene, unterstützende Rollen einnahmen, und sie waren alle ernsthaft bei der Sache, aber ohne übermäßiges Pathos. Kurz, es gab alle Anzeichen einer guten Arbeitsgruppe, die zweckorientiert und differenziert war und voller gutwilliger Kameradschaft. Selbst die Konfrontation war, auch wenn sie einmal sehr intensiv ausfiel, ohne Rache und wurde zufriedenstellend gelöst, mit einem guten Ergebnis und, noch vor der morgendlichen Kaffeepause, einem flüssigen Übergang zu anderer Arbeit.

Dann kam der Abend und die erste Therapiesitzung. Schweigen und nichts als Schweigen. Die ganze lebendige Spontaneität, die Atmosphäre unbekümmerter Konfrontation, die liebevollen Spötteleien einer Gruppe, die zusammen durch die Auseinandersetzungen während zehn Wochen Ausbildung gegangen war, waren alle weg. Auch die Arbeitsenergie und die Ernsthaftigkeit waren weg. Stattdessen war da ein Raum voller düsterer, ermüdeter Gesichter – und weiteres Schweigen. Wo war die lebendige Lerngruppe des Vormittags? Welche Veränderung im Grund hatte für eine so radikal andere Figur gesorgt? Im Laufe des Abends kamen die Antworten langsam und schmerzhaft ans Tageslicht.

Jemand war kurz über jemand anders irritiert. Ein schwacher Versuch, eine Diskussion zu beginnen, wurde unternommen.»C'est ta propre merde«, kam die unmittelbare Antwort, und mehrere Zuschauer stimmten zu: »Das ist deine eigene Scheiße«. Ende der Diskussion. Jemand fühlte sich irgendwie unwohl, weil er keinen Platz in dem Plan einer Kleingruppe für eine Freizeitaktivität gefunden hatte.»Das ist dein eigener Fehler, du hast dich selbst ausgeschlossen«, war die knappe Antwort. Dann wieder Schweigen. Kein weiterer Gefühlsausdruck, keine gesunde Verteidigungshaltung, die über diese eine Bemerkung hinausging, kein einziges Gefühl in einer Serie von Transaktionen, sondern nur zunehmende gegenseitige Anhäufung von Verletzungen, Enttäuschungen und Antipathie-Bekundungen. Und dabei hatte die Gruppe nichts so sehr zur Verfügung wie Zeit! – Vergangene Zeit, zukünftige Zeit, die sich endlos durch die bevorstehende Woche zog. Zwischen meinem Jet-Lag und der einschläfernden Atmosphäre begann ich mich ernsthaft zu fragen, wie ich diese Woche überstehen sollte – eine persönliche Figur der Sorge, die wie immer in gewisser Weise für die ganze Gruppe gelten musste. Aber keine persönlichen Figuren wurden öffentlich, keine gemeinsame Artikulation fand statt, was ja *eine Gruppe erst ausmacht*. Warum war das so? Gab es da irgendein Trauma, ein bezeichnendes Gruppenereignis in ihrer gemeinsamen Geschichte, dessen ich nicht gewahr war? Wenn dem so war, warum dann dieser sehr energievolle, gemeinsame Arbeitsprozess am Vormittag? Solange ich meine Augen offenhalten konnte, wartete ich, um ein besseres Gefühl für den Grund zu bekommen.

Und so ging es weiter. Jedesmal, wenn eine ernsthafte, zwischenmenschliche oder gruppenbezogene Frage aufkam, wurde sie unmittelbar darauf auf die Person, die sie gestellt hatte, mit der interpretativen Frage zurückgeworfen, warum sie darauf bestehe, die Verantwortung für die Gestaltung ihres eigenen Lebens in der gegebenen Situation zu vermeiden. Es ist daher kaum überraschend, dass solche Fragen selten gestellt wurden und wenn, dann mit wenig Energie oder Engagement. Wenn irgendein Mitglied sich so weit vorwagte, irgend etwas zu erbitten, dann »spielte« es den »Hilflosen« und versuchte, »die Gruppe zu manipulieren« (und man beachte die Etymologie des Wortes »manipulieren«, was ja bedeutet »handhaben« – genau das, wozu sie nicht in der Lage waren). Wenn ein Vorwurf erhoben wurde, dann hieß auch dies, »die Verantwortung zu vermeiden« (außer dem Vorwurf, die Verantwortung selbst zu vermeiden, der nicht als Beispiel für das Vermeiden von Verantwortung angesehen wurde ...) – Verantwortung für einen selbst natürlich, niemals für irgend jemand anderen oder für eine Beziehung oder für die Gruppe als Ganzes. Wenn trotzdem, wie zaghaft auch immer, eine Erklärung als Antwort gegeben wurde, dann machte sich diese Person schuldig, »die Konfrontation zu vermeiden« oder aber »den Kontakt zu vermeiden«, da die beiden Ausdrücke synonym verwendet wurden.

Mit anderen Worten, wir haben es hier wieder mit einem System zu tun, in dem der dominante Kontaktmodus oder die Funktion retroflexiv oder isolierend war – nur in diesem Fall in Kombination mit einem höchst begrenzten Kontaktstil statt eines konfluenten wie im Fall von Josh. Die Struktur des Gruppengrundes (der zwar mit den Strukturmerkmalen eines einzelnen, eines persönlichen Grundes zusammenhängt, aber doch eine ganz andere Sache ist) war von der Art, dass nur Figuren der Selbstunterstützung und der Differenzierung freizügig auftauchen durften, während jene des Sorgens, der nährenden Unterstützung oder auch der Erforschung von anderen oder der Gruppe als Ganzes durch Lächerlich-Machen, klinische Etikettierung oder andere Angriffe aktiv entmutigt wurden. Fragen waren selbstverständlich offiziell tabu (weil zum Beispiel eine Frage darüber zu stellen, was jemand meinte oder wie er oder sie sich fühlte, »nicht Gestalt« sei). Unter den gegebenen Kontaktbedingungen wundert es daher kaum, dass fast gar kein Kontakt floss und aufrechterhalten wurde, der eine zwischenmenschliche Grenze überschritt (nicht einmal kämpferischer Kontakt). Die Grundstrukturen für die Unterstützung solcher Figuren waren meiner Terminologie zufolge einfach nicht vorhanden.

Kurz gesagt und ohne zu spitzfindig zu sein, war das, was ich wahrnahm, ein System, das ein »Gestalt-Trauma« hatte, und das ging bis zu einem Punkt, an dem jede Figur, die nicht mit einer Karikatur der Auffassung von Autonomie des späten Perls übereinstimmte, einen feigen und gefährlichen Zusammenbruch im Sinne unreifer Abhängigkeit darstellte. »Gestalt«, wie sie an diesem Ort definiert wurde, meinte eine rigide, retroflexive Selbstgenügsamkeit oder Konterdependenz eines Typs, wie ich ihn ausführlich im zweiten Kapitel erläuterte und in den nachfolgenden Kapiteln immer wieder aufgriff. Aber bei aller Fairness gegenüber Perls: Er war nicht besonders interessiert an Fragen des Gruppenprozesses und hat sicher niemals im Namen von »Gestalt« eine Art *Gruppen*norm autorisiert, die bestimmte Aspekte seines eigenen, *individuellen* therapeutischen Stils nachäffte oder karikierte. Die Gruppe hatte sich nach therapeutischen Begriffen, statt des Gestalt-Prozessmodells (wie es von Zinker (1977) und anderen angeboten wird, wonach der Gruppenprozess und die sich daraus entwickelnden Strukturen selbst zum Gegenstand für Gruppenexperimente und Analyse werden) in diesem Fall von einem beschränkten Grund, der nur bestimmte Figuren des Widerstands ermöglichte, zu einem Zustand der Unfähigkeit hinbewegt, irgendwelche Kontaktfiguren aufrechtzuerhalten, seien sie kämpferisch bzw. autonom oder sonstwie, der über das Symptom hinaus fast keinen Prozess mehr zuließ.

Und doch – und doch – was waren jene winzigen Handzeichen, die von Zeit zu Zeit zwischen den Gruppenmitgliedern ausgetauscht wurden, diese bedeutsamen Blicke, die unterdrückten Zeichen persönlicher Witze und gemeinsamen Verstehens, die an eine Gruppe erinnerten wie in der Schule, sagen wir etwa in der fünften Klasse? War ich hier der Macher und hintergingen diese Menschen tatsächlich das System, das sie eigentlich selbst unterstützen sollten (Goodman folgend, immer dessen eingedenk, dass die universelle und nicht zu unterdrückende Fähigkeit, ein rigides System zu unterlaufen, eine der wichtigsten, lebenserhaltenden Gnaden ist)? Ja, bekannten sie mit reumütigem Lächeln, als ich sie konfrontierte, sie »betrogen das System«. Und warum machten sie eben diese Gesten nicht offen, verbal, in der Gruppe? Weil – ja was denn sonst – das »nicht Gestalt wäre«.

All dies ließ ich mit einem ironischen Kommentar durchgehen. Eine stärkere »reine Bewusstheits«-Intervention von der Art »Dies-ist-was-uns-gestattet-wurde-und-dies-ist-unsere-Existenz« hätte sicherlich etwas Neues ergeben – zumindest eine Verstärkung der Lähmung, vielleicht von einem Protestschrei begleitet. Ich fragte mich jedoch wiederum, wie neu dies für die Gruppe wäre. Schließlich waren sie sich sehr wohl der Einschnürung durch ihr Dilemma bewusst und auch der Begrenztheit des erlaubten Prozesses in der Gruppe im Hinblick auf die Arten von Figuren, die man anbieten durfte. Was sie vielleicht weniger gut wussten, war, wie verarmt sogar jene Widerstand bietenden Figuren selbst geworden waren (in einer erstaunlichen, komplementären Umkehrung der oben erwähnten Schulsituation, in der die *Abwesenheit* der voll ausgeprägten, Widerstand bietenden Figuren den erwünschten, konfluenten Kontakt unterliefen oder verarmen ließen). Wenn ich sie richtig verstand, suchten sie an diesem Punkt nichts so sehr wie einen guten Streit! – Statt des faden und episodischen Gerangels, das sie unter den gegebenen Grundbedingungen lediglich entwickeln konnten.

Als das nächste Mal eine emotional aufgeladene Meinungsverschiedenheit auftauchte, intervenierte ich und hielt den Prozess mit der Forderung bzw. dem Vorschlag an, dass wir als Forschungsexperiment zunächst einmal die Grundbedingungen zwischenmenschlicher Unterstützung untersuchen sollten, bevor sie mit dem Streit weitermachen würden, der meinem Gestaltmodell zufolge die Grundlage für die sich entwickelnde soziale Figur bilden sollte und diese mit einem vollständig mit Energie aufgeladenen Zyklus bis zu einem befriedigenden Abschluss unterstützen sollte oder auch nicht. Da die Gruppe keine Idee davon hatte, worüber ich sprach (oder vielmehr keine, die sie bereitwillig in ihr Verständnis einer »Gestaltgruppe« integrieren konnte), bedeutete dies, dass wir ein Mini-Symposium einschoben über die Natur der zwischenmenschlichen Unterstützung und wie diese zweckmäßigerweise auf mögliche Rollen aufgeteilt werden könnte. An dieser Stelle konnte das Erstaunen der Gruppe über dieses ungestaltische Verhalten sein Gegengewicht vielleicht nur in der Erleichterung finden, die sie durch eine zwanzigminütige Pause von der »Gruppe« erhielten. Schließlich, und das wusste ich bereits, war »Arbeitsgruppe« oder »Seminar« ein Grund, in dem sie sich gut zurechtfanden und wussten, wie sie dabei »sie selbst« sein und Befriedigung erhalten konnten. Was sie nicht wussten – nach der rigiden, autonomen Version der Gestalt, die sie absorbiert oder synthetisiert hatten, nicht wissen konnten – war, wie man irgend etwas von diesem Grund in Form von fixierten, strukturellen Merkmalen abbilden konnte, die sie mit »Gestaltgruppe« verbanden (und hier kommt die Kultur ins Spiel, da die Autonomie selbst ein noch rigiderer Grundwert in der französischen Kultur ist als in Amerika, der etwas weniger durch polare Werte und Mythen, die die Gemeinschaft unterstützen, gemildert wird).

Vier oder fünf Hauptrollen kristallisierten sich sehr schnell heraus, weil die Gruppe darin übereinstimmte, dass sie entweder unverzichtbar oder zumindest potentiell bedeutsam für die Beilegung eines Konflikts waren: (1) der *copain* oder Kumpel – jener liebenswürdige und weitgehend unkritische Freund, der die Dinge jeweils vom *emotionalen* Standpunkt aus sehen kann und sich gelegentlich sogar für die Gefühle einsetzen kann, die du übersiehst; (2) der eher »sich widersetzende« Freund, der immer noch ein Freund ist – der das sieht, was du in der Situation nicht wahrnimmst, aber dennoch deine Erfahrung bestätigt oder mit ihr sympathisiert; (3) der »andere« – dein Gegner vielleicht oder jemand, der sich mit deinem Gegner solidarisiert, ein Anhaltspunkt für Unterschiedlichkeit, bei dem man sich darauf verlassen kann, dass er die Dinge völlig anders sieht (wenn dieser einmal mit dir übereinstimmt, kannst du sicher sein, dass du im Recht bist! Oder wenn der andere Deines Gegners, der auch der sein kann, der dich »sanft unterstützt«, wie sie es formulierten, mit ihm übereinstimmt, dann kann man sicher sein, dass man in dem Sinn Unrecht hat, dass man etwas Wesentliches übersehen hat – und auf diese Weise wird die Struktur des Unterstützungssystems deines Gegners auch für dich wichtig und nützlich und hilft dir dabei, etwas zu erkennen und zu verstehen); (4) der »Übersetzer« – derjenige, der verstehen kann, was du sagst (oder nicht sagst) und auf eine Weise formuliert, dass dein Gegner es hören kann und umgekehrt. Und so weiter, mit Verfeinerungen in den zwei Hauptkategorien der *Gleichheit und des Unterschieds* (der Konfluenz und der Differenzierung), die unserem Konzept zufolge die Grundlage für jeden Kontakt sind. Diese Verfeinerungen (und hier verlasse ich die phänomenologische Sprache der Gruppe zugunsten unserer Terminologie der Kontaktfunktionen) werden durch die Ziele des betreffenden Systems vorgegeben und zwar in Beziehung zum *vorherrschenden Kontaktstil,* wie er zuvor erläutert wurde. Die konfluente Schule benötigte also »Widerstand« bietende Rollenunterstützung als Quelle für Kontakt, sei es in Form einer Person (zum Beispiel des Beraters) oder – idealerweise – aufgeteilt auf viele oder alle Mitglieder des Systems als potentielle Kontaktfiguren zu unterschiedlichen Zeiten. Und das gilt auch für diesen Fall, wo fast das Gegenteil zutraf. Dies wiederum bringt möglicherweise ein neues Verständnis der Funktion des Beraters oder in diesem Fall des Therapeuten (wenn auch kaum eine neue Konzeption nach anderen Prozessmodellen) hervor: nämlich zuerst einmal die *Bereitstellung der fehlenden Kontaktfunktionen,* dann die Unterweisung in diesen bzw. die Befähigung dazu und schließlich die Unterstützung dieser Kontaktfunktionen, wenn sie in der Gruppe auftauchen. Diese Kontaktfunktionen müssen im strukturierten Grund verfügbar sein, damit befriedigende Ergebnisse (d.h. Figurbildung und -zerstörung) im Sinne des Systems erreicht werden können.

Hierbei können wir auch an die Kombination von Zufall und bewusster Selektion denken, die bestimmte Leute an bestimmten Stellen in bestimmten, organisierten Systemen hervorbringt – an jenes Wechselspiel zwischen den intrapersonalen und den sozialen bzw. systemischen Ebenen, die unser Gestaltmodell in besonderer Weise geeignet ist aufzugreifen. Beispielsweise verfügen einige Organisationen oder einige Familien in besonderer Weise, aus welchen Gründen auch immer, über genau die einander ergänzenden Rollenvertreter, die, wie wir gesehen haben, den vorherrschenden Kontaktmodus des Systems unterstützen und freigeben (der durchaus »einseitig« im Sinne der traditionellen Liste der Widerstände sein mag). Andererseits können solche komplementären (oder bezeichnenderweise »draußenstehenden«) Positionen für die betreffenden Personen mit viel Stress verbunden sein; und dann kann ein Teil der Aufgabe des *change agent* sehr wohl darin bestehen, dem ganzen System die Wertschätzung und Unterstützung jener notwendigen, untypischen Mitglieder beizubringen, die ansonsten sehr leicht dem Phänomen des *burn out* unterliegen (und hier denke ich an das Konzept des »identifizierten Patienten«). In dieser Ausbildungsgruppe beispielsweise hätte eine noch so kleine, zufällige Veränderung in der Teilnehmerschaft einen ganz anderen Grund ergeben können. So wie es war, waren die stärksten Mitglieder der Gruppe alle »gute Jungs und Mädels«, das heißt, sie konnten zwar betrügen, aber sie waren dabei nicht sehr gut! Andererseits bezieht sich die Vorstellung von einer »starken Persönlichkeit« auf einen bestimmten Grund und erhält von daher ihre Bedeutung. In dem Maß, in dem der Grund dieser Gruppe sich veränderte, veränderten sich auch die Führungsrollen und wurden neu aufgeteilt. Einige Mitglieder, die unter den alten »Grund«-Regeln ein geringes Prestige hatten (sie waren im Jargon der Gruppe zu scheu), gewannen an Status durch den Wandel in der Struktur der Erwartungen; anderen wurde es unbequemer und sie verloren an Einfluss (das heißt, dass die recht ungewöhnliche Fähigkeit, Figuren des Widerstands in der zwischenmenschlichen Beziehung ohne unmittelbare Unterstützung zu bilden, nicht mehr die einzig gültige Münze in dieser Region war, und die früheren Führer mussten daher mit anderen Kontaktmöglichkeiten experimentieren und hatten dabei unterschiedliche Erfolge).

Es ist nicht überraschend, dass der ursprüngliche Konflikt, den die Gruppe bis dahin so extensiv und wenig spontan nach Rollen strukturiert hatte, niemals wirklich ganz aus der Grundstruktur verschwand – ganz so wie in den Phantasiespielen von Kindern, wo die ganze Anstrengung darin besteht, Rollen auszumachen und in Szene zu setzen, was für sich genommen ein recht befriedigender Weg ist. (Tatsächlich kann diese Art von ersatzweiser Erkundungstätigkeit ganz denselben Bedürfnissen dienen wie der Konflikt selbst, nämlich der Lokalisierung und Artikulation von Unterstützung –

und man kann sie daher unter anderen Umständen zweckmäßigerweise als ein eigenes Modell der Konfliktreduktion oder -lösung betrachten. Man denke beispielsweise an die Vereinten Nationen, wo etwas ganz ähnliches geschieht.) Aber andere, nachfolgende Konflikte tauchten auf und brachen mit mehr spontaner Energie hervor – was die Gruppe in einigen Fällen sehr beunruhigte, weil sie sich zuvor damit gebrüstet hatte,»in Konflikten gut« zu sein, aber eben auch kaum in etwas anderem. Als wir unsere Analyse von Figur und Grund fortsetzten, begannen sie zu verstehen, dass das *Zurückhalten konfluenten Kontakts* dazu dienen kann, *Differenzierung zu vermeiden*, und dass ein liebloses System deshalb lieblos sein kann, weil es die Auseinandersetzung fürchtet, so wie ein wenig Widerstand leistendes System sich in gewisser Hinsicht davor fürchtet zu lieben. Bei einigen in der Gruppe, die zuvor gut kämpfen konnten, zeigte sich, dass sie auch gut lieben konnten; bei anderen war das nicht oder nicht so leicht der Fall. Einige derer, die jetzt lieben konnten (hier im sanften Sinn), zeigten, dass sie auch gut kämpfen konnten, wenn die Grundbedingungen liebevoller waren; andere bekamen die strukturellen Probleme in ihrem eigenen, personalen Grund, die bis dahin das Auftauchen von Figuren des Widerstands unter den neuen Grundbedingungen blockiert hatten, in den Griff. Alle berichteten, dass zumindest ihr Verständnis von und ihre Beziehung zu dem Begriff Gestalt sehr deutlich zerstört worden war – und dass jetzt eine personale Neuorganisation anstünde.

Abschluss

Und so schließen wir den Kreis. Erfahrung ist, der bleibenden Einsicht der frühesten Gestalttheoretiker zufolge, immer organisch und niemals atomisiert. Eine chaotische Organisation führt nach den Worten von Sonia March Nevis zu einer chaotischen Erfahrung. Und diese Organisation selbst, sei sie chaotisch oder nicht, kann analysiert, erforscht, erfahrungsmäßig zerstört und dann wieder zusammengesetzt werden (oder besser, man kann ihr gestatten, sich im Lichte der neuen Bewusstheit wieder neu zu strukturieren, da dieser Organisationsprozess nach Goldstein die eigentliche Natur des Organismus ist und daher gar nicht verhindert werden kann). All dies ist das Kernstück und die Kernbedeutung unserer Gestaltperspektive über Verhalten und Veränderung, wie sie zum ersten Mal vollständig von Goodman auf dem intuitiven Grund von Perls formuliert wurde.

Noch allgemeiner ausgedrückt: *jede* spezielle Organisation der Erfahrung begünstigt und unterstützt gewisse Kontaktfiguren, gewisse Kontaktfunktionen oder Stile gegenüber anderen, die wiederum bestimmte Arten von Ergebnissen hervorbringen und andere nicht, und diese mögen den Zielen des Organismus, sei es ein Individuum oder ein System, entsprechen oder auch nicht. Diesem Verständnis nach ist Harmonie gleichbedeutend mit Befriedigung oder Gesundheit; Disharmonie, Unzufriedenheit ist per Definition Dysfunktion. Aber diese Organisation, dieser Kontaktstil ist der alten psychodynamischen Metapher der Landschaft zufolge »im« Grund enthalten (in Prozessbegriffen könnten wir sagen, dass diese Strukturen der Grund sind). Diese Strukturen und diesen Grund – und nicht nur die Figurbildung und Figurzerstörung allein – müssen wir betrachten, um die Gesundheit oder Dysfunktion einer bestimmten Person oder eines Systems zu verstehen. Die Erforschung der Kontaktfiguren, die besonders von der *Cleveland School* so intensiv vorangetrieben und so produktiv angewandt wurde, wird durch die direkte Betrachtung des darunterliegenden, *dynamisch strukturierten Grundes* erweitert und abgerundet. Das ist es, worum es in diesem ganzen Buch geht.

Warum wurde dieser zweite, ergänzende Pol der Gestaltanalyse ziemlich weitgehend in der Gestaltliteratur während der Jahre nach Goodman vernachlässigt? Das zweite und das dritte Kapitel widmeten sich einigen der historischen Gründe, während das erste und fünfte Kapitel besonders dazu dienten, den fehlenden theoretischen Grund zu liefern, wobei wir uns teilweise auf das Werk von Lewin und Goldstein bezogen. Aber die Neuorganisation des Grundes, die, theoretisch gesprochen, aus dieser erweiterten Bewusstheit folgt, eröffnet die strukturelle Möglichkeit eines neuen konzeptionellen Verständnisses im Sinne einer neuen Kontaktfigur dessen, was bisher »Widerstände« genannt wurde, was wir aber lieber als *Kontaktfunktionen* bezeichnen, also als jene notwendigen strukturellen Möglichkeiten, ohne die überhaupt kein Kontakt entstehen und zu einer Lösung gelangen kann (oder es sind nur ganz bestimmte Kontaktfiguren möglich). Dieses Modell wiederum ebnet den Weg, um mit der Erörterung des Wechselspiels zwischen den Dynamiken von Persönlichkeiten und Systemen in der gleichen Sprache zumindest anzufangen – einem so lange gesuchten Gral der Sozialwissenschaften. Goodman wies vor langer Zeit darauf hin, dass dies eine der Errungenschaften der Gestaltperspektive sein sollte (wenigstens ist seine Schlussfolgerung, dass eben die Unfähigkeit, dies freizügig zu tun, eines der Anzeichen für eine »unangemessene Theorie der Bewusstheit«

sei). Und dann werden Gesundheit und Dysfunktion sowie Interventionen zur Veränderung, sei es auf der individuellen oder systemischen Ebene, zu einer Angelegenheit der Wechselbeziehung zwischen diesen Merkmalen des Grundes, diesen strukturierenden Kontaktmöglichkeiten oder Kontaktstilen einerseits und den Werten und Zielen dieser Person, dieses besonderen Systems in diesem speziellen Feld andererseits.

Heute sind wir die Nutznießer und Erben einer Revolution, die unter anderem Goodman und Perls ins Leben gerufen und angeführt haben. Von einer Zeit des Widerstands und der Zerstörung rigider Institutionen der Vergangenheit, von denen viele einengend und sogar lebensbedrohlich waren, haben wir uns hinbewegt zu einer Zeit der Suche nach neuen, zweckgerichteten Organisationen, neuen sozialen Dynamiken, neuen Gewohnheiten und Systemen des Fühlens und Denkens (und wieder ist es Goodman, der uns daran erinnert, dass diese Kategorisierung der Welt in innere und äußere Bereiche selbst verderblich und illusorisch ist). Nicht, dass die alten Strukturen überholt sind. Im Gegenteil, grundlegende Pole der Erfahrung, ganze Gedanken- und Gefühlswelten sind in uns und um uns herum im Krieg miteinander und auf rastloser Suche nach neuer und befriedigender Organisation: Individualismus und Gemeinschaft, Altruismus und Gier, Nationalismus und Weltbewusstheit, Spontaneität und Zweckgerichtetheit, Hoffnung und Verzweiflung (die letztlich nichts anderes sind als die beiden Gestaltpole der Figurbildung und Figurzerstörung; sie sind beide notwendig für das Leben und müssen in Balance gebracht werden, das heißt, sie müssen sich in der Meisterschaft über den Grund ausdrücken).

Aber was soll uns dann auf unserer Suche leiten, wenn alles in Frage gestellt ist? Sind alle Figuren gleichwertig, solange sie nur voller Energie sind und vollständig ausgelebt werden, und ist unser Gestaltmodell ihnen allen in gleicher Weise wohlgesonnen? Oder gibt es bestimmte Werte, bestimmte Verpflichtungen, die der Grund der Gestaltperspektive bewahrt und die daher für uns an dieser Grenze oder diesem Berührungspunkt und der Integration zwischen klarem Denken und angemessenem Handeln nützlich sind – die beide in gewisser Weise Ausdrucksformen und Beschreibungen unseres umfassendsten Selbst sein müssen? Die alte Forderung von Perls und Goodman nach einer »wertfreien« Psychotherapie scheint der ersten Position zuzuneigen (vgl. z.B. Perls u.a. 1951, 329); einige ihrer Themen und Voreingenommenheiten – für Leidenschaft, Gemeinschaft, sogar für das Leben selbst – scheinen eindeutig in die andere Richtung zu weisen. Welche dieser widersprüchlichen Positionen ist »Gestalt«? Welcher Natur ist die Verbindung, falls es überhaupt eine gibt, zwischen unserer deskriptiven Prozesstheorie und den notwendigen ethischen Figuren unseres Lebens? Wenn es eine Antwort gibt, dann muss sie aus der Berücksichtigung des *strukturierten Grundes* hervorgehen. Mit den Worten von Isadore From: »Wenn unser deskriptives System wahr ist und unser Wertsystem wahr ist, dann muss es eine Verbindung zwischen diesen beiden geben« (From 1988, persönliche Mitteilung).

Es liegt an uns, diese Verbindung zu finden, diese Balance und Integration zwischen einem gültigen, deskriptiven Modell menschlicher Prozesse und einer menschenwürdigen Lebensweise. Die Verdeutlichung dieser Grenze, dieses Berührungspunktes und dieser strukturierten Einheit zwischen einer lebendigen Psychologie und einer lebendigen Ethik, taucht als sehr dringliche, unerledigte Aufgabe aus dem Grund unseres revidierten Gestaltmodells auf.

Literaturverzeichnis

Argyris, C. / Schon, D. Organizational Learning: a theory of action perspective. Reading/Mass. 1978

Arnheim, R. The Gestalt theory of expression. In: *Henle, M. (Ed.)* Documents of Gestalt Psychology. Berkeley (1949) 1961

Arnheim, R. Art and visual perception; a psychology of the creative eye. Berkeley 1959 (dt.: Kunst und Sehen. Eine Psychologie des schöpferischen Auges. Berlin 1978)

Barlow, A. R. Gestalt – antecedent influence or historical accident. The Gestalt Journal IV(2)/1981, 35-54

Beisser, A. R. The paradoxical theory of change. In: *Fagan, J. / Shepherd, I. (Eds.)* Gestalt Therapy now. Palo Alto, Ca., 1970

Bergler, E. Homosexuality: disease or way of life? New York 1956

Bion, W. R. Experiences in groups and other papers. New York 1958 (dt.: Erfahrungen in Gruppen und andere Schriften. Stuttgart 1971)

Brown, G. / Merry, U. The neurotic behaviour of organizations. New York 1987

Burke, W. Systems theory, gestalt therapy, and organizational development. In: *Cummings, T. (Ed.)* Systems theory for organizational development. New York 1980

Crocker, S. Proflection. The Gestalt Journal IV(2)/1981, 13-34

Crocker, S. Truth and foolishness in the ›gestalt prayer‹. The Gestalt Journal VI(1)/1983, 4-16

Davidove, D. M. The contribution of Paul Goodman. The Gestalt Journal VIII(1)/1985, 72-77

Ehrenfels, Ch. v. Über Gestaltqualitäten. Vierteljahresschrift für Philosophie 14/1890

Erikson, E. H. Childhood and society. New York 1951 (dt.: Kindheit und Gesellschaft. Zürich/Stuttgart 1957)

Exner, A. Entwurf zu einer physiologischen Erklärung der psychischen Erscheinungen. Wien 1894

Fagan, J. The tasks of the therapist. In: *Fagan, J./Shepherd, I. (Eds.)* Gestalt therapy now. New York 1970

Fantz, R. E. Fragments of gestalt theory. Unveröffentlichtes Manuskript (verfügbar über das Gestalt Institute of Cleveland) 1975

Fantz, R. E. Gestalt approach. In: *Fosshage, J./Loew, C. (Eds.)* Dream Interpretation. New York 1987

Fingarette, H. Heavy drinking. Berkeley 1988

Freud, A. The ego and the mechanism of defense. New York 1937 (dt.: Das Ich und die Abwehrmechanismen. München 1964)

Freud, S. The neuro-psychoses of defence. In: *Strachey, J. (Ed.)* The standard edition, 3, 45-61. London (1894) 1953

Freud, S. The interpretation of dreams. In: *Strachey, J. (Ed.)* The standard edition, 4-5. London (1900) 1953 (dt.: Die Traumdeutung. Leipzig/ Wien 1922)

Freud, S. Three essays on the theory of sexuality. In: *Strachey, J. (Ed.)* The standard edition, 7. London (1905) 1953 (dt.: Drei Abhandlungen zur Sexualität. Gesammelte Werke, Bd. 5. London 1942)

Freud, S. The case of the wolf-man/from the history of an infantile neurosis. In: *Strachey, J. (Ed.)* The standard edition, 17. London (1914) 1953 (dt.: Der Wolfsmann. Frankfurt 1972)

Freud, S. Beyond the pleasure principle. In: *Strachey, J. (Ed.)* The standard edition, 18. London (1920) 1953 (dt.: Jenseits des Lustprinzips. Gesammelte Werke, Bd. 13. London 1946)

Freud, S. The Ego and the Id. In: *Strachey, J. (Ed.)* The standard edition, 19. London (1923) 1953, 3-66 (dt.: Das Ich und das Es. Frankfurt 1960)

Freud, S. Civilization and its discontent. In: *Strachey, J. (Ed.)* The standard edition, 21. London (1930) 1953 (dt.: Das Unbehagen in der Kultur. Frankfurt 1953)

Freud, S. An outline of psychoanalysis. In: *Strachey, J. (Ed.)* The standard edition, 23. London (1938) 1953 (dt.: Abriß der Psychoanalyse. Gesammelte Werke, Bd. 17. London 1947)

Freud, S. The complete letters of Sigmund Freud to Wilhelm Fliess. *Masson, J. M. (Ed.)* Cambridge 1985 (dt.: Aus den Anfängen der Psychoanalyse. Briefe an Wilhelm Fliess. London 1950)

From, I. An oral history of Gestalt therapy, part 2: a conversation with Isadore From (conducted by *Rosenfeld, E.*) The Gestalt Journal (2)/1978, 8-27

Gelb, A./Goldstein, K. Analysis of a case of figural blindness. In: *Ellis, W. (Ed.)* A source book of gestalt psychology. London (1918) 1938

Gelb, A./Goldstein, K. Zur Psychologie des optischen Wahrnehmungs- und Erkennungsvorgangs. In: Psychologische Analysen hirnpathologischer Fälle. Leipzig 1920

Ginger, S. La gestalt/une thérapie du contact. Paris 1987

Glasgow, R. Interview with Paul Goodman. Psychology Today. Nov. 1971

Goldstein, K. Zur Theorie der Funktion des Nervensystems. Archive für psychiatrische und Nervenkrankheiten 74/1925

Goldstein, K. The organism. Boston 1939 (dt.: Der Aufbau des Organismus. Hamburg 1934)

Goldstein, K. Human Nature in the light of psychopathology. Cambridge/Mass. 1940

Goodman, P. The empire city. New York 1942

Goodman, P. Communitas. New York 1947 (dt. Ausgabe Köln 1994)

Goodman, P. Making do. New York 1959

Goodman, P. Growing up absurd. New York 1960

Goodman, P. Utopian essays and practical proposals. New York 1962

Goodman, P. Five years. New York 1966

Goodman, P. Nature heals: psychological essays. New York 1977 (dt.: Natur heilt. Psychologische Essays. Köln 1989)

Guntrip, H. Psychoanalytic theory, therapy and the self. New York 1971

Gurman, A./Kniskern, D. (Eds.) Handbook of family therapy. New York 1981

Henle, M. Gestalt psychology and Gestalt therapy. Journal of the History of the Behavioural Sciences 14/1978, 23-32

Herman, S./Korenich, M. Authentic management: a Gestalt orientation to organizations and their development. Reading/Mass. 1977

Hilgard, E./Bower, G. Conditioning and learning. New York 1966 (dt.: Theorien des Lernens. Stuttgart 1984)

Illich, I. Deschooling society. New York 1971 (dt.: Entschulung der Gesellschaft. Reinbek 1973)

Jung, C.G. Conscious, unconscious, and individuation. In: *McGuire, W. (Ed.)* The collected works of C.G. Jung. 9(1). London (1939) 1959 (dt.: Bewußtes und Unbewußtes. Frankfurt/Main 1990)

Katz, D. Die Erscheinungsweisen der Farben und ihre Beinflussung durch die individuelle Erfahrung. Zeitschrift für Psychologie 7/1911

Katzeff, M. Comment se réaliser dans la vie quotidienne et professionelle. Brüssel 1977

Kepner, E./Brien, L. Gestalt therapy and behavioristic phenomenology. In: *Fagan, J./Shepherd, I. (Eds.)* Gestalt therapy now. New York 1970

Kepner, J. Body process: a Gestalt approach to working with the body in psychotherapy. New York 1987 (dt.: Körperprozesse. Köln 1988)

Koffka, K. Toward a foundation for perceptual psychology. In: *Ellis, W. (Ed.)* A source book of gestalt psychology. London (1915) 1938

Koffka, K. Principles of Gestalt Psychology. New York 1935

Köhler, W. Optische Untersuchungen am Schimpansen und am Haushuhn. Berliner Abhandlungen 3/1915

Köhler, W. Die physischen Gestalten in Ruhe und im stationären Zustand. Berlin 1920

Köhler, W. Zur Theorie der stroboskopischen Bewegungen. Psychologische Forschung 3/1922

Köhler, W. The mentality of apes. New York 1925 (dt.: Intelligenzprüfung am Menschenaffen. Berlin 1922)

Köhler, W. Zum Problem der Regulation. Roux Archive für Entwicklungsmechanik 112/1927

Köhler, W. The place of value in a world of facts. New York 1938 (dt.: Werte und Tatsachen. Berlin 1958)

Köhler, W. Dynamics in psychology. New York 1940 (dt.: Dynamische Zusammenhänge in der Psychologie. Enzyklopädie der Psychologie in Einzeldarstellungen, Bd. 3. Bern/Stuttgart 1958)

Köhler, W. Gestalt psychology. New York 1947

Köhler, W. Gestalt psychology. New York 1959 (dt.: Die Aufgaben der Gestaltpsychologie. Berlin 1971)

Kohut, H. The restoration of the self. New York 1977 (dt.: Die Heilung des Selbst. Frankfurt/Main 1981)

Krüger, F. Consonance and dissonance. Journal of Philosophical and Psychological Scientific Method 10/1913

Krüger, F. Über Entwicklungspsychologie. Berlin 1915

Latner, J. The thresher of time: on love and freedom in Gestalt therapy. The Gestalt Journal V(1)/1982, 20-38

Latner, J. This is speed of light: field and systems theories in Gestalt therapy. The Gestalt Journal VI(2)/1983, 71 ff.

Lewin, K. Kriegslandschaft. Zeitschrift für angewandte Psychologie 12/1917, 440-447

Lewin, K. Vorsatz, Wille und Bedürfnis. Psychologische Forschung 7/1926, 330-385

Lewin, K. A dynamic theory of personality. New York 1935

Lewin, K. Principles of topological psychology. New York 1936 (dt.: Topologische und Vektorpsychologie. Werkausgabe, Bd. 3. Bern/Stuttgart 1983)

Lewin, K. Field theory in social science. New York 1951. dt.: Feldtheorie. Werkausgabe, Bd. 4. Bern/Stuttgart 1982

MacIntyre, A. After virtue. Notre Dame 1981

Mandler, J./Mandler, G. Thinking: from associationism to Gestalt. New York 1964

Marrow, A. The practical theorist: the life and work of Kurt Lewin. New York 1969

Martius, G. Über analytische und synthetische Psychologie. Berliner Kongreß 5/1912

Maslow, A. Motivation and personality. New York 1954 (dt.: Motivation und Persönlichkeit. Reinbek 1981)

Melnick, J./Nevis, S. Power, choice and surprise. The Gestalt Journal IX(2)/1986, 43-52

Merry, U./Brown, G. Neurotic mechanisms applied to organizations. The Gestalt Journal VIII(2)/1985, 49-85

Merry, U./Brown, G. The neurotic behaviour of organizations. New York 1987

Miller, M. The future of gestalt therapy: a symposium. The Gestalt Journal IV(1)/1981, 3-16

Minuchin, S. Families and family therapy. Cambridge/Mass.1974

Morris, A. The eye turned inward: shame and the self. In: *Nathanson, D. (Ed.)* The many faces of shame. New York 1987

Müller, G. Komplextheorie und Gestalttheorie. Göttingen 1923

Müller, G. Einfluß des Weißgehaltes des Infeldes und Umfeldes auf die dem Infeld entsprechenden Erregungen. Zeitschrift für Psychologie 97/1925

Nathanson, D. The many faces of shame. New York 1987

Nevis, E.C. Evocative and provocative modes of influence in the implementation of change. The Gestalt Journal VI(2)/1983, 5-12

Nevis, E.C. Organizational Consulting – a Gestalt approach. New York 1987 (dt.: Organisationsberatung – ein Gestaltansatz. Köln 1988)

Nevis, S. Opening Adress. 25th anniversary conference, Gestalt Institute of Cleveland 1979

Nevis, S. How Gestalt therapy views couples, families, and the process of their psychotherapy (with Zinker). Working paper, Centre for the Study of Intimate Systems. Gestalt Institute of Cleveland 1981

Nevis, S. Conversing about Gestalt couples' and family therapy (with *Warner, E.*). The Gestalt Journal VI(2)/1983, 40-50

Nevis, S. Bringing the background into the foreground. The Gestalt Journal VI(2)/1985 (a), 61-64

Nevis, S. The Gestalt theory of couple and family interaction (with *Zinker, J.*). Working paper, Centre for the Study of Intimate Systems. Gestalt Institute of Cleveland 1985 (b)

Nevis, S. Intimacy and play in long-term relationships (with *Nevis, E.C./ Zinker, J.*). Working paper. Centre for the Study of Intimate Systems. Gestalt Institute of Cleveland 1986 (a)

Nevis, S. Finding the middle ground. Working paper. Centre for the Study of Intimate Systems. Gestalt Institute of Cleveland 1986 (b)

Nevis, S./Zinker, J. Couples and family therapy. A Gestalt approach. Unpublished manuscript. 1990

Ovsiankina, M. The resumption of interrupted acitivities. In: *de Rivera, J. (Ed.)* Field theory as human science. New York 1976

Perls, F. Ego, hunger and aggression. London 1947 (dt.: Ich, Hunger, Aggression. Stuttgart 1982)

Perls, F. Gestalt therapy verbatim. Moab/Utah 1969 (a) (dt.: Gestalt Therapie in Aktion. Stuttgart 1985)

Perls, F. In and out of the garbage pail. Moab/Utah 1969 (b) (dt.: Gestaltwahrnehmung. Frankfurt/Main 1981)

Perls, F. Gestalt Therapy. In: *Bry, A. (Ed.)* Inside psychotherapy. New York 1971

Perls, F. The gestalt approach and eye witness to therapy. Palo Alto 1973 (dt.: Grundlagen der Gestalttherapie. München 1976)

Perls, F. u.a. Gestalt therapy. Excitement and growth in the human personality. New York 1951 (dt.: Gestalt-Therapie. 2 Bände. Stuttgart 1981)

Perls, L. An oral history of Gestalt therapy, part I. The Gestalt Journal V(2)/1982, 9-31

Perls, L. Leben an der Grenze. Köln 1989

Petermann, B. The gestalt theory and the problem of configuration. London 1932

Piaget, J. Intelligence. New York 1947 (dt.: Psychologie der Intelligenz. Zürich 1948)

Polster, E. A contemporary psychotherapy. Psychotherapy: Theory, Research and Practice III(1)/1966, 1-6

Polster, E. Imprisoned in the present. The Gestalt Journal VIII(1)/1985, 5-22

Polster, E. A contemporary psychotherapy (revised). The Gestalt Journal XI(2)/1986, 30-43

Polster, E. / Polster, M. Gestalt therapy integrated. New York 1973 (dt.: Gestalttherapie. München 1975)

Rank, O. Beyond psychology. New York 1958

Reiff, C. Freudian Psychology. New York 1962

Roazen, P. Freud and his followers. New York 1962

Rosenblatt, D. Opening Doors: What happens in Gestalt Therapy. New York 1975 (dt.: Türen öffnen. Was geschieht in der Gestalttherapie. Köln 1986)

Rosenblatt, D. This is Laura's book for her 75th birthday. The Gestalt Journal III(1)/1980, 5-15

Rosenblatt, D. What has love got to do with it? The Gestalt Journal XI(1)/1988, 63-76

Sacks, O. The man who mistook his wife for a hat. Yarmouth 1986 (dt.: Der Mann, der seine Frau mit einem Hut verwechselte. Reinbek 1987)

Schumann, F. Beiträge zur Analyse der Gesichtswahrnehmung. Zeitschrift für Psychologie 23/1900

Schur, M. Freud: living and dying. New York 1972

Shapiro, E. An oral history of Gestalt therapy, part 4. The Gestalt Journal VIII(2)/1985, 5-26

Sherril, R. Gestalt therapy and Gestalt psychology. The Gestalt Journal IX(2)/1986, 53-66

Simkin, J. / Yontef, G. Gestalt therapy. In: *Corsini, R. (Ed.)* Current psychotherapies. Ithaca / Ill. 1984

Smuts, J. Holism and evolution. New York 1926

Sullivan, H. The interpersonal theory of psychiatry. New York 1953

Wertheimer, M. Experimentelle Studien über das Sehen von Bewegungen. Zeitschrift für Psychologie 61/1912

Wertheimer, M. Untersuchungen zur Lehre von der Gestalt. Psychologische Forschung I/1922

Wertheimer, M. Gestalt theory. In: *Ellis, W. (Ed.)* A source book of Gestalt psychology. London (1925) 1938

Wertheimer, M. Some problems in the theory of ethics. In: *Henle, M.* Documents in gestalt psychology. Berkeley (1935) 1961 (dt.: Einige Probleme in der Theorie der Ethik. In: ders.: Zur Gestaltpsychologie menschlicher Werte. Opladen 1921)

Wertheimer, M. Productive Thinking. New York (1945) 1959 (dt.: Produktives Denken. Frankfurt/Main 1964)

Wertheimer, M.M. Wertheimer, Max. In: Encyclopedia Britannica 23/1964, 514-515

Winnicott, D. Holding and interpretation. New York 1988

Wysong, J. An oral history of Gestalt therapy, part 4. The Gestalt Journal VIII(2)/1985, 5-26

Wysong, J./Rosenfeld, E. An oral history of Gestalt Therapy. Highland/N.Y. 1982

Yalom, I. Existential Psychotherapy. New York 1980 (dt.: Existentielle Psychotherapie, Köln 1989)

Yalom, I. The impact of a weekend group experience on individual therapy. Archives of General Psychiatry 34/1977, 399-415

Yalom, I. Theory and practice of group psychotherapy. New York 1970 (dt.: Theorie und Praxis der Gruppenpsychotherapie. München 1989)

Zeigarnik, B. Über das Behalten von erledigten und unerledigten Handlungen. Psychologische Forschung 9/1927, 1-85

Zinker, J. Creative process in Gestalt therapy. New York 1977 (dt.: Gestalt Therapie als kreativer Prozeß. Paderborn 1984)

Zinker, J./Nevis, S. (siehe *Nevis, S.*)

Namensregister

Bernd Bocian, Frank-M. Staemmler (Hrsg.)

KONTAKT ALS ERSTE WIRKLICHKEIT: ZUM VERHÄLTNIS VON GESTALTTHERAPIE UND PSYCHOANALYSE

250 Seiten; Abb./Tab. · ISBN 978-3-89797-082-3
Dieses Buch ist auch als E-Book erhältlich
PDF-ISBN 978-3-89797-567-5 · epub-ISBN 978-3-89797-566-8

Mit Beiträgen von: Martin Altmeyer, Frank-M. Staemmler, Bernd Bocian, Werner Bock, Lynne Jacobs, Tilmann Moser
Das Buch verfolgt vor allem das Ziel, den Dialog zwischen Gestalttherapie und Psychoanalyse aufzunehmen und zu einer ausgewogenen Aufmerksamkeit für ihre Gemeinsamkeiten und Differenzen beizutragen.

Die neuere Psychoanalyse, insbesondere jene Strömungen, die sich »relational« bzw. »intersubjektiv« nennen, betonen inzwischen sehr viel stärker als früher die Bedeutung des aktuellen persönlichen Kontaktgeschehens zwischen Therapeut und Klient und legen sehr viel weniger Wert auf die Analyse der Übertragung. Sie nähert sich damit einer Position, die innerhalb der Gestalttherapie schon sehr viel länger vertreten wird.

Umgekehrt hat sich unter Gestalttherapeuten eine größere Aufmerksamkeit für die entwicklungspsychologische Dimension, für Anamnese und Diagnostik entwickelt, wie sie in der Psychoanalyse schon sehr früh zu beobachten war.

»Dieses Buch bietet eine interessante und nützliche Darstellung der Beziehung zwischen Psychoanalyse und Gestalttherapie, wie sie sich über die Zeit hinweg entwickelt hat – von Perls' Anfängen als klassischer Analytiker bis zu den Konvergenzen zwischen einer modernen, relationalen Gestalttherapie und der intersubjektiven Psychoanalyse. Wer sich für eine respektvolle, differenzierte und kenntnisreiche Betrachtung der Gemeinsamkeiten sowie der Unterschiede zwischen Psychoanalyse und Gestalttherapie interessiert, sollte dieses Buch unbedingt lesen.« (Gary M. Yontef)

»Wir alle kommen von Freud.« (Lore Perls)

»Fazit: ein wichtiger und gehaltvoller Beitrag für einen konstruktiven Diskurs zweier Methoden, die bislang zu wenig miteinander reden« (Peter Geißler)

Frank-M. Staemmler

WAS IST EIGENTLICH GESTALTTHERAPIE?

Eine Einführung für Neugierige

Hg. Deutsche Vereinigung für Gestalttherapie
Mit einem Vorwort von Sabine Engelmann.

96 Seiten, zahlreiche Abb. und Fotos; Hardcover · ISBN: 978-3-89797-062-5

Endlich eine Einführung in die Gestalttherapie, die aktuell, praxisnah und theoretisch fundiert erläutert, wie sie entstanden ist, welches therapeutische Beziehungsverständnis sie auszeichnet, welches Menschenbild sie prägt und welches Vorgehen sie so lebendig, gegenwartsbezogen und wirksam sein lässt.

Es könnte sein, dass Sie in irgendeinem beruflichen Kontext auf die Gestalt-therapie gestoßen sind – vielleicht als Lehrer, Sozialarbeiter, Richter oder Organisationsberater – und sich gerne ein genaueres Bild machen wollen. Sie haben bisher nur das Wort ›Gestalttherapie‹ gehört oder gelesen, aber wissen noch nicht recht, was sich dahinter verbirgt. Vielleicht sind Sie aber auch gerade in einer schwierigen Lebenslage und auf der Suche nach psychothe-rapeutischer Unterstützung. Irgendjemand hat Ihnen geraten, sich an einen Gestalttherapeuten zu wenden, und jetzt sind Sie neugierig zu erfahren, was Sie dort erwartet.

Das Buch ermöglicht sowohl einen ersten Einstieg, bietet aber ausrei-chend Anregungen und Empfehlungen für eine Vertiefung.

»Was ist eigentlich Gestalttherapie? – Die Frage kann auch sehr erfahrene GestalttherapeutInnen in Verlegenheit bringen.« (Reinhard Fuhr)

Paul Goodman

EINMISCHUNG

Ein Reader

Hg., übersetzt und eingeleitet von Stefan Blankertz

208 Seiten · ISBN: 978-3-89797-074-8

Der Band versammelt einige der bedeutendsten Beiträge von Goodman zu Psychologie und Psychotherapie, zu Politik und Pädagogik sowie verschiedene literarische Arbeiten.

Zum 100. Geburtstag des umstrittenen amerikanischen Schriftstellers, Sozialwissenschaftlers, Schulpolitikers und Mitbegründers der Gestalttherapie erscheint diese Sammlung mit grundlegenden Texten aus allen Tätigkeitsbereichen Goodmans und einige bedeutende Beispiele seiner Prosa und seiner Lyrik. Die Texte liegen hier zum ersten Mal in deutscher Übersetzung vor oder in einer neuen Übersetzung.

Was schon George Dennison an Paul Goodman bewunderte, war sein »Poetenleben«, das seine sozialkritischen Werke erst ermöglichte; deshalb sind sie untrennbar ineinander verzahnt.

»Seit D. H. Lawrence hat es in unserer Sprache keine so überzeugende, authentische und einzigartige Stimme gegeben.« (Susan Sontag)

»Seine Wirkung ist überall um uns herum zu spüren.« (Noam Chomsky)

Laura Perls

LEBEN AN DER GRENZE

Essays und Anmerkungen zur Gestalttherapie

Hg. Milan Sreckovic

194 Seiten · ISBN: 978-3-926176-11-0

Die Mitbegründerin der Gestalttherapie legte mit ihrem einzigen unter ihrem Namen veröffentlichten Buch einige schon historisch gewordene, grundlegende Texte vor:

- Erziehung zum Frieden;
- Anmerkungen zum Mythos des Leidens und der Sexualität;
- Der Psychoanalytiker und der Kritiker;
- Über die Psychologie des Gebens und Nehmens;
- Stützung (Support);
- Zwei Beispiel für Gestalttherapie;
- Der Gestalt-Ansatz;
- Anmerkungen zu Angst und Furcht;
- Einige Aspekte der Gestalttherapie;
- Grundlegende Begriffe und Konzepte der Gestalttherapie;
- Commitment;
- Jeder Roman ist eine Falldarstellung;
- Ein Workshop;
- Leben an der Grenze / Gespräch mit Milan Sreckovic.

»Für mich ist es wichtig, keine therapeutische Rolle zu spielen, sondern den Klienten so zu begegnen, wie ich im Augenblick bin: mich mit meinem Hintergrund, mit allem, was mir an Erfahrung, Wissen und Geschick zur Verfügung steht, in der gegebenen Situation in den Dienst des Dialogs, der Begegnung zu stellen.« (Laura Perls)

Heide Anger, Peter Schulthess (Hrsg.)

GESTALT-TRAUMATHERAPIE

Vom Überleben zum Leben: Mit traumatisierten Menschen arbeiten

IGW-Publikationen in der EHP
251 Seiten, Abbildungen · ISBN 978-3-89797-901-7 ·

Der Band vermittelt den State of the Art der gestalttherapeutischen Arbeit mit traumatisierten Menschen: Grundlagen, Methoden und Praxis der Traumatherapie, u.a. Kriegstraumatisierung, Armut und Trauma, Traumafolgestörungen, Dissoziative Fugue, Traumabehandlung von Kindern und Jugendlichen, Albträume, Genderperspektiven.

»Die AutorInnen dieses Bandes erarbeiten in unterschiedlicher und beeindruckender Weise eine Verankerung der Traumatherapie mit der Theorie und den Konzepten der Gestalttherapie und zeigen, wie gut sich diese eignet, um mit traumatisierten Menschen zu arbeiten. Sie fördern damit die gestalttherapeutische Theoriebildung.«

Rolf Bick

»ICH SINGE DEN RUHM DER GESTALT«

Neue Gestaltarbeit – Basiswissen für Therapie, Beratung, Pädagogik und Seelsorge

373 Seiten, Abb. · ISBN 978-3-89797-066-36
E-Book: ISBN 978-3-89797-485-2 / ISBN 978-3-89797-484-5

Ausgehend von den Grundlagen des Gestaltansatzes entwickelt der Autor Perspektiven für eine neue Gestaltarbeit in unterschiedlichen Anwendungsfeldern. Der Band ist gerade auch durch seine umfangreichen Praxisteile ein Grundlagenwerk für Profis und interessierte Laien.

- Orientierungshilfe für Berater, Betreuer, Seelsorger, Lehrer, Erwachsenenbildner und ähnliche Berufe sowie für Studenten

- Hilfe für alle, die an solcher Orientierung nur aus persönlichen Gründen und nicht beruflich interessiert sind

- Lernbuch für die Gestaltausbildung

- Denkanstoß und Selbstreflexion für Gestaltprofis in den unterschiedlichen Arbeitsfeldern

- Nachschlagewerk mit praxisorientiertem Werkzeugkasten für den beruflichen Alltag

Lothar Kuschnik, Arno Paschmann

THERAPIE IN AKTION

Joop Krops Aktionstherapie – Eine Handlungsmethode für die Praxis

250 Seiten, Abb. · ISBN 978-3-89797-081-6
E-Book ISBN 978-3-89797-569-9 / ISBN 978-3-89797-568-2

Joop (John) P. Krop ist der Begründer der Aktionstherapie, einer Therapieform, die in Deutschland wenig bekannt ist. Er hat diese Form therapeutischer Arbeit aus verschiedenen Quellen der Humanistischen Psychologie entwickelt. Ihm ist es wichtig, Menschen in Aktion zu bringen und ihnen so zu neuen Erfahrungen und Erkenntnissen zu verhelfen.

Die Aktionstherapie erweitert die Verfahren der Humanistischen Psychologie zu einer praxisbezogenen Methode in Beratung und Psychotherapie.

Ein unterhaltendes Lehrbuch, das „Handwerkszeug" für die Beratungspraxis entwickelt, das die Methode der Aktionstherapie erstmals in Deutschland umfassend darstellt und viele Hinweise zu ihrer praktischen Anwendung liefert.

Es ist ein »Ratgeber« im besten Sinne, indem es Möglichkeiten zur Lebensgestaltung und therapeutischen Arbeit zeigt und präzise Einblicke in therapeutisches Arbeiten durch exakte Analyse von Therapiesitzungen und Kommentierung von Sitzungsprotokollen gewährt.

Mit einem Interview mit Joop Krop und biographischen Notizen. Für Therapeuten, Berater und andere Profis, aber auch für Patienten und Ratsuchende, die wissen wollen, zu welchem Therapeuten sie gehen möchten.

»Therapie in Aktion belebend, erfrischend z.B. für TherapeutInnen, die schon lange im Job sind und diverse nonverbale Zugänge zum Erleben im therapeutischen Prozess ein wenig aus dem Blick verloren haben. Die nämlich (so auch ich) haben sich vielleicht aus Versehen in der Sicherheit und Bequemlichkeit ihres Therapiesessels eingerichtet und verspüren nach der Lektüre plötzlich wieder Lust auf therapeutisches Arbeiten. Für wen es passt, der/ die läuft wieder mehr durch den Raum, lässt malen, einen Körperausdruck suchen oder erlaubt sich ganz einfach mal wieder mehr Experimentelles in der Therapie. Empfehlenswert.« (Suzanne Legg)

Heide Anger, Thomas Schön (Hrsg.)

GESTALTTHERAPIE MIT KINDERN UND JUGENDLICHEN

484 Seiten, Abb., Fotos · ISBN 978-3-89797-904-8
E-Book ISBN 978-3-89797-563-7 / ISBN 978-3-89797-562-0

Die Bedingungen heutiger Kindheit und Jugend haben sich verändert. Was sind diese anderen Bedingungen, wie kann Kindheit und Jugend auch in heutiger Zeit gut gelingen und was kann der Beitrag der Gestalttherapie hierzu sein? Dieser Band unternimmt eine Standortbestimmung, indem er zunächst Ansätze einer gestaltspezifischen Entwicklungstheorie vorstellt und die Arbeit mit unterschiedlichen Altersgruppen aufzeigt. Im zweiten Teil wird die Bedeutung der Umwelt-Feld-Perspektive für die therapeutische Arbeit mit Kindern und Jugendlichen herausgearbeitet, und in einem weiteren Abschnitt werden spezielle Themen wie Settingdesign, intuitive Diagnostik, Traumatherapie, Neue Medien angesprochen. Es folgt ein Teil über Techniken der Gestalttherapie mit Kindern und Jugendlichen, aus deren reichem Fundus hier berichtet wird.

Mit Beiträgen von: Heide Anger, Volkmar Baulig, Dieter Bongers, Mark McConville, Hanna Fak, Nicolai Gruninger, Manon Hansen, Gerhard Hinterberger, Rudolf Liedl, Barbara Mayer, Elke Rehm, Agnes Salomon, Alain Schmitt, Wolfgang Wirth

Ingeborg Baulig, Volkmar Baulig

PRAXIS DER KINDERGESTALTTHERAPIE

Mit einem Vorwort von Gordon Wheeler.

EHP-PRAXIS
ISBN 978-3-89797-017-5 · 240 Seiten, 20 Abbildungen

Endlich wieder ein aktuelles Grundlagenwerk für die psychotherapeutische Arbeit mit Kindern; eine Verbindung von psychotherapeutischer und pädagogischer Arbeit: Dem Kindertherapeuten wird der ergänzende Blick für das Pädagogische eröffnet, und dem ganzheitlich orientierten Pädagogen hilft es, Kindern besser gerecht zu werden; Eltern werden darüber informiert, was Gestaltarbeit mit Kindern leisten kann; Systematisierung der therapeutischen Arbeit; aktuelle Themen werden angesprochen: die ressourcenorientierte Diagnostik, der Umgang mit traumatisierten Kindern, der Zugang zur Hyperaktivität (Ritalin-Debatte); die Arbeit mit rechen- und wahrnehmungsgestörten Kindern.

»Ein wundervoller Beitrag mit einer einzigartigen Verbindung von Geist und Praxis.« (Gordon Wheeler)

Gary M. Yontef

AWARNESS, DIALOG, PROZESS:
WEGE ZU EINER RELATIONALEN GESTALTTHERAPIE

Übersetzt von Barbara Heimannsberg
416 S. · ISBN 978-3-89797-001-4

»Ich betrachte die gestalttherapeutische Theorie und Praxis als ein lebendiges System. Nur wenn wir uns als Gestalttherapeuten und -theoretiker dialogisch engagieren, nur wenn wir uns einlassen auf den Dialog mit Patienten, mit anderen Denksystemen und Methoden, wenn wir auf die sich wandelnden Bedingungen in der Welt zugehen, nur dann können wir Verstehen fördern.

Theorie als Dialog ist das systematische geistige Fundament unserer klinischen Praxis. Die dialogische Theorie ist ein Weg, die therapeutische Beziehung und das experimentelle Vorgehen zu stützen; beide, die therapeutische Beziehung wie das Experimentieren, werden in der gestalttherapeutischen Theorie als Dialog gesehen. Theorie ist schriftliches und systematisch-verstandesmäßiges Rechenschaftgeben; Theorie erwächst aus menschlicher Beziehung.«

»Gary Yontefs Buch ist die bedeutsamste Ergänzung des Bestandes der Gestalttherapie-Literatur in den letzten zwanzig Jahren ... wird mit Sicherheit zum Grundlagentext in allen Gestalttherapie-Ausbildungen.« (The Gestalt Journal)